An Analysis of
Internet Platform Antitrust Cases
An Economic Perspective

互联网平台
反垄断案例评析

经济学视角

曲创 等◎著

中国财经出版传媒集团

经济科学出版社
Economic Science Press

图书在版编目（CIP）数据

互联网平台反垄断案例评析：经济学视角/曲创等
著 . -- 北京：经济科学出版社，2022.12
ISBN 978 - 7 - 5218 - 4388 - 0

Ⅰ. ①互… Ⅱ. ①曲… Ⅲ. ①网络公司 - 反垄断 - 案
例 - 中国 Ⅳ. ①F279. 244. 4

中国版本图书馆 CIP 数据核字（2022）第 227783 号

责任编辑：于 源 陈 晨
责任校对：杨 海
责任印制：范 艳

互联网平台反垄断案例评析：经济学视角
曲 创 等著
经济科学出版社出版、发行 新华书店经销
社址：北京市海淀区阜成路甲 28 号 邮编：100142
总编部电话：010 - 88191217 发行部电话：010 - 88191522
网址：www. esp. com. cn
电子邮箱：esp@ esp. com. cn
天猫网店：经济科学出版社旗舰店
网址：http://jjkxcbs. tmall. com
北京季蜂印刷有限公司印装
710×1000 16 开 14.75 印张 260000 字
2022 年 12 月第 1 版 2022 年 12 月第 1 次印刷
ISBN 978 - 7 - 5218 - 4388 - 0 定价：65.00 元
（图书出现印装问题，本社负责调换。电话：010 - 88191545）
（版权所有 侵权必究 打击盗版 举报热线：010 - 88191661
QQ：2242791300 营销中心电话：010 - 88191537
电子邮箱：dbts@ esp. com. cn）

▶ 前 言 ◀

1994 年，亚马逊（Amazon）上线，标志着互联网平台时代的开始。如今互联网平台已经深度融入并改变了我们的消费、生产和生活。通过近 30 年的发展，这些互联网平台的用户规模已经达到十亿级、市值超过万亿美元，体量已经是绝对的"巨头型企业"，成长速度远远超过了传统的制造业和金融业企业。

1994 年，中国接入互联网，接下来的几年间门户网站、邮箱、电商、搜索、社交等平台相继出现，与世界同步进入新时代。

有关数字经济和平台的行业监管、反垄断问题是最近几年的热门话题，对于我们研究团队而言却是"古老"的研究对象。这是我们十多年以来一直在从事的研究领域，从双边市场的特征、平台的起源开始，到平台独特的竞争行为、具体案例的竞争效应分析判定。我们在努力跟上不断涌现的新鲜案例，学习和研究的过程充满意外、挑战和探索未知的乐趣。

本书是在我们团队学习和研究互联网平台反垄断案例的过程中逐渐生成的，我们选取了具有代表性的十个案例，涵盖了最具数字平台特色的跨界竞争、数据竞争、拒绝交易、平台合并。这些案例分析完全是集体作品，前后经历了 5 年，经过了多届硕士生、博士生的反复修改，已经无法确切区分某一个案例的具体作者是谁，他们是：陈宁、陈兴雨、董超越、李国鹏、李杰、李曦萌、刘翰臻、刘少蕾、刘莹、潘婷、石敬勋、孙鸿飞、孙亚运、王娜、王赛、王夕琛、王一凡、项泽兵、徐淼、姚羽含、张浩、张敏、张纤纤、朱晓蕾。感谢参与本书创作的同学们，这是他们除学位论文之外的研究生生涯的另一个收获。

技术永远在进步，行业永远在变化。希望这本书能够对如何看待理解互联网平台的竞争行为和整个行业提供一点帮助。如果您有任何批评、建议、感想，请一定与我们联系：quchuang@163.com，感谢。

我们会继续努力，希望有续集。

曲创
山东大学数字经济与平台竞争研究中心主任

▶ 目 录 ◀

第一章　欧盟委员会诉 Google Search（Shopping）案[*]

专业概念： 通用搜索引擎　垂直搜索引擎

通用搜索引擎： 通过检索综合列表的搜索结果，向用户提供全面信息的一种搜索引擎。比如谷歌（Google）、必应（Bing）、雅虎（Yahoo!）和国内的百度、搜狗、好搜、神马。

垂直搜索引擎： 向用户提供某一特定领域信息的搜索服务。垂直搜索引擎的设计目的是检索更专业的信息，涉及的内容范围比通用搜索引擎更窄。国内垂直搜索引擎如慢慢买（manmanbuy.com，专业比价和购物导购网站）、鸠摩搜索（jiumodiary.com，电子书搜索引擎）。本案涉及的谷歌购物（Google Shopping）是 Google 旗下的提供比价购物服务的垂直搜索引擎。

在互联网信息技术的快速发展下，搜索引擎成为用户获取网络信息的关键途径。Google 在全球通用搜索服务市场占有最大的市场份额，是垂直搜索服务的主要入口，具有流量引导的作用。自 2010 年以来，欧洲各国购物网站相关企业对 Google 相继提起诉讼，认为 Google 利用支配地位排挤竞争对手。2015 年欧盟正式起诉 Google，指控其滥用在搜索引擎市场中的支配地位，在搜索结果中偏袒自家比价购物服务网站——Google Shopping。2017 年 6 月，欧盟委员会对 Google 作出"停止违法行为，并支付罚款 24.2 亿欧元"的裁决。

本章首先对案件进行梳理，对相关市场及市场主要参与者的情况进行介绍，并对法庭的观点进行整理分析。随后对与本案相关的平台跨市场滥用支配地位行为，从平台非中立原则、搜索引擎的信息提供机制等不同视

---

　　* 笔者根据欧盟委员会诉 Google Search（Shopping）案（Case AT. 39740，Commission v. Google Search（Shopping），2017）相关内容整理所得。

角展开分析。

第一节 案件概述

2017 年 6 月，欧盟委员会就本案作出裁决：Google 滥用自己在通用搜索服务市场的支配地位，操纵搜索结果，偏袒自有垂直搜索服务——Google Shopping，故意将竞争对手的网站排在后面。这是一种滥用市场支配地位的行为，违反了欧盟竞争法，Google 必须结束其违法行为，并支付罚款 24.2 亿欧元。

一、案件过程

2010 年 2 月，英国在线购物网站 Foundem、微软旗下的 Ciao 部门以及法国搜索服务 eJustice 投诉 Google，指控 Google 滥用支配地位排挤其他竞争对手。

2010 年 11 月，欧盟委员会宣布展开针对 Google "滥用在线搜索的支配地位" 的反垄断调查。

2010 ~ 2016 年，不断有企业提起相关诉讼。

2015 年 4 月，欧盟委员会开始调查 Google 在搜索结果中偏袒自家比价购物服务——Google Shopping 的问题。欧盟委员会指控 Google 滥用在搜索引擎市场中的支配地位，在搜索结果页面中系统地倾向于 Google 自有比价购物服务。

2017 年 6 月，欧盟委员会作出裁决：Google 利用其在通用搜索市场中的支配地位，在网页搜索结果中偏袒自有的比价购物服务网站，对其他竞争者和消费者产生不利影响，不公平地把消费者引向自有比价购物服务，对 Google 罚款 24.2 亿欧元。

案件过程如图 1 -1 所示。

二、案件的舆论关注

基于 Google 的知名度，本案从开始到结束一直受到公众广泛关注。自2010 年起，媒体开始追踪报道各个相关企业对 Google 提起的诉讼。

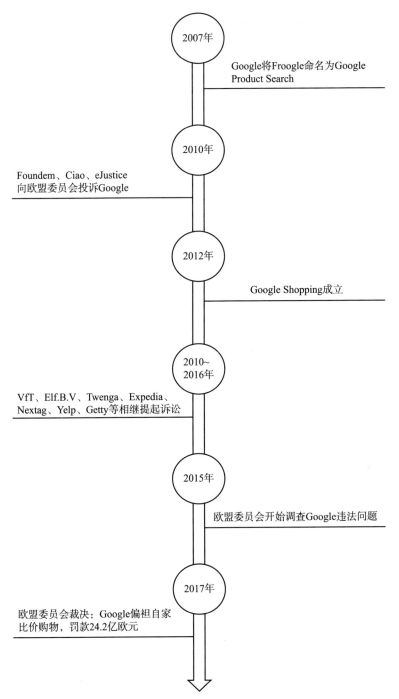

图 1-1　欧盟委员会诉 Google Search（Shopping）案时间线

本案处罚金额超过了 2009 年欧盟委员会向美国的芯片生产商英特尔公司开出的 10.6 亿欧元"最大罚单"的纪录[①]。《连线》杂志刊文称，欧盟对 Google 的判决，罚款金额是无关紧要的，相比之下强迫 Google 改变其搜索处理方式才是最大的问题，因为这会对 Google 的商业模式产生重大影响[②]。也有媒体称，本案对靠搜索引擎起家、以广告收入为支柱的互联网科技公司都将是巨大冲击。英国《金融时报》表示，欧盟此举可能引发美国商界的强烈回应。美国点评网站 Yelp 政策副总裁路德·洛（Luther Lowe）认为"这是近 20 年来消费科技反垄断领域出现的最重要执法事件"。Google 作出改变和调整之后，第三方竞争性比价购物网站将受益。其实早在 2012 年，Google 在美国就类似问题也曾遭到美国联邦贸易委员会（Federal Trade Commission，FTC）起诉，但是当 Google 作出一定的调整之后，FTC 便撤诉了，美国反垄断执法机构当时对其保持了宽容态度。

三、欧盟委员会对 Google 跨市场滥用支配地位行为的界定

欧盟委员会认为 Google 实施了以下可能违反《欧洲联盟运行条约》（*The Treaty on the Functioning of the European Union*，TFEU）第 102 条的商业行为：

第一，在 Google 的通用搜索结果页面中，Google Shopping 的链接与其他垂直搜索服务的链接相比得到了更有利的待遇，即 Google 有"自我偏好"行为；

第二，Google 未经同意就在 Google Shopping 中复制和使用了第三方网站的原始内容；

第三，Google 与第三方网站签订排他性合约，要求其网站上全部或者大部分要展示来自 Google 的搜索广告；

第四，Google 在合同中限制了在线搜索广告业务向竞争对手平台或跨平台管理系统的转移。

Google 利用自己通用搜索市场的支配地位，操纵搜索结果，对垂直搜索服务中的自有服务与竞争对手的服务采用不同的算法规则和展示方式，提

---

① 《操控网购搜索欧盟对谷歌处以 24.2 亿欧元反垄断罚款》，观察者网，https：//www. guancha. cn/economy/2017_06_27_415327. shtml，2017 年 6 月 27 日。

② 《Google 被欧盟开了巨额罚单，这不只与钱有关》，36 氪，https：//36kr. com/coop/yidian/post/5081669. html。

高了自有垂直搜索的平台流量，同时降低了竞争对手流量。这种自我优待行为损害了垂直搜索服务市场的有效竞争，产生了跨市场滥用支配地位的反竞争后果。

四、相关市场与市场主要参与者

（一）相关市场

相关产品市场。本案涉及的相关产品市场是通用搜索服务市场和垂直搜索服务市场（比价购物市场）。在通用搜索服务市场中，Google 提供通用搜索服务，构成一个独立的产品市场；垂直搜索服务市场提供某一特定的搜索服务。两个市场的主要参与者如图 1-2 所示。

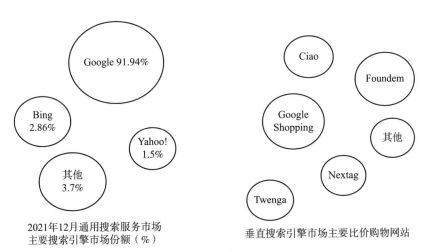

2021年12月通用搜索服务市场主要搜索引擎市场份额（%）　　垂直搜索引擎市场主要比价购物网站

图 1-2　两个相关产品市场

资料来源：https：//gs. statcounter. com/search - engine - market - share/all/worldwide/2021。

相关地理市场。欧盟委员会认为本案的相关地理市场应界定为欧洲经济区范围。虽然全球范围内的消费者都可以使用 Google 的通用搜索和比价购物搜索服务，但 Google 基于不同国家和地区的语言提供了不同版本，而语言是界定相关地理市场时的重要因素，为比价购物服务通常会根据特定语言提供针对性的搜索结果，例如指向在线商家的相关国家网站的链接，并且结合国家和地区设计专门网站，以方便用户运用母语使用搜索服务。

(二) 市场主要参与者

1. 通用搜索服务市场

通用搜索服务市场是一个典型的寡头垄断市场。Google（全球最大的搜索引擎）、Yahoo!（美国互联网门户网站，其服务包括搜索引擎、电邮、新闻等）、Bing（微软公司旗下的搜索引擎）等在线通用搜索引擎占据较大的市场份额。通用搜索引擎呈现双向平台的特征：搜索引擎通过提供在线信息检索服务吸引用户在平台的一边聚集，另一边则聚集着以消费者为广告投放目标的在线搜索广告主，搜索引擎聚集的用户规模越大对广告主的吸引力就越强，平台通过广告盈利就越多。通用搜索引擎市场参与主体之间的关系，如图1-3所示。

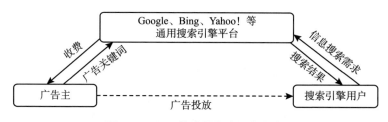

图1-3 通用搜索服务市场参与者

资料来源：笔者根据相关资料整理所得。

三大搜索引擎简单介绍如下：

Google：于1996年建立，是Google公司推出的互联网搜索引擎。因为其强大的搜索算法、页面设计等优势，Google在通用搜索领域市场份额最高、影响最为广泛。

Yahoo!：成立于1995年3月，是全球第一家提供互联网导航服务的网站。在1996年到2004年期间，Yahoo!并没有开发自己的搜索引擎。2004年3月，Yahoo!开始推出独立的搜索服务，并迅速成长为全球第二大搜索引擎。2016年7月25日，Yahoo!以48亿美元被威瑞森（Verizon，美国最大的移动通信运营商）收购。

Bing：微软公司旗下的搜索引擎。Bing起源于1998年的MSN Search。2006年3月8日，微软发布Windows Live Search公测版，并于同年9月11日取代MSN Search。2007年3月，微软将其与Windows Live分开并更名为Live Search，直到2009年6月3日，微软将Live Search再次更名为Bing并正式发布。在此之后，Bing 不断成长，市场份额也不断增加。

在上述三大搜索引擎中，Google 由于专利技术算法 PageRank 迅速增强，能够保障搜索信息的准确性和相关性，用户体验良好，一直拥有很高的市场份额，在通用搜索行业占据明显市场支配地位。Yahoo! 和 Bing 为了寻求更好的发展，提升竞争优势，于 2009 年开展了深入合作：Bing 向 Yahoo! 提供搜索引擎技术，Yahoo! 则统一经营两家的广告业务。

2. 垂直搜索服务市场（比价购物市场）

垂直搜索引擎向用户提供的是针对某一具体行业的信息搜索服务，比通用搜索引擎的搜索范围窄但信息更专业。如比价购物网站"慢慢买"、歌谱搜索引擎"找歌谱"、电子书搜索引擎"鸠摩搜书"等（见图 1-4），都属于针对特定行业或领域的垂直搜索引擎。

图 1-4　特定领域的垂直搜索引擎

本案涉及的具体垂直搜索服务市场是比价购物服务市场，其中有 Google Shopping、Foundem、Ciao、Twenga、Nextag 等多家竞争对手。垂直搜索市场参与者由搜索引擎、广告主和用户组成，搜索引擎一边根据用户需求提供专业搜索信息，一边向在线搜索广告的广告主收取投放广告的费用，其业务关系如图 1-5 所示。

图 1-5　垂直搜索服务市场参与者

资料来源：笔者根据相关资料整理所得。

Google Shopping：它是 Google 旗下的比价购物服务网站。Google 的第一版比价购物服务网站是 2002 年 12 月推出的 "Froogle"。2007 年 4 月，Google 将其重新命名为 "Google Product Search"。从 2008 年起，Google 利用自身强大的网络搜索引擎推动自有的比价购物服务快速发展，使其流量大涨，与此同时其他竞争性购物比价服务流量骤降。2012 年 5 月，Google 将 "Google Product Search" 更名为 "Google Shopping"，独立的 Google Shopping 网站于 2012 年 5 月首次在美国推出，2012 年秋季完成转换之后在各个国家推出，如图 1-6 所示。

图 1-6　Google Shopping

　　Foundem：Foundem 是英国的比价购物网站（见图 1-7），向用户提供一站式、多参数搜索和价格比较服务。在其首页上，Foundem 公司称 Google 为了打压竞争对手，将自有比价购物服务排在通用搜索结果的优先位置上，而把 Foundem 搜索排名故意往后排。

图 1-7　Foundem 网站首页

　　资料来源：http：//www.foundem.co.uk/。

Ciao：Ciao 是一家比价网站，向用户提供第三方商家网站上的产品评价和价格信息（见图 1 - 8）。微软在 2008 年以 4.86 亿美元的价格收购 Greenfield Online 公司（Ciao 的母公司）后，保留了 Ciao，由其负责运营微软 Bing 在欧洲的购物搜索业务。2010 年，Ciao 称 Google 的搜索引擎排名不公，利用算法故意调整搜索排序，压制竞争对手。

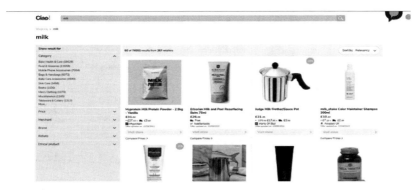

图 1 - 8　Ciao 网站搜索页面

资料来源：https：//www.ciao.co.uk/search? query = milk。

Twenga：Twenga 是在线购物搜索引擎和价格比较网站（见图 1 - 9）。2011 年，Twenga 向欧盟委员会提起反垄断投诉，称 Google 通过滥用其主导地位推销自己的产品——Google Shopping，在搜索结果中不公平对待竞争对手。

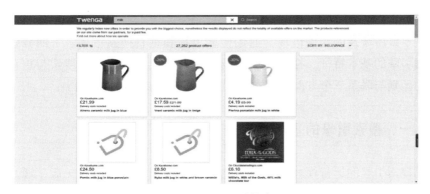

图 1 - 9　Twenga 网站搜索页面

资料来源：http：//www.twenga.com/。

Nextag：Nextag 是一个独立的比价服务网站（见图 1 - 10）。自 2000 年以来，该网站一直专注于比较购物，2018 年 12 月 28 日该网站已下线。

图 1 – 10　Nextag 网站页面

资料来源：https：//cn. bing. com/images/search？q = Nextag&form = HDRSC2&first = 1&tsc = ImageHoverTitle。

第二节　搜索引擎市场

本案所涉及的相关市场为通用搜索市场和垂直搜索市场。下面分别从搜索引擎的基本特征、搜索引擎市场结构及形成机制、通用搜索与垂直搜索的区别与联系三个方面对搜索引擎市场的行业特征进行说明。

一、搜索引擎的基本特征

搜索引擎的运行模式是将有信息搜索需求的用户集中在一起，通过用户搜索行为和反馈信息掌握用户数据，以便为另一边的广告主用户提供精准的广告投放服务。搜索平台提供给用户的搜索结果相关度越高、搜索服务速度越快，用户对搜索平台的黏性就越强，因此搜索平台会在算法、网页内容抓取和索引技术、广告位拍卖系统上投入大量资金进行创新。作为互联网平台的典型代表，搜索引擎具备以下几点特征：

　　首先，搜索引擎具有显著的网络效应。搜索引擎的两边连接着不同的用户，一边是检索信息的消费者用户，一边则是投放广告信息的广告主用户，消费者对信息的需求和广告主对投放广告信息的需求在搜索引擎平台同时得以实现。当搜索结果相关性越高，会有越多用户加入搜索引擎，广告投放的受众规模越大，广告投放的针对性也越强，由此搜索引擎在网络效应的影响下提高了给用户带来的价值。因此用户流量成为搜索平台的核心竞争资源。其次，"非对称定价"是互联网平台的典型特征。"非对称定价"是指对搜索信息的用户提供免费检索服务，对另一边广告主则收取费用。搜索引擎两边用户受到的网络效应影响并不相同：消费者用户规模对广告主收益有正向影响，消费者越多广告主通过广告营销的获利越大，但消费者对搜索引擎上的广告并不感兴趣甚至厌恶广告，因此广告投放量对消费者效用可能没有提升作用甚至过多的广告会降低消费者效用。

　　广告收入是搜索引擎的主要盈利来源。根据财报数据显示，Google 在2021 年第四季度的广告营收为 612.39 亿美元，占总营收 81.3%；我国最大的搜索引擎百度 2021 年网络营销收入为 740 亿元，占总营收 59.4%。搜索结果体现搜索引擎的信息提供策略，信息提供策略是否中立的表现是搜索结果的展示方式和排序。中立性要求搜索引擎提供的搜索结果的相关性应该受到限制，比如自然结果和付费广告结果的排序不应受广告付费的影响，此外在展示方式上对自然结果和付费广告结果也应有明确区分。搜索引擎广告种类主要包括自然结果中的插入式广告、结果页面的固定广告以及合作网站中的广告，如百度搜索页面所示（见图 1－11）。Google 在网页上清晰区分了付费广告和自然结果：自然结果置于页面左侧，付费广告通常在顶部、底部或右侧，容易识别（见图 1－12）。与 Google 不同，百度搜索的自然结果和付费广告没有严格区分，百度虽然将自然结果置于网页左侧，但是在自然结果中插入了形式多样的付费广告。

二、搜索引擎市场结构及形成机制

　　基于搜索引擎具备的双边平台特征、非中立信息提供机制及相对用户的信息优势，搜索引擎市场容易出现一家独大的市场结构特征。

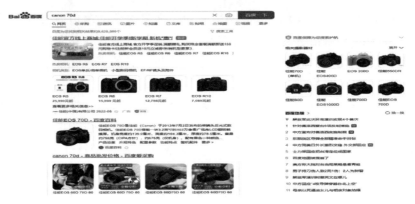

图1-11　百度搜索页面

资料来源：https：//www. baidu. com/s? wd = canon% 2070d&rsv _ spt = 1&rsv _ iqid = 0xa78e431300083f68&issp = 1&f = 8&rsv_bp = 1&rsv_idx = 2&ie = utf − 8&tn = baiduhome_pg&rsv_enter = 1&rsv_dl = ib&rsv _ sug3 = 15&rsv _ sug1 = 18&rsv _ sug7 = 100&rsv _ sug2 = 0&rsv _ btype = i&inputT = 20613&rsv_sug4 =33674。

图1-12　Google搜索页面

资料来源：欧盟委员会公布的文件 AT. 39740—Google Search（Shopping），http：//ec. europa. eu/competition/antitrust/cases/dec_docs/39740/39740_14996_3. pdf。

（一）搜索引擎市场结构

在欧洲经济区国家通用搜索服务市场，Google市场份额最大，处于市场支配地位。表1-1可以体现出Google的市场份额远远高于其他搜索引擎。

表 1-1　　2016 年三大搜索引擎在欧洲经济区国家桌面端的市场份额　　单位：%

国家	Google	Bing	Yahoo!	国家	Google	Bing	Yahoo!
奥地利	91.7	5.4	2.2	拉脱维亚	93.8	2.1	1.2
比利时	92	5.5	1.3	列支敦士登	91.1	7.1	1.0
保加利亚	97.1	1.3	0.9	立陶宛	95.5	2.2	1.1
克罗地亚	96.7	1.6	1.4	卢森堡	92.4	4.9	1.9
塞浦路斯	93.6	3.5	1.6	马耳他	91	5.3	3.1
捷克共和国	79.7	2.2	0.8	荷兰	90.1	6.6	1.5
丹麦	94	4.1	1.4	挪威	89	7.8	2.2
爱沙尼亚	91.9	2.3	0.7	波兰	95.6	2.3	0.8
芬兰	94.9	3.3	1.1	葡萄牙	96.2	2.3	1.1
法国	92.8	4.7	2.1	罗马尼亚	97	1.2	1.3
德国	90	6.4	1.9	斯洛伐克	96	2.4	1.0
希腊	97.1	1.5	1.0	斯洛文尼亚	96.4	2.1	1.0
匈牙利	97.2	1.6	0.9	西班牙	93.7	4.0	1.8
冰岛	93.4	3.9	2.0	瑞典	90.6	6.9	1.9
爱尔兰	92.6	4.4	2.4	英国	86	9.7	3.3
意大利	93	4.3	1.9				

资料来源：欧盟委员会公布的文件 AT. 39740—Google Search（Shopping），http：//ec. europa. eu/competition/antitrust/cases/dec_docs/39740/39740_14996_3. pdf。

可见，在欧洲经济区国家的桌面端三家搜索引擎的市场份额相差巨大，Google 占据绝对的市场主导地位，而且通过表 1-2 可以发现，Google 在欧洲经济区国家长期保持着市场主导地位。

表 1-2　2008～2016 年 Google 在欧洲经济区国家 PC 端上最低市场份额　　单位：%

国家	Google 市场份额	国家	Google 市场份额
奥地利	91.7	拉脱维亚	93.8
比利时	92.0	列支敦士登	91.1
保加利亚	96.7	立陶宛	95.5

续表

国家	Google 市场份额	国家	Google 市场份额
克罗地亚	96.7	卢森堡	92.4
塞浦路斯	92.5	马耳他	88.6
捷克共和国	53.2	荷兰	90.1
丹麦	94.0	挪威	89.0
爱沙尼亚	85.4	波兰	95.6
芬兰	94.9	葡萄牙	96.1
法国	92.8	罗马尼亚	94.4
德国	90.0	斯洛伐克	96.0
希腊	95.6	斯洛文尼亚	68.1
匈牙利	97.0	西班牙	93.7
冰岛	93.4	瑞典	90.6
爱尔兰	92.1	英国	86.0
意大利	93.0		

资料来源：欧盟委员会公布的文件 AT. 39740—Google Search（Shopping），http：//ec. europa. eu/competition/antitrust/cases/dec_docs/39740/39740_14996_3. pdf。

通用搜索服务市场往往存在很多进入以及规模扩张的障碍，市场具有较高的进入壁垒。第一，进入成本角度。通用搜索服务行业依赖强大的搜索技术和搜索算法，以保证搜索结果的准确性，对潜在进入者构成较高技术和资本壁垒。第二，平台特性方面。通用搜索服务市场是双边市场，存在网络效应，特别是消费者一边的数量越大对另一边广告主的吸引力就越强，平台因此在一定程度上可能形成用户锁定，这也增加了新进入者的用户规模扩张难度。在市场高进入壁垒下，Google 的高市场份额的现状不易被打破，其市场支配地位得以长时间维持。

因为行业存在高进入壁垒，许多通用搜索服务提供者放弃自身通用搜索技术而转向第三方技术。如 2009 年 Yahoo！放弃其通用搜索技术，转向依赖 Bing 的通用搜索技术；2010 年 Asi 放弃其通用搜索技术，而使用 Google 的通用搜索技术。

（二）搜索引擎市场高度集中的形成机制

Google 在欧洲经济区国家的市场份额基本都达到了 90%，搜索引擎市场表现出了高度的集中。其成因包括以下几点：

第一，平台交叉网络外部性带来的"鸡蛋相生"问题，使提供搜索服务的相关企业以扩大用户规模为首要目标。搜索平台在交叉网络外部性作用下，会形成基于用户数量的正反馈效应——平台上提供的信息越多越全面，有信息需求的用户就倾向于使用该平台；使用该平台搜索信息的用户越多，广告主也会倾向于加入该平台，在该平台投放更多广告。两边用户的交叉网络外部性是不对称的，信息需求用户具有更高的网络外部性。因此，提供搜索服务的平台特别在发展初期往往以扩大用户规模为第一要务，这种基于生存目的的用户基础扩张策略，使某些先进入市场的搜索平台占据更有优势的市场份额。

第二，具有先发优势的搜索平台，在交叉网络外部性的作用下市场势力进一步得到巩固。先进入市场的搜索引擎平台相对竞争对手能给用户提供更多效用，比如更丰富、精准的搜索结果，更有针对性的广告投送服务等。此外，新用户通常会选择市场中处于主导地位的搜索引擎或浏览器默认设置的搜索引擎。具有领先优势的搜索平台会继续在交叉网络外部性的正反馈机制下，通过"滚雪球"式增长形成强者愈强的趋势。此时，在位中小竞争者的生存变得愈发艰难，用户迅速流失，市场份额萎缩甚至会被排挤出市场，而潜在进入者也会面临巨大的用户壁垒，基本被阻止进入，最终形成高度集中的市场结构。

第三，搜索引擎市场的垄断特征，使用户和广告主被锁定在该搜索平台上，形成市场圈定效应。搜索引擎市场一旦形成了高度集中的结构，平台的双边用户容易被锁定在主导平台。由于缺少有效的替代平台，广告主只能依靠该主导平台进行广告投放，信息需求方用户也只能依靠该平台进行信息检索和搜寻。高度集中的市场格局，虽然也可能是搜索引擎市场平台间竞争的自然结果，但如果主导搜索平台凭借信息相对优势，人为操纵搜索结果，使用户被圈定在搜索平台而无法选择其他替代性的竞争平台或者无法搜索到相关的自然结果，便是搜索平台市场势力的滥用行为。当然，这种市场势力的滥用需要满足特定条件，包括搜索平台作为厂商营销渠道的不可替代性、搜索平台用户认知能力的相对有限性、广告投放在搜索关键词长尾特征下的竞价排名方式等。

（三）通用搜索引擎与垂直搜索引擎的区别与联系

提供搜索服务的平台按照提供内容范围的不同，可以分为通用搜索引擎和垂直搜索引擎。通用搜索引擎提供全面综合的信息，垂直搜索引擎则可以看作是通用搜索的细分，专门提供某一特定领域内容的搜索服务。本案涉及 Google Search、Google Shopping、Foundem、Ciao、Twenga、Nextag 等搜索引擎。其中，Google Search 是通用搜索引擎，提供通用搜索服务；Google Shopping、Foundem、Ciao、Twenga、Nextag 则是垂直搜索引擎，提供比价购物行业的专业信息。

根据相关市场界定的需求替代法和供给替代法，通用搜索市场与垂直搜索市场在需求端和供给端的替代性有限，应被界定为不同相关市场。

首先，通用搜索引擎和垂直搜索引擎提供服务的方式不同。以 Google 为代表的通用搜索引擎，其基本服务原则是流量引导，即引导用户进入其他网站，而垂直搜索引擎可以直接向用户提供专业信息，服务上具有显著差异；其次，两者提供的内容不同。通用搜索服务采取关键词算法，提供的是所有可能的相关内容，其中就包括垂直搜索服务，而垂直搜索服务提供的内容专注于某一具体的特定信息，并不会向用户提供所有可能的相关结果。

在供给端，通用搜索和垂直搜索替代性也十分有限。通用搜索服务和垂直搜索服务在技术特征上存在显著差异，通用搜索服务相较垂直搜索服务需要更加完善的搜索算法和更高级的技术支持。另外，两者内容提供方不同，通用搜索服务中的内容是由爬虫抓取，而垂直搜索服务，如比价购物服务的内容则由零售商提供。

可见，无论是从需求替代还是供给替代的角度，通用搜索市场与垂直搜索市场替代性有限，潜在的通用搜索引擎进入市场需要巨额的投资和精确的搜索算法以及抓取和索引数据的成本[①]。

但两个市场并不是毫无关系，属于"相邻市场"（adjacent markets）。用户的上网习惯是将通用搜索引擎作为上网的入口，在本案中即先进入 Google，搜索后再进入相应的专业网站。可见，通用搜索引擎对于垂直搜索引擎具有明显的流量引导作用，其关系如图 1 - 13 所示。

---

① 刘洪波. 互联网平台的非价格竞争策略研究［D］. 济南：山东大学，2019。

图1-13　通用搜索引擎和垂直搜索引擎关系

资料来源：笔者根据相关资料整理所得。

Foundem、Ciao、Twenga、Nextag 等垂直搜索服务网站作为第三方加入通用搜索服务提供者（Google）为自身引流，增加曝光率，吸引消费者。而 Google Shopping 作为 Google 自有的垂直搜索服务提供商，与其他垂直搜索服务提供商是同业竞争关系。如前所述，Google 在通用搜索服务领域处于支配地位，其市场份额极高，流量大，消费者更习惯直接通过 Google 搜索产品的比价信息。结合通用搜索的互联网入口地位，其对垂直搜索具有关键的流量引导作用，这导致了垂直搜索的大部分流量都来自通用搜索。Google 作为通用搜索市场的主导平台，能够控制流向垂直搜索市场的绝大部分流量，继而影响垂直搜索市场的竞争。

三、搜索引擎的信息提供机制及对信息质量的影响

由于该案涉及的相关市场为通用搜索市场和垂直搜索市场，本部分对搜索引擎的信息提供机制和对信息质量的影响进行分析。

（一）搜索引擎的信息提供机制

搜索引擎的信息提供机制分为中立模式和非中立模式两大类，前者指平台在匹配和展示搜索结果的过程中保持客观和统一的标准，平等体现两边用户的偏好，无偏袒行为；后者指平台在信息匹配的过程中加入了平台自身评价和偏好，比如平台可以优先满足部分用户的个别偏好。虽然各搜索平台非中立程度不同，但完全中立是不存在的。

广告收入是搜索平台的主要收入来源。针对搜索用户免费的定价策略可以为搜索平台积聚大量的用户基础，在交叉网络外部性的作用下提高搜

索引擎对广告主的议价能力。由于消费者不同的浏览习惯，搜索结果页面不同位置的广告价值也不同，这是搜索引擎竞价排名机制的根本原因，广告主需通过竞价获得更好的广告位置。

（二）搜索引擎非中立信息提供机制对信息质量的影响

搜索引擎的信息提供机制对用户获得的信息质量产生了影响。虽然搜索引擎降低了用户的搜索成本，一定程度上是消费者福利的提升，但在搜索引擎非中立信息提供机制下，搜索结果的质量劣化明显侵害了消费者福利。

如前文所述，完全中立的搜索平台是不存在的，特别是盈利性的搜索平台，逐利是其本能。在搜索引擎提供自然匹配结果时，自然结果与广告结果会出现在同一个页面中，自然结果的质量构成广告结果质量的底线。因此，如果自然结果可以传递较为客观和真实的信息，对搜索引擎的信息提供质量可以形成正向约束。可见，只要保障免费且中立的自然搜索，以及竞价广告与自然结果的直接竞争，搜索引擎的信息提供方就存在有效竞争，搜索结果质量相应地更有保障。反之，这两个条件有一个不满足，就容易导致劣币驱除良币，降低搜索结果质量，用户获得的自然结果不会是最优的匹配结果。

对于市场集中的头部搜索平台，逐利本能使其可能通过降低广告的价格吸引更多的企业投放关键词广告，也可能利用其搜索市场支配地位，在不降价的前提下就可以吸取众多的企业来竞价排名。对于用户而言，搜索结果页面排序靠前的很可能是广告链接，认知有限、信息不完全的用户被平台圈定，并且面临着不符合自己需求的低质量的搜索结果，甚至可能是虚假信息，使消费者福利被严重侵害。

第三节　Google 滥用市场支配地位行为的各方观点

欧盟委员会在判决中认定 Google 滥用了其在通用搜索引擎市场上的支配地位，在搜索结果中优先展示自有比价购物服务 Google Shopping，并且利用算法排挤了其他竞争对手，损害了垂直搜索引擎市场的竞争，也损害了消费者利益。以下介绍各方关于 Google 实施滥用市场支配地位行为的具体争论。

一、关于 Google 市场支配地位的认定

欧盟委员会认定 Google 在通用搜索市场上占据支配地位，Google 根据通用搜索服务的免费特征认为自己并不具有通用搜索市场上的支配力量。

欧盟委员会对此的回应是，Google 虽然免费提供通用搜索服务，但这并不排除其占支配地位的事实。服务的免费性只是评估市场势力的相关因素中的一个，在本案中搜索服务是否免费并不影响市场支配地位的认定。第一，自 2008 年以来 Google 在整个欧洲经济区均拥有强大且稳定的市场份额，在此期间没有任何欧洲经济区国家发现有成功的竞争对手进入市场；第二，由于通用搜索引擎市场很少出现用户多归属的情况，且 Google 对用户具有强大的品牌影响力，所以 Google 很容易对用户形成锁定效应，即使 Google 降低了服务的质量，用户也不会轻易转向其他的通用搜索引擎。

二、对于 Google 优待自有比价购物服务是否属于滥用市场支配地位行为的争论

欧盟委员会认定 Google 在其通用搜索中实施的优待自有比价购物服务是滥用市场支配地位行为。Google 辩称在通用搜索引擎中向用户提供的搜索结果大部分链接都指向了销售商的网站，而不是 Google 的搜索页面，以此说明并没有偏袒自有业务。

但是，欧盟委员会根据 Google 在通用搜索结果页面上对其他垂直搜索服务和自有服务的定位方式以及展示效果的差别，认定 Google 的自我优待行为是滥用了其市场支配地位。首先，竞争对手的比价购物服务在通用搜索结果页面的定位方式和 Google Shopping 的定位方式不同，使得 Google Shopping 可以在通用搜索页面的首页突出位置出现。其次，两者的展示效果也不同，Google Shopping 的搜索结果中包含丰富的图片展示，而竞争对手的展示则只有文本。考虑到消费者具有顺序搜寻习惯，往往只关注排在网页前面的搜索结果，而且丰富的图片展示效果本身就比普通的文字展示更引人注意，所以 Google 确实存在滥用自己通用搜索引擎的市场势力实施了优待自有 Google Shopping 的行为。

三、对于 Google 利用算法实施流量引导是否属于滥用市场支配地位行为的争论

欧盟委员会认为 Google 使用算法工具进行流量引导的行为是滥用了在通用搜索市场的支配地位，提高了从通用搜索到自有比价购物服务的流量，同时减少了其他竞争性网站的流量，损害了垂直搜索引擎市场的竞争。

Google 认为在通用搜索引擎中使用算法（比如熊猫算法）并不是滥用市场势力的流量引导行为。熊猫算法（Google Panda）是 Google 的反垃圾网站搜索引擎算法，用来降低低质量内容的网站排名，同时也是评判网页质量优劣的标准。Google 认为使用搜索引擎算法并不会导致从通用搜索到比价购物服务的第三方网站流量下降，相反 Google 的搜索引擎算法能增加第三方网站的流量。

欧盟委员会发现 Google 在欧洲经济区国家推出熊猫算法之后，这些国家的第三方比价购物服务网站在 Google 的通用搜索结果中的可见性和触发率陡然降低，且再没有回升。但 Google Shopping 的流量并未受到熊猫算法影响，并且因为被放置在通用搜索页面的优先位置获得了大量流量。流量对比价购物服务网站的生存和盈利非常重要，用户流量减少，短期内网站对广告主吸引力下降，盈利能力受损，长期如果用户访问持续降低则会因为用户规模萎缩进入网络效应负反馈的恶性循环，甚至退出市场。所以 Google 使用算法工具进行的流量引导是滥用市场势力的行为。

然而同样面对 Google 的流量引导行为，美国反垄断执法机构则给出了不同的处理结果。2011 年 6 月，美国联邦贸易委员会（Federal Trade Commission，FTC）曾就 Google 对 Google Shopping 的搜索自我优待行为提起反垄断调查，但却在 2013 年 2 月与 Google 达成和解。

第四节 本案相关的学术讨论：平台领域的相关市场界定、市场势力的跨界滥用和反垄断执法影响

本案是互联网平台领域中典型的反垄断案例，学术界从不同专业领域和研究视角对本案有诸多研究和讨论，主要集中在平台领域的相关市场界

定、平台跨界竞争中的市场势力滥用、反垄断执法对竞争和消费者保护的影响。

双边市场特殊的结构和交叉网络外部性使得传统的相关市场界定方法不再适用，这也是 Google Search 案引发讨论的重要环节。伦达（Renda，2015）对 Google Search 案中的相关市场界定方法提出了质疑，分别从欧盟用于相关产品市场定义的测试、支配地位的界定标准、市场圈定和欧盟委员会可能采取的补救措施进行了批判性评估，认为欧盟针对 Google 的判决是出于保护和激励中小企业竞争的目的，这种用反垄断执法激励竞争的手段已经成为一种对成功大企业的惩罚，对企业家的积极性造成负面影响。

对于 Google 滥用市场支配地位的跨界竞争行为，有不同文献分别针对跨界进入方式和自我优待行为的竞争影响展开研究。崔和杰恩（Choi and Jeon，2021）将 Google 跨界进入行为从搭售角度进行了理论推导，认为 Google 搭售行为存在减少消费者剩余和社会福利的可能性。津加莱斯（Zingales，2019）认为欧盟对 Google 的反垄断判罚为算法和大数据下的超大型平台自我优待行为敲响了警钟。欧盟委员会在本案中对算法的分析认定，对反垄断执法发挥了里程碑式作用，提供了大量的证据说明 Google 的自我优待行为可能导致市场圈定。

另外，还有研究从基础设施和公共物品理论、反垄断执法对竞争和消费者保护的影响等方面对欧盟的判决结果提出不同观点。布兰肯堡（Blanckenburg，2018）为 Google Shopping 具有强大的市场势力提供了证据，从网络基础设施的角度支持了欧盟对 Google 市场支配地位的认定结论。博克和西达克（Bork and Sidak，2012）则对欧盟的裁决持反对意见，认为欧盟是通过反垄断手段来惩罚成功的企业，将 Google 的竞争努力视作滥用市场支配地位，这会减少搜索领域中的动态竞争，损害反垄断旨在保护的消费者利益。

我国与欧盟、美国已经成为全球反垄断的三大执法辖区，研究 Google Search 案在欧美不同的执法结果对我国平台经济反垄断执法也具有重要价值。白让让（2020）结合欧美对 Google 比价购物案不同处理，对比归纳了欧美两种反垄断执法的分歧点，包括竞争政策主旨、执法模式、市场势力滥用的行为标准和处罚与救济的偏好，提出我国的反垄断执法不宜照搬欧美模式，应该结合我国互联网经济实际发展情况，培育主导企业的国际竞争力，寻求企业、市场和消费者之间的均衡。

第五节 平台非中立行为

平台作为连接消费者和厂商双方的中介，提供的主要服务之一是对双边用户进行供需匹配，如果这一过程中平台按照中立性原则，则匹配结果是自然无偏向的。如果平台同时还拥有自营业务，则很可能对第三方商家施加歧视，比如将消费者引导至自营业务或者关闭第三方商家接触消费者的渠道，最终的匹配结果就处于平台的有意操纵之下。

本案中，Google 利用自己在通用搜索市场的支配地位，通过算法操纵通用搜索结果排序，将竞争对手网站的排序置于自有垂直搜索服务之后，呈现出明显的平台非中立性。

一、搜索引擎市场中的平台非中立行为

在搜索引擎市场，搜索排序规则的非中立是指平台在利润或其他因素的激励下，使搜索结果排序有失客观性。搜索引擎平台的核心运行机制是匹配与排序，搜索结果的排序是按照平台自己的规则，比如搜索关键词相关性、购物平台的商家销量信誉评价等进行"自然排序"。但很多情况下，搜索平台的结果不是"自然排序"的结果。比如百度搜索引擎采取"竞价排名"规则，出价越高者排序越靠前。另外，头部互联网平台都有进行多样化竞争的策略，通用搜索引擎平台跨界进入垂直搜索市场，为其在搜索结果中偏袒自有垂直搜索业务提供了竞争优势。这时也很容易出现搜索引擎平台在排序规则上的非中立策略，通过算法和排序规则的调整，使自有产品显示在通用搜索结果页面的前排位置来引导流量。

二、平台是否有"中立"义务

作为连接双边用户的平台，相对于用户具有数据优势。如搜索引擎平台在信息发布、匹配和传输上对用户有实际控制力。用户则处于弱势地位，消费者虽然能够认识到自身掌握信息的局限性，但无法判断搜索结果是否是搜索平台能够提供的最优结果。

对于平台是否有中立的义务，目前没有明确答案。本案中欧盟的判定

更倾向于赋予大企业维护市场自由竞争的义务，因而提倡平台中立。而在美国，FTC 曾对 Google 在通用搜索结果中不公平地优先显示其自身服务的行为进行了长达 20 个月的反垄断调查，但最终于 2013 年与 Google 达成和解。FTC 最终认为：虽然 Google 的自我优待行为对部分市场可能产生消除竞争的威胁，但是自我优待行为的主要目的是改善用户体验，而且企业有正当理由推广自身服务。

三、针对本案的分析

Google 在欧洲通用搜索市场具有极高的市场份额（基本都在 90% 以上），明显处于市场支配地位，结合消费者上网习惯是通过通用搜索引擎作为上网入口，这使得 Google 获得了极大的流量控制能力。在垂直搜索引擎市场中存在两类厂商：Google 自有垂直搜索服务厂商——Google Shopping 和其他垂直搜索引擎厂商。Google 把 Google Shopping 放置在自然结果的显著位置，并且额外配有图片加文字的展示形式，而把其他垂直搜索引擎放置在靠后位置且只有文字内容，这种自我优待行为体现了 Google 的非中立策略。

（一）Google 实行非中立策略的证据

Google 于 2011 年 2 月推出的熊猫算法（Google Panda）可以作为其采取非中立策略的证据。熊猫算法本身是一种反垃圾网站的搜索引擎算法，目的是降低低质量内容的网站排名，也是 Google 页面级别评判标准。但第三方竞争性比价购物服务很容易被 Google 的算法降级。当消费者在进行产品搜索时第三方比价购物服务的链接可能无法被搜索到，但是 Google Shopping 却不受熊猫算法的限制。

首先，欧盟委员会市场监测的每周可见性指数（the Weekly Visibility Index）[①] 显示，西班牙[②] 2010 年 8 月 2 日至 2016 年 12 月 2 日期间，在 Google 搜索结果页面中绝大多数第三方比价购物服务的可见性在 2010 年底和 2011 年初达到最高水平，而当 Google 推出熊猫算法后开始突然下降，并且一直

---

① the Weekly Visibility Index，在 Google 通用搜索结果中的可见性反映了第三方比价购物服务的出现率，也反映了其排名。

② 欧盟委员会公布的文件 AT. 39740—Google Search（Shopping），http：//ec. europa. eu/compc-tition/antitrust/cases/dec_docs/39740/39740_14996_3. pdf。

没有恢复。

其次，应用熊猫算法使得第三方比价购物服务的触发率（trigger rates）① 下降。以英国为例②，Google 的搜索结果中第三方比价购物服务网站的触发率在 2010 年末达到最高，在 Google 的熊猫算法应用之后则显著下降且无回升迹象。

最后，应用熊猫算法第三方比价购物服务的平均排名也产生了影响。在产品搜索页面 Google Shopping 一般排在前列，而第三方竞争性比价购物服务排在靠后位置，如表 1 – 3 所示。

表 1 – 3　　　　　　　　比价购物服务平均排名（以英国为例）

网址	平均排名 （时间：2015 年 11 月 16 日）	平均排名 （时间：2017 年 2 月 13 日）
ciao. co. uk	65	53
bizrate. co. uk	79	57
kelkoo. co. uk	70	71
nextag. com. uk	69	72
comparestoreprices. co. uk	78	70
dooyoo. co. uk	67	55
dealtime. co. uk	81	70
pricerunner. co. uk	58	60
shopping. com	77	59

资料来源：欧盟委员会公布的文件 AT. 39740—Google Search（Shopping），http：//ec. europa. eu/competition/antitrust/cases/dec_docs/39740/39740_14996_3. pdf。

除此之外，在 Google 结果页面中 Google Shopping 和第三方的比价购物服务的呈现形式也存在差异。Google 自有比价购物服务能够显示产品的图片和价格变动等动态信息，而第三方竞争性比价购物服务只能显示为通用搜索结果，无法展示产品图片和价格变动等附加信息。

――――――――――

① 触发率：在 Google Search 结果页面中，显示特定网站或服务占全部关键字显示内容的比例。

② 欧盟委员会公布的文件 AT. 39740—Google Search（Shopping），http：//ec. europa. eu/competition/antitrust/cases/dec_docs/39740/39740_14996_3. pdf。

（二）Google 非中立策略的反竞争效应

Google 实施非中立策略的目的在于提高自有比价购物服务——Google Shopping 的流量，通过搜索结果的排序和显示方式将通用搜索流量引导至 Google Shopping，同时降低其他比价购物服务获得的流量。Google 的这种非中立策略对其他比价购物服务产生了市场圈定的影响，具有反竞争效应。掌握流量入口的 Google 控制着垂直搜索提供商接触消费者的能力，在常规顺序浏览习惯和搜寻成本作用下，大多数消费者往往会点击搜索结果页面中排序靠前的链接，即 Google Shopping。Google 一方面为 Google Shopping 争取到了新用户，另一方面将原本的多归属用户转变为了 Google Shopping 的单归属用户。用户规模的增加在交叉网络外部性的作用下会传递到 Google Shopping 的商家边，提高了 Google 相对商家的市场势力，继而导致对商家更高的收费和对消费者更高的定价。可见，Google 的搜索非中立策略提高了自有服务的市场份额，同时也减少了其他比价购物服务平台的市场份额，长期的市场份额萎缩会导致其他垂直搜索引擎逐渐退出市场，削弱市场竞争和创新激励。

第六节　平台势力的跨市场滥用

在本案中 Google 首先在通用搜索市场拥有市场支配力量，随后通过建立自己的比价购物网站的方式进入了垂直搜索市场，是典型的平台跨市场竞争行为。平台跨市场进入是指，平台基于现有的用户规模，通过增加新的产品或服务种类进入新市场，这在互联网行业非常常见，已经成为很多互联网巨头发展和巩固市场势力的主要途径。下面对平台跨市场进入的内在动机和平台势力跨市场滥用的竞争效应进行分析。

一、平台跨市场进入的内在动机

互联网平台基于双边市场交叉网络外部性特征与用户规模基础，跨界进入新市场能够产生规模经济、范围经济，提高平台经营效率，所以平台普遍存在跨界经营的内在动机。

第一，平台跨市场进入能够产生规模经济。平台原核心业务积累的资本和用户优势有助于降低进入新市场的成本，特别是互联网平台对相邻市场的跨界进入往往可以将原有用户基础直接复制到新市场，扩大平台在新市场的交易量。跨界平台的交易量提升也有助于吸引新市场内的用户进一步聚集，在新市场形成规模经济。随着平台进入更多新市场，提供的产品和服务数量增加，在注意力资源有限的前提下，平台将不同市场的产品服务进行组合，对于平台存量用户具有节约注意力、满足多样化需求的作用。用户在使用平台一项服务时，能更便捷地获得其他类型服务的机会。对于平台而言，一方面增强了相邻市场新用户加入平台的机会，另一方面增强了原市场存量用户对整个平台的黏性，从而促使用户规模和交易量进一步扩大，降低平台平均运行成本，增加收益，产生规模经济。

第二，平台跨市场进入能够产生范围经济。平台跨行业进入提供新的产品或服务，虽然产品和服务属于不同市场，但具有数据和算法优势且用户规模在原市场具有竞争力的平台能够轻易完成跨界：平台一方面通过复制原市场的用户资源，降低了获取新市场用户的成本；另一方面，同样是双边平台运营模式可以降低平台新业务的运营成本；最后，平台在用户数据和算法上的优势可以直接应用于新市场产品和服务的研发，从而降低技术开发成本。最终，使得同时提供多种产品服务的成本低于分别提供各类服务的总成本，产生基于用户需求的范围经济。

对于 Google 这种在通用搜索引擎市场一家独大的平台，在原市场积累的数据优势和资本优势，更容易在新市场精准定位目标客户群体，通过更低的成本和快速的产品需求响应，完成新市场的份额扩张。Google 在通用搜索市场积累的算法和数据优势在进入相邻市场时，进入成本远低于其他新进入者，规模经济和范围经济优势显著。

二、平台势力跨市场滥用的反竞争效应

具有强大用户基础和较强用户黏性的互联网平台，在平台的经济特性和技术优势下容易成为市场主导平台。如果该平台在跨界进入新市场的过程中，利用原有市场的支配地位，采取非中立、搭售、独家协议进行策略性排他，并对新市场中自有企业进行用户迁移、竞争保护，那么在消费者注意力有限的情况下，这类竞争行为会造成不正当竞争的后果，这属于主导平台对于市场势力的跨市场滥用。长期来看，这也终将导致新市场在位竞争对手被排除，削弱新进入市场的竞争程度，出现产品和服务缺少质量

改进激励、垄断价格等问题。

可见，平台势力的跨市场滥用会危害新市场的有效竞争、限制行业的健康发展，并损害消费者福利，具有明显的反竞争效应。随着平台跨行业、跨市场竞争的逐渐增多，监管机构也应注意此类市场势力的滥用行为，保障平台市场公平竞争秩序。

三、针对本案的分析

Google 作为搜索引擎，通过双边平台的模式提供通用搜索服务，同时建立了提供比价购物服务的 Google Shopping 网站，Google Shopping 属于垂直搜索服务市场，与通用搜索市场不属于同一市场。Google 将自身通用搜索市场的市场支配能力传递至垂直搜索市场，属于市场势力的滥用行为。

（一）Google 在通用搜索市场支配地位的体现：强大的用户基础与黏性

如前文所述，Google 在通用搜索领域具有极高的市场份额，占据了市场支配地位，拥有强大的用户基础。大多数人只使用 Google 这一种搜索服务，如表 1－4 所示。Google 的用户多归属行为所占比例很小，其用户黏性很高，这为 Google 进入垂直搜索领域奠定了用户基础。

表 1－4	三大搜索引擎用户多归属比例			单位：%	
搜索引擎	法国	德国	意大利	西班牙	英国
Google	12	9	10	10	16
Bing	72	70	84	79	72
Yahoo!	71	72	65	80	76

资料来源：欧盟委员会公布的文件 AT. 39740—Google Search（Shopping），http：//ec. europa. eu/competition/antitrust/cases/dec_docs/39740/39740_14996_3. pdf。

使用 Google 的消费者一般不会再选择其他的搜索引擎，即使 Google 降低其通用搜索服务的质量，仍有大量用户继续使用，更何况通用搜索服务的质量即使下降也很难被用户发现。由此可见，Google 不仅拥有占绝对优势的用户规模，而且其用户绝大多数都是忠诚的单归属用户。这些都表明了 Google 在通用搜索服务市场具有很强的市场势力，处于支配地位，成为其将自身势力跨市场滥用的前提和基础。

（二）Google 市场势力滥用行为对垂直搜索引擎市场的影响

Google 通过熊猫算法降低了其他比价购物服务的可见性、触发率和排序。在 Google 通用搜索结果页面中，相比于第三方竞争性比价购物服务，Google Shopping 服务的位置更有利。

消费者在线浏览信息时通常采取"顺序搜索"的方式，从上到下浏览信息，用户通常会查看搜索结果页面上前三到前五个结果。信息排列越靠前，被消费者注意和采用的概率越大，比排列靠后的信息更有优势。正因如此，Google 在通用搜索引擎上对垂直搜索结果（比价购物网站）实现了流量转移，使得 Google 自身的比价购物服务的流量增加，竞争对手比价购物服务的流量减少，削弱了 Google Shopping 在垂直搜索市场面临的竞争。

Google 在自然搜索结果中把自有垂直搜索服务放置在显著位置并增加外观设计多样性，而对其他垂直搜索引擎则区别对待的行为是有意的流量引导。Google 将庞大的用户规模引流到自有比价购物网站 Google Shopping，使其在垂直搜索市场更易获得用户和增加用户黏性，而对其他垂直搜索引擎厂商则施以不公平对待，实现了增加自有比价购物服务流量、降低其他第三方比价购物服务市场份额的效果。可见，Google 将其在通用搜索市场的市场势力传递到垂直搜索服务市场，妨碍了垂直搜索市场的有效竞争，损害了第三方比价购物服务和消费者的利益，属于滥用市场势力行为。

Google 在跨市场竞争过程中，滥用通用搜索引擎市场支配地位，削弱了来自竞争性比价购物服务网站的竞争约束。长此以往，比价购物服务市场在缺乏自然结果的竞争约束下，Google Shopping 提供的产品或信息质量缺少改进激励，甚至可能形成劣币驱逐良币现象，造成消费者福利的损失，而且竞价排序的广告费用最终也会体现在产品价格上，进一步侵害消费者福利。

第七节　本案的启示

欧盟委员会从行业长期动态竞争的角度对 Google 的商业行为进行了审查。证实了比价网站并非 Google 的首创，Google 的第一个比价服务 Froogle 在被置于 Google 通用搜索页面前并未获得大量流量，而是在 Google 将其置于通用搜索页面后流量才开始增长，同时几乎所有的竞争者的流量开始明显减少。Google 在通用搜索上面排序虽然是基本算法，但加入了"可能改进用户体验"的熊猫算法。Google Shopping 不受 Google Panda 的影响，而其他比价购物服务则被 Google Panda 进行降级，通常排在第 2 页甚至更后的位置。Google Shopping 是图片展示且包含了更丰富的信息介绍，而其他比价购物服务则是纯文字链接。Google 的 Webmaster Guidelines（网站站长指南，是 Google 规定的网站合作条款）定义了 Google 网站的搜索要求，不合作的网站可能被降低级别甚至清除出搜索范围。Webmaster Guidelines 禁止隐藏链接与文本、自动请求、盗链或没有原创内容的页面。Google 使用特定的算法识别或降级不遵守 Webmaster Guidelines 的网站。基于上述证据，欧盟委员会判定 Google 滥用市场支配地位使其比价服务在竞争中获得了优势，该行为具有反竞争效应，违反了欧盟竞争法。

在数字经济背景下平台滥用市场支配地位的行为表现复杂多变，特别是在算法和大数据技术的帮助下，双边平台市场中的反竞争行为更加隐蔽，危害性更大。本案涉及的通用搜索引擎市场中，占据主导地位的平台通过算法实施非中立行为向自有垂直搜索引流，在主导平台强大的网络效应下，这种自我优待的行为将市场势力传递到相邻的垂直搜索引擎市场进而削弱了后者的竞争。因此，在竞争效应分析中需要从双边市场的网络效应出发，考虑平台竞争行为对其他市场竞争主体、消费者甚至相邻市场的影响，关注算法在提高效率的过程中是否被平台作为谋取不正当利益的工具，实施排除和限制竞争，从而损害市场公平竞争的秩序。

主要参考文献

［1］白让让：《竞争政策执法：保护还是抑制企业创新？——"谷歌比较购物案"引发的理论分歧及对中国的启示》，载《人文杂志》2020 年第 12 期。

［2］刘重阳：《互联网平台中的信息提供机制与产品质量问题研究》，山东大学博士学位论文，2019 年。

［3］刘洪波：《互联网平台的非价格竞争策略研究》，山东大学博士学位论文，2019 年。

［4］Blanckenburg, K. V., 2018：Google search abuses dominant position to illegally favour Google Shopping：an economic review of the EU decision, *Dig-*

ital Policy, *Regulation and Governance*, Vol. 20, No. 3.

[5] Bork, R. H. and Sidak, J. G., 2012: What does the Chicago school teach about Internet search and the antitrust treatment of Google?, *Journal of Competition Law and Economics*, Vol. 8., No. 4.

[6] Choi, J. P. and D. Jeon., 2021: A Leverage Theory of Tying in Two-Sided Markets with Non-Negative Price Constraints, *American Economic Journal: Microeconomics*, Vol. 13., No. 1.

[7] Renda A., 2015: Searching for harm or harming search? A look at the European Commission's antitrust investigation against Google. *CEPS Special Report* No. 118.

[8] Zingales, N., 2019: Antitrust intent in an age of algorithmic nudging, *Journal of Antitrust Enforcement*, 2019, Vol. 7., No. 3.

第二章　平台支配地位的跨市场滥用：
TradeComet 诉 Google 案[*]

专业概念： B2B 搜索　质量得分

B2B 搜索： 企业对企业的搜索通常被称为 B2B 搜索。B2B 搜索是互联网用户可以使用的比通用搜索引擎（如 Google）得到的搜索结果更专业的一种互联网搜索形式。B2B 搜索和其他形式的专门搜索（例如，视频、本地搜索、旅行、医疗、购物等）通常被称为"垂直搜索"。本案原告 Trade-Comet 公司运营的"SourceTool. com"（以下简称"SourceTool"）网站就是一个 B2B 垂直搜索网站，专门面向企业客户提供 B2B 搜索服务，帮助企业寻找合作对象，以及促成企业和企业之间的产品、服务交易。

质量得分（quality scores）： 质量得分是 Google 搜索引擎广告评分系统的一项商业模式创新，由三个元素构成：预期点击率、广告相关性和登录页质量。这一模式使用先进的算法技术来最大化搜索结果的相关性和广告主的收益，从而实现广告收益最大化。质量得分的基本原理是提前预测广告产生点击率的可能性，然后确保相关度更高的广告在付费搜索结果中获得更有优势的位置，这让广告主可以从中获得更多点击率和潜在用户，Google 也因此获得更高的广告收入。相对于质量分数较高的广告主，质量分数较低的广告主需要为每次点击支付更多的费用才能获得更高的搜索结果位置，因为相关度较低的广告放在顶部会降低搜索引擎相关度的整体质量，导致搜索引擎的收入降低。

第一节　案件概述

TradeComet 公司成立于 2005 年 9 月，主要从事技术、网站开发业务，

---

　　[*] 笔者根据 TradeComet 诉 Google 案（TradeComet. com, LLC v. Google, Inc. - 647 F. 3d 472, 2011）相关内容整理所得。

为企业提供高质量的商业信息，网站页面如图 2 - 1 所示。TradeComet 于 2005 年 12 月推出垂直搜索引擎 SourceTool，与 Google 的通用搜索引擎相比，SourceTool 专门针对企业客户，帮助他们寻找合作企业。从 2005 年开始，TradeComet 使用 Google 的 AdWords 为 SourceTool 获取在线流量。AdWords 是 Google 在 2001 年推出的广告平台，当互联网用户使用 Google 搜索特定关键词的时候，在 AdWords 购买了关键词的广告主可以让自己的广告出现在用户的搜索页面上。

图 2 - 1　TradeComet 网站页面

2009 年 2 月，TradeComet 公司提起了对 Google 的反垄断诉讼。

诉讼时间线如图 2 - 2 所示：

2009 年 2 月 17 日，TradeComet 提交投诉文件起诉 Google，纽约南区地方法院指定法官凯文·福克斯（Kevin Nathaniel Fox）担任主审法官。

2009 年 2 月 27 日，由于法官回避，西德尼·H. 斯坦（Sidney H. Stein）被指定为本案法官。

2010 年 3 月 5 日，法院驳回 TradeComet 的诉讼。

2010 年 3 月 15 日，TradeComet 提起上诉。

2011 年 7 月 26 日，联邦第二巡回法院驳回上诉，维持原判。

TradeComet 提出了三项指控：（1）垄断在线搜索市场，通过提高 AdWords 关键词的最低价格提高 TradeComet 在 Google 的搜索广告成本，削弱了 TradeComet 的竞争能力和盈利水平。（2）试图垄断在线搜索市场，利用 AdWords 中的定价指标来阻止 SourceTool 获得搜索流量。（3）为排除在线搜索广告市场中的竞争对手，与高流量网站 Business 达成独家协议，给予独家的搜索广告流量优待。

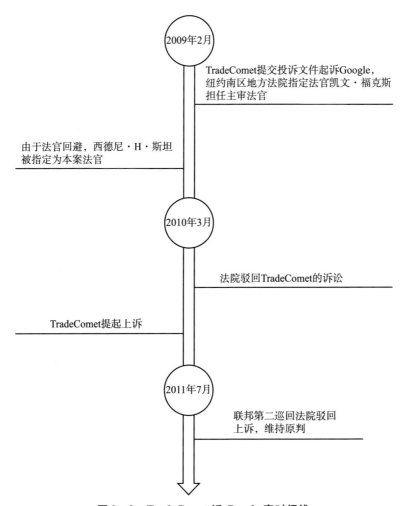

图 2 - 2　TradeComet 诉 Google 案时间线

　　本案涉及的经济学讨论主要集中在 Google 是否滥用通用搜索引擎的市场支配地位，妨碍垂直搜索引擎的竞争。

第二节　争议：Google 是否滥用市场支配地位实施了垄断行为

　　TradeComet 认为，Google 通过提高 AdWords 平台的关键词价格增加了

TradeComet 广告成本、阻止 SourceTool 获得搜索流量以及 Google 与 Business 签订独家协议的行为都是违反了《谢尔曼法》的垄断行为，是利用其在通用搜索市场的主导地位消除垂直搜索市场中的竞争。

TradeComet 还认为 Google 单方面修改 AdWords 条款扩大了原协议的范围，也是不公平竞争行为。Google 辩称，TradeComet 已经接受了 AdWords 项目的条款和条件，其中就包括争议中的 2006 年 8 月修改的内容。

法院驳回 TradeComet 的原因是 TradeComet 的诉讼请求不符合其与 Google 签订协议中的适用法庭条款。AdWords 协议中规定了 "因本协议或 Google 广告计划引起或相关的索赔应在加利福尼亚州圣克拉拉县提起诉讼"，而 TradeComet 提出的三项指控都与 Google 的广告项目有关，所以按照适用法庭条款，TradeComet 本应向加利福尼亚州圣克拉拉县的法院提起诉讼，因此位于纽约州的法院驳回了 TradeComet 诉讼请求。

此外，法院还认为 TradeComet 为了使用 AdWords，已经同意并接受了 AdWords 的条款，而且 TradeComet 也没有证据表明此条款是不合理的。用户必须接受 AdWords 的条款和条件才能激活账户，而且如果用户想继续使用现有的 AdWords 账户，就必须接受 Google 以后实施的任何附加条款和条件，所以 TradeComet 继续使用 AdWords 的行为本身就说明其接受了相关条款，包括修改后的协议。

对于 Google 与 Business 的合作，法院表示，搜索引擎有自行决定是否为其他公司做广告的合法权利。当 Google 拥有其他更好的合作对象时，完全有理由和对方签署合约。法院认为 Google 在搜索广告市场上的垄断地位，与 Google 选择合作对象签订合约的行为之间没有必然关联。

第三节　搜索引擎市场的行业特征

一、垂直搜索引擎与通用搜索引擎

搜索引擎行业主要有 Google、Yahoo!、Bing 等通用搜索引擎，以及其他垂直搜索引擎。大多数互联网用户的习惯是先进入通用搜索页面然后通过搜索寻找自己感兴趣的网站，所以 Google 这类通用搜索引擎往往是用户进入网络的第一站。通用搜索引擎占据着与用户连接的重要位置，是很多垂直搜索网站主要依赖的流量渠道。

当用户进行搜索时，搜索结果页面所显示的内容可能会超出用户搜索范畴，例如我们需要购买笔记本电脑，而在搜索引擎界面输入"笔记本"后，出现的并不只有笔记本电脑，可能还包含纸质笔记本等其他内容。所以通用搜索引擎搜索到的结果涉及的信息范围更广泛，包含大量用户可能不需要的信息。

垂直搜索引擎针对的是那些寻求特定类型信息的人，比如 TradeComet 拥有的 B2B 竞争性垂直搜索网站，专门向企业提供搜索和匹配信息，帮助企业找到商业合作对象。在垂直搜索平台发展初期，垂直搜索对通用搜索平台具有依赖性。初创的垂直搜索平台并不具备庞大搜索用户群体，因此无法形成交叉网络外部性而吸引广告主入驻。垂直搜索平台需要借助规模更大的通用搜索平台进行广告宣传，进而吸引搜索流量增加自己的平台用户数量。在用户规模超过网络临界值、启动网络效应的正反馈机制以后，垂直搜索平台就可以迅速实现搜索用户和广告主的共同增长。实际上，TradeComet 建立初期就是借助 Google 吸引搜索流量，实现自己网站流量的迅速增长，以企业为目标群体的广告主更倾向于将广告投放在更具针对性的垂直搜索引擎 TradeComet 上。

随着专业垂直搜索引擎的兴起，它们在搜索广告市场吸引着大量广告主。Google 等通用搜索引擎提供商也开始在垂直搜索方面开展业务，因为越来越多垂直搜索网站的出现将可能威胁到 Google 在搜索广告市场的市场份额，并且针对商家投放广告的 B2B 垂直搜索引擎可以创造比普通广告更丰厚的利润。

二、Google 与 TradeComet 的合作与竞争

（一）Google 的搜索广告平台及 Google 向垂直搜索引擎市场的进入

Google 于 20 世纪 90 年代中期创立，使用"PageRank"搜索算法得到自然搜索结果，并且早期通过与美国在线服务公司（American Online，AOL）、网景通信公司（Netscape）等高流量网站合作，利用这些网站将搜索查询引导至 Google，仅仅与 AOL、Netscape 的合作就将 Google 的搜索量提高到每天

300 多万次①。

2001 年，Google 推出 AdWords 搜索广告平台，该平台基于搜索平台 GoTo（后来改名为 Overture，由 Yahoo！购买）开发。AdWords 使用拍卖关键词的方式确定广告价格。由于互联网搜索的迅速普及以及与第三方网站的独家合作，Google 开始从搜索流量中拍卖关键词获利。

关键词是单词或字符串，当单独或与其他搜索词一起输入搜索引擎时，会在搜索结果页面上显示搜索广告结果。当用户将指定的关键词输入 Google 搜索引擎时，广告主会对关键词出价，以便在 Google 上显示其广告以响应用户查询。通常，广告主在用户点击广告时付费。由于用户已使用关键词启动了搜索，因此搜索结果页面上看到且点击进入广告的用户很可能就是满足广告主需求的目标用户，所以广告主倾向于以更高的出价在搜索结果页面上更显眼的位置放置广告来实现更高的点击率。

随着搜索技术的发展，更加专业化的垂直搜索引擎逐渐兴起，用户可以根据自己的需求，选择合适的垂直搜索引擎，得到更加专业的搜索结果。例如用户想了解一种产品的价格时，更倾向于使用 Amazon 直接搜索商品名称，而很少使用 Google 搜索产品价格。Google 也开始意识到垂直搜索的必要性，随后对垂直搜索方面进行了行业布局与设计，图 2 - 3 展示了 Google 在垂直搜索引擎领域开展的部分业务。

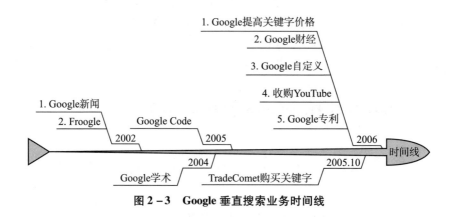

图 2 - 3　Google 垂直搜索业务时间线

Google 进入垂直搜索市场的方式除了收购网站、与 TradeComet 等垂直

---

① TradeComet. com LLC v. Google, Inc., https：//casetext. com/case/tradecometcom-llc-v-google-inc。

搜索合作之外，还建立了多个自有垂直搜索引擎。比如，2005 年推出的垂直搜索网站 Google Code Search，用户在该网站可以搜索计算机编程代码；2006 年推出的 Google 专利搜索引擎，向用户提供专业的专利搜索业务。

（二）TradeComet 公司与 Google 的关系：从合作转向竞争

2005 年丹·萨维奇（Dan Savage）创立 TradeComet，旗下运营着名为 SourceTool 的垂直搜索网站，为有合作需求的企业之间提供匹配和信息搜索服务，因此被称为 B2B 搜索。B2B 搜索相对于通用搜索引擎（Google）得到的搜索结果更专业。

在 TradeComet 创立之前，Google 已经在搜索广告行业内占据了很大的市场份额，拥有大量的搜索用户以及广告主，成为美国互联网主要门户网站之一。使用者打开浏览器就会先链接到 Google，然后再搜索相关主题链接到其他网站。为了快速获得流量，吸引广告主加入，TradeComet 从 Google AdWords 上购买了数十万个关键词和短语。

2006 年 1 月，SourcrTool 被选为 Google 的"本周网站"；2006 年 2 月至 3 月，SourcrTool 增长率达到 58%，被 ComScore 评为世界上增长速度第二快的网站，在此期间 SourceTool 每日流量超过 600，000 次访问。由此可以看出，通过 AdWords 购买关键词给 TradeComet 带来了显著的利益。

然而，Google 开始意识到像 SourceTool 这样的网站会对 Google 搜索广告市场的主导地位构成巨大威胁，对 Google 高价值的搜索流量和 AdWords 广告平台上的高利润广告主产生强大的吸引力。面对这种商业威胁，Google 开始采取策略性行动，设法将 TradeComet 排除在搜索广告市场之外。

2006 年 5 月之后，Google 大幅提高了 SourceTool 拍卖的 AdWords 关键词的最低出价，许多关键词的价格提高了大约 10000%，将之前成本在 5~10 美分之间的关键词增加到 5~10 美元。Google 对此的解释是，平台使用的"land page quality"（登录页质量）工具判断 SourceTool 的网页质量指标下降，而"land page quality"是 AdWords 广告定价所依赖的质量得分（quality scores）的组成部分，所以 AdWords 对 SourceTool 关键词拍卖的价格才会上升。但这显然与 SourceTool 刚被 Google 评为"本周网站"一事自相矛盾，并且"land page quality"显然是一种"黑匣子"算法，除了 Google 自己谁也无法判断等级下降的具体标准是什么。

由于无法获取关键词和 AdWords 搜索广告，搜索者很难通过 Google 搜索到 SourceTool，该网站无法继续维持同过去一样的高流量。接下来几个月的流量损失导致 SourceTool 的广告收入大幅下降。据 SourceTool 统计，从 2006 年 3 月至 2006 年 12 月，它损失了约 90% 的流量和数百万美元的广告收入。

此外，Google 还与高流量的网站签订独家协议，以减少和消除来自垂直搜索引擎的竞争威胁，巩固自己在搜索广告市场的市场势力。Google 与 Business 建立了优先的合作关系。Business 是一个商业新闻和资源网站，旨在帮助企业家和管理者建立和发展公司业务，并向广告主提供广告服务，是 B2B 垂直搜索领域与 SourceTool 有直接竞争关系的对手。Google 在与 Business 的合作协议中添加了强制排他性内容，以排除对 Google 搜索引擎市场支配地位构成威胁的网站。Google 与 Business 签订独家协议使后者的网站内搜索结果页面只显示来自 Google 的搜索内容，这进一步削弱了 SourceTool 的竞争能力。

三、在线搜索广告

在线搜索广告是搜索引擎的主要盈利来源，通用搜索引擎和垂直搜索引擎在广告主一边形成激烈竞争。对广告主来说，搜索引擎拥有巨大的用户规模和流量资源，是重要的营销渠道，广告主都希望通过在线搜索引擎的结果页面向潜在的客户群体展示自己的广告和网站链接。

大多数搜索引擎公司为广告主提供允许在搜索结果页中显示广告的平台，比如 Google 通过 AdWords，Bing 通过 Bing Ads 等。本案涉及的 AdWords，是 Google 于 2001 年推出的在线搜索广告服务平台，也是目前全球在线搜索广告市场上最大的服务提供商。广告主通过它可以进行关键词拍卖从而在 Google 的搜索页面结果中显示自己的广告、网站链接。当 Google 用户搜索的内容包含被广告主购买的关键词时，广告主的广告和链接就显示在用户的屏幕上，广告的位置通常在搜索引擎结果页的顶端或者底部。广告主根据互联网用户在广告上"点击"的次数向 Google 付费，广告主也可以在 AdWords 上跟踪其广告效果。广告主只有在 Google 的 AdWords 广告平台对关键词成功拍卖后，才能将自己的广告展示在 Google 的搜索结果页面。

图 2-4 为 AdWords 网页。客户需要首先注册公司基本信息，设置广告预算、目标用户群体、选择广告的投放板块，然后选择和添加关键词并对关键词进行竞价拍卖。竞价成功后客户的广告就会在包含关键词的搜索结果页面上出现，客户随后根据 Google 用户的点击情况进行付费。AdWords

成功的商业模式促使 Google 成为美国搜索广告市场份额最大的公司（见图 2 - 5）。

图 2 - 4　AdWords

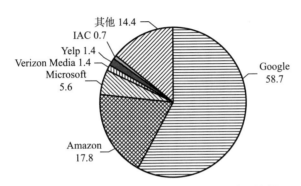

图 2 - 5　2021 年美国在线搜索广告市场收入份额

资料来源：《e Marketer 最新报告：2020 年的美国互联网广告江湖》，财经外研社企鹅号，ht-tps：//new. qq. com/omn/20200702/20200702A0TW9Z00. html。

参与搜索广告市场的互联网搜索引擎平台除了 Google 为代表的通用搜索引擎平台之外，还包括垂直搜索引擎平台，例如本案原告 SourceTool（见图 2 - 6）。B2B 搜索和其他形式的专门搜索（例如，视频、本地搜索、旅行、医疗、购物等）通常被称为垂直搜索。垂直搜索引擎提供更加精确的专业搜索服务，并与 Google 等通用搜索引擎竞争广告主。

在双边市场中平台的用户数量是非常重要的，在交叉网络外部性的作用下搜索用户越多的搜索引擎往往会吸引大多数广告主的入驻，能够创造更多的平台收益。广告收入是 Google 最重要的收入来源，随着 Google 在在线搜索广告市场份额的不断扩大，其广告收入增幅逐年提高（见图 2 - 7）。当垂直搜索引擎兴起时，大部分互联网用户都在使用 Google 进行搜索，垂直搜索引擎并不会迅速吸引广告主的入驻而创造收益。为了扩大平台规模与宣传力度，垂直搜索引擎往往会在 Google 上发布搜索广告，然后 Google 搜索用户会转移到垂直搜索引擎中去，由此获得流量吸引广告主付费。

图 2 – 6　sourcetool 页面

资料来源：www. sourcetool. com。

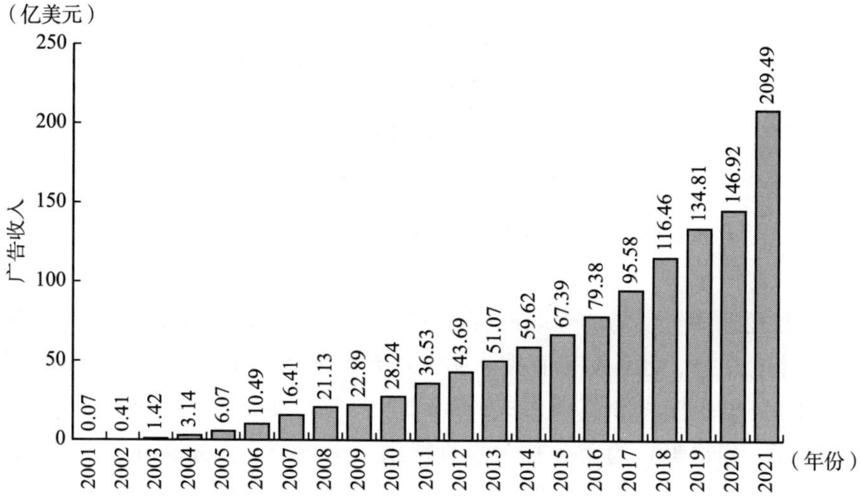

（亿美元）

图 2 – 7　2001 ~ 2021 年 Google 广告收入情况

资料来源：Advertising revenue of Google from 2001 to 2021，https：//www. statista. com/statistics/266249/advertising – revenue – of – google/。

四、搜索技术与算法

在搜索技术方面，Google 使用 Google PageRank 算法。这种算法在 1998 年由 Google 创始人拉里·佩奇和谢尔盖·布林发明，它通过页面之间的超链接关系确定网站的等级，再根据等级进行排序。除了使用 PageRank 这种自然排名的搜索算法，Google 还会根据"land page quality"对登录页面的质量进行评测，但是对网站进行评测的具体标准只有 Google 掌握。由于缺乏透明度，Google 的广告系统成为了"黑匣子"，使广告关键词的拍卖价格存在不确定性，广告主无法确定自己拍卖的关键词价格是否合理。

先进的搜索技术和规则不透明的算法造成了公众对 Google 利用算法工具实施垄断的担忧。搜索引擎平台可以通过调整算法设置将竞争对手排除在市场之外。例如，Google 通过设计搜索算法，促使地图搜索结果中 Google Map 的链接数量短时间内大幅增长，远高于 MapQuest. com 以及其他竞争对手的链接数量。如图 2－8 所示，2007 年 12 月以后 Google 开始在通用搜索结果页面中添加自有垂直搜索产品，此后 Google 垂直搜索产品的使用人数大幅度增长。

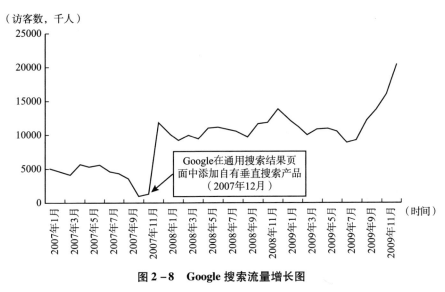

图 2－8　Google 搜索流量增长图

资料来源：Google's transformation from gateway to gatekeeper：how google's exclusionary and anticompet-itive conduct restricts innovation and deceives consumers，https：//www. fairsearch. org/...10/Googles－Transformation－from－Gateway－to－Gatekeeper. pdf。

互联网时代算法问题日益突出，但关注的重点不是算法本身，而是使用算法的方式以及造成的后果。算法本身作为知识产权受到法律的保护，但是算法的使用可以达到排他的作用。要在证据链中证明算法的竞争损害，必须使用数据分析，辨析算法在使用过程中是否存在针对性的不合理排他倾向，以及限制竞争等行为。

第四节　对互联网平台市场支配地位滥用行为的讨论

一、本案的相关市场界定

本案的相关市场是美国在线搜索广告市场。首先在相关地理市场方面，因为语言、地理和国家特征，在线搜索广告平台倾向于按照国家进行本地化，广告主们也以国别为基础设定广告活动。其次在相关商品市场方面，在线搜索广告的替代性也决定了相关市场范围，下面重点分析在线搜索广告的替代性。

从需求替代角度，广告主们普遍认为在线搜索广告不存在有效的替代品，因为在搜索引擎的搜索结果页面中展示的广告具有独特性。搜索引擎平台根据不同用户的特定搜索内容提供相关广告，广告主在搜索广告平台上拍卖的广告能够更加精准地面向有特定需求的用户，让广告能在用户透露需求等相关信息时实时显示。因此，广告主不会将其他类型的广告（如横幅展示广告、视频广告）视为搜索广告的近似替代品。从供给替代角度，搜索广告平台在确定营销模式或定价时，通常也不会考虑提供其他类型的广告，因为搜索广告是和互联网用户的搜索行为联系在一起的，是对搜索用户具体搜索内容的响应，并且用户可以自由点击搜索广告，而非搜索形式广告则不具有对用户搜索行为"响应"这一特征。所以，搜索广告是有针对性、个性化的特点，与其他类型广告有较大差异。综上，搜索广告被替代的可能性很低。

Google 和 TradeComet 在搜索广告市场中竞争。提供搜索广告的搜索引擎的种类，又进一步细分出两种搜索引擎：垂直搜索引擎和通用搜索引擎。垂直搜索引擎是通用搜索引擎的精细化和专门化，并且垂直搜索发展初期依赖通用搜索进行广告宣传和用户引流。Google 在通用搜索引擎领域拥有市场势力，并且是垂直搜索引擎 TradeComet 发展初期主要依赖的广告流量获取途径，双方随后在搜索广告市场形成竞争关系。

二、Google 在搜索广告市场上的信息相对优势

当平台相对用户拥有信息优势时，这种信息不对称现象容易诱发平台

在用户一端的不正当竞争行为。随着行业的发展，搜索广告平台不再向广告主公开所有竞争对手的竞价信息，并限制广告主获得信息的能力。

在本案中，通用搜索引擎 Google 在面对垂直搜索引擎时拥有相对信息优势，它控制着互联网搜索用户进入垂直搜索引擎的流量入口，掌握用户搜索的需求信息，以及广大广告主们在 AdWords 平台上的关键字拍卖信息，这些都是垂直搜索引擎无法实现的。如果垂直搜索引擎本身也是AdWords 平台上的广告主，那么就更难公平地与 Google 竞争搜索广告。虽然 AdWords 会向竞价的广告主提供流量估算工具，在广告主输入自己的报价后，流量估算工具会估算出广告的点击次数以及广告主在广告列表中的排名，但是Google 在关键词拍卖中，从未向广告主展示其他竞价对手的出价或身份信息。而且 Google 也没有向广告主明确估算点击次数的方式或者算法，这种情况下进一步造成 Google 与广告主之间的信息不对称。由此可知，在搜索广告平台中，通用搜索引擎和垂直搜索引擎之间存在明显的信息不对称。

三、Google 提高搜索广告市场进入壁垒和排除竞争的行为

（1）基于用户规模形成的强大网络效应，提高了搜索广告市场的进入壁垒。Google 作为主导平台已经占有大部分市场份额，并拥有海量搜索用户和广告主，已经形成了在位平台强大的网络效应。网络外部性除了影响平台两边用户选择之外，还会形成较高的进入壁垒，将两边用户锁定在平台中，使得新进入企业很难达到用户规模的关键临界值，无法顺利实现生存更难以与在位企业竞争。在位平台强大的网络效应也提高了潜在进入者的进入成本，难以获得有效用户规模，因此放弃进入市场。

（2）利用算法工具和搜索技术控制流量转向竞争性垂直搜索引擎，排除限制后者在广告搜索市场的竞争能力。在搜索广告市场中，用户搜索流量的增加会转化为搜索广告点击次数的增加，从而为搜索广告平台带来更多收入，更多的搜索流量也往往会吸引更多的搜索广告主进入搜索广告平台。Google 已经认识到搜索流量带来的规模报酬会越来越大，大量的搜索流量吸引了以此类流量为目标的广告主。相反，搜索流量越少，搜索广告平台的点击次数越少，收入越少。搜索广告客户就不太可能将广告资源投放到只有较少搜索流量的网站上。因此，搜索流量成为搜索广告市场上平台竞争的重点之一。Google 有动机也有能力采取基于流量的排他行为以提高搜索广告市场进入壁垒，排除竞争，保持现有的市场支配地位。当竞争性垂

直搜索网站无法吸引足够的搜索流量，最终会退出市场。

（3）签订独家协议，人为提高市场进入壁垒。Google 在通用搜索领域强大的市场支配力量使其具备了行业"守门人"的能力，与许多交易量大的网站签订了独家协议，保证在这些网站上发生的任何搜索都链接到 Google 的搜索结果页面，而不是其他搜索广告平台。独家协议使 Google 成为这些网站的搜索提供商，并排除竞争对手的搜索广告平台，包括垂直搜索广告平台以及其他搜索网站，并保持其在搜索广告市场的占有率与支配地位。美国在线（AOL）曾表示，其与 Google 的排他性协议可能会限制 AOL 在未来利用和竞争搜索技术的能力。

Google 曾试图通过与 Yahoo! 签订合作协议来提高搜索广告市场进入壁垒，巩固其主导地位。该协议要求 Yahoo! 将其关键字拍卖的关键部分外包给 Google。Google 可以进一步操纵关键字拍卖价格以及广告主定价，减少搜索广告市场上的竞争，保护 Google 的主导地位。与此同时，该协议会提高行业进入壁垒、减少竞争对手，并增强 Google 的网络效应与规模优势。2008 年 11 月因遭到反垄断调查，Google 放弃与 Yahoo! 的搜索广告交易合作。

（4）限制用户转移，形成锁定效应。Google 通过限制广告主使用 AdWords 应用程序编程接口（API）生成的数据，使其无法转移到其他搜索广告平台，从而增加进入壁垒，排除竞争对手并加强搜索广告平台的主导地位。通过 AdWords API 的限制规则，Google 有效地约束了广告客户传输和使用 AdWords 广告数据的能力，以限制其跨平台进行广告管理和分析。Google API 规则阻碍了广告主使用竞争对手的搜索广告平台，并阻碍了跨平台广告管理软件的开发。

Google 还通过使用"default defenders"限制"Google 工具栏"用户将其默认搜索引擎更改为 Google 以外的其他搜索引擎，增加进入壁垒，排除竞争对手以加强其市场主导地位。

第五节　本案的启示

学术界针对本案相关的研究主要讨论了 Google 在搜索广告市场的主导地位和由此引发的市场圈定问题。曼尼和赖特（Manne and Wright, 2011）对 TradeComet 的诉讼理由进行反驳，认为 Google 在搜索广告市场还面临其他更强大的竞争对手，比如微软公司，因此不能认为 Google 垄断了市场。作者从防止反垄断第二类错误（假阳性）的角度，提出对反垄断执法影响的思考，认为如果没有严格证据显示消费者利益受到了损害，就不应该进行反垄断执法。关于本案中的市场圈定问题，曼尼（Manne，2011）认为 Google 推广自有垂直搜索向消费者提供了更好的服务，是促进了消费者福利，这种积极影响在反垄断分析中不能被忽视，市场圈定也可以是效率提高的结果。

本案中法院驳回了原告诉讼请求，主要原因在于原告未按照与被告协议中"地域管辖条款"的规定在指定地区的法院提起诉讼。但从事实分析中，Google 通用引擎市场的支配地位使其可以对垂直搜索引擎施加流量控制和成本约束，以提高搜索广告市场的进入壁垒，具有滥用市场支配地位实现排除限制竞争的效果。在互联网领域，平台之间的界线很容易被打破。Google 从通用搜索到垂直搜索的"跨界"十分容易，两种搜索平台之间也存在一定的相关性与替代性，二者之间不存在高技术壁垒。因此 Google 可以跨界对垂直搜索引擎造成影响。但是，先进的引擎技术和算法"黑箱"使得市场势力滥用行为更为隐蔽，通常很难找到滥用市场势力的证据。

Goosle 采用算法工具对 TradeComet 的登录页质量进行降级处理，使其流量下降，但算法技术规则由 Google 自己掌握，我们无法判断结果是否因 Google 的内部操作而产生。在现实中，对降低排序位置等算法问题的行为也存在争议，因为难以判断公司网站究竟应该处于何种排序位置，TradeComet 的网页质量等级下降是否存在的合理解释。算法问题属于公司的商业秘密，受法律上的保护，所以上述问题均存在大量争议。

主要参考文献

［1］ Geoffrey, A. M. and Joshua, D. W., 2011: Google and the limits of antitrust: The case against the case against Google, *Harvard Journal of Law & Public Policy*, Vol. 34, No. 1.

［2］ Geoffrey, A. M., 2011: The Problem of Search Engines as Essential Facilities: An Economic & Legal Assessment, *The Next Digital Decade: Essays on the Future of the Internet*.

第三章　美国政府诉 AT&T 和 Time Warner 案[*]

专业概念：平台中立性原则　平台化合并

平台中立性原则："平台中立"起源于"网络中立"概念。网络中立问题起源于 1934 年美国《通讯法案》（*Communications Act of* 1934）的签署，《通讯法案》第 2 条款首次将电信运营商界定为"公共承运商"，要求其负有向所有人提供公正的、合理的和非歧视性的服务的责任。随着互联网的快速发展，吴修铭（Tim Wu）教授于 2003 年首次正式提出"网络中立（net neutrality）原则"——"如果没有对本地网络或其他用户的利益造成损害的证据，网络宽带服务商不应区别对待其宽带网络上的流量"（Wu，2003）。其从竞争政策角度认为网络运营商应当遵循网络中立原则，为网络内容提供商提供平等的数据传输服务。2010 年，"网络中立"主张被监管机构正式采用，联邦通信委员会制定了"开放互联网命令"，但该命令受到了一系列的挑战，并于一年后废除。布罗和莱塔热（Bourreau and Lestage，2017）进一步细化了网络中立原则的定义：第一，无定价规则（No-princingRule），即网络运营商不允许向网络内容提供商收取传输网络内容的费用；第二，非歧视规则（No-discrimination-Rule），即网络运营商被授权为所有的网络内容提供商提供同等质量的服务。

随着谷歌（Google）、亚马逊（Amazon）、脸书（Facebook）、腾讯、阿里巴巴等平台的兴起，平台的中立性问题也开始成为焦点。平台作为连接消费者和厂商的媒介，其主要功能和作用是对双边用户的匹配，在平台中立原则下，这个匹配结果应该是自然有效的。如果平台区别对待厂商边用户，比如同时拥有自有厂商和第三方厂商的混合式平台，通过将消费者边用户引流到自家厂商的方式等偏袒自家厂商，那么双边匹配结果就处于平台的有意操纵之下，即为平台非中立。

---

[*] 笔者根据美国政府诉 AT&T 和 Time Warner 案（U. S. v. AT&T Inc.，Directv Group Holdings，Llc，and Time Warner Inc.，2018）相关内容整理所得。

平台化合并：平台化合并指的是单边厂商与双边平台厂商合并后成为双边平台厂商的过程。区别于纵向合并，平台化合并改变了单边厂商的性质以及厂商与用户之间的关系。纵向合并中，上游所面对的消费者是下游厂商，下游厂商直接接触终端消费者，产业链结构为"上游—下游—消费者"。而在平台化合并中，以本案为例，合并后电信运营商已不仅向视频内容提供商提供投入品，更直接连接两边用户，从单边厂商变成平台厂商，平台化合并改变了厂商与用户之间的本质关系。

第一节　案　件　概　述

一、案件过程与裁决

2016 年 10 月 22 日，美国电话电报公司（AT&T）同意收购时代华纳公司（Time Warner），交易价值为 1080 亿美元。由于 AT&T 是美国最大的传统电信公司，其之前并购的 DirecTV 是美国最大的视频发行商，而 Time Warner 在美国拥有许多国内顶级的电视网络，AT&T、DirecTV 和 Time Warner 的合并属于传统电信公司、视频发行商和节目内容提供商之间的合并。此次合并争论的焦点在于，是否可以允许 AT&T 通过纵向合并，获得对 Time Warner 及其电视节目的控制权，成为一家既控制节目内容，又拥有内容分发渠道的公司。

2017 年 11 月 20 日，美国司法部对这项合并提起反垄断诉讼，聘请了经济学家夏皮罗（Shapiro）教授做出了针对该合并反竞争效应的分析报告，主要应用讨价还价模型进行了分析。作为被告的 AT&T、DirecTV 和 Time Warner 公司则邀请了经济学家丹尼斯·卡尔顿（Dennis Carlton）教授进行了辩护，在多个方面对夏皮罗（Shapiro）教授的报告进行了反驳。此次合并案法院的主审法官是莱昂·加里德（Leon Garbled）。地方法院判决合并通过以后，原告认为法院的判决依据存在对经济学基本原理应用的错误以及自相矛盾，进行了上诉，但最终败诉。

案件具体过程及时间如下：

2016 年 10 月 22 日，AT&T 宣布以 1080 亿美元合并 Time Warner 公司。

2017 年 11 月 20 日，美国司法部对此次合并提出反垄断诉讼。

2017 年 12 月 22 日，AT&T 将合并协议的截止日期延长至 2018 年 4 月

22 日至 6 月 21 日，如果到时候合并不能完成，AT&T 需要向 Time Warner 支付 5 亿美元的费用。

2018 年 3 月 19 日至 4 月 30 日，共进行了为期 23 天的庭审。

2018 年 6 月 12 日，地方法院批准被告完成交易。AT&T 表示将在 2019 年 2 月 28 日之前或上诉结束之前将 Turner 作为一个独立的业务部门进行管理。

2018 年 6 月 14 日，AT&T 宣布完成收购 Time Warner。

2018 年 8 月 6 日，美国司法部提起上诉。

2019 年 2 月 26 日，美国华盛顿特区上诉法院一致支持下级法院对 AT&T 的裁决，认为合并并不会对消费者或竞争产生负面影响，美国司法部败诉，AT&T 对 Time Warner 的合并案可以无条件进行。

AT&T 和 Time Warner 反垄断诉讼过程，如图 3 - 1 所示。

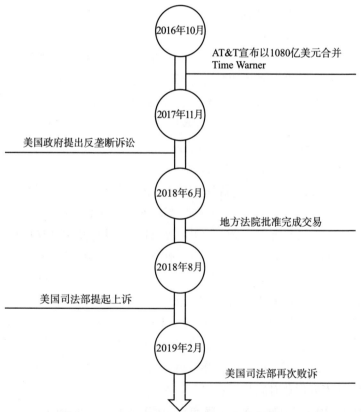

图 3 - 1 AT&T 和 Time Warner 合并案时间线

资料来源：笔者根据相关资料整理所得。

二、相关行业

按照纵向关系来看，美国视频产业结构主要包括内容和运营两部分，其中前者指内容创作和制作的内容提供商，主要包括全国性电视网及其附属电视台、电影公司以及一些独立的影视工作室等；后者指内容传输和服务分发的视频发行商，主要包括公众观看视频节目的各种渠道，如传统的地面（无线）电视、有线电视、卫星电视，以及伴随着互联网发展而来的IPTV、OTT 等。IPTV 是指通过电信运营商的专网提供电视服务的业务，比如 AT&T 的 U-Verse 电视服务。美国市场上对 OTT（Over-the-top）的定义更为广义，是指绕过了广播、线缆、卫星等传输渠道，通过互联网进行传递的视频分发形式。本案涉及的 AT&T、DirecTV 和 Time Warner 分属于电信行业、视频发行行业和节目内容提供行业，其产业关系如图 3-2 所示。

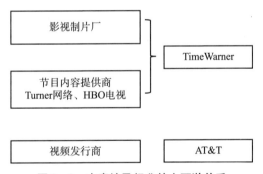

图 3-2　本案涉及行业的上下游关系

结合图 3-2 对娱乐媒体行业进行的简单介绍，可知我们的娱乐生活离不开看电视，包括观看电视剧、新闻、体育赛事直播等。对于一部热门剧集，从制作发行到观众能在电视上看到通常需要经历三个阶段：（1）Warner Bros 这种影视制片厂创作、拍摄这个节目；（2）Turner 广播系统公司或 CBS 这种广播公司，拥有这些剧集或节目内容的版权，将节目在其电视台或网络上播放，是节目内容提供商（Programmer）；（3）AT&T 的 U-Verse 电视服务、DirecTV 这种广播卫星服务、Comcast 这种有线电视提供商等，通过与节目内容提供商进行讨价还价和谈判，购买这些网络或电视台的版权，将播放节目的网络或电视台添加进自身的套餐内容卖给消费者，是视频发行商。

AT&T 的 U-Verse，最基础的套餐包括 200 个电视台，而最多的包含 550 多个电视台。在本案中影视制片厂在合并效果分析中影响较小，该行业不是影响市场竞争的关键，因此更关注对节目内容提供行业和视频发行行业的分析，以及在各公司竞争过程中发挥作用的传统电信行业，和部分经营流媒体平台的互联网公司。

（一）传统电信公司

美国的电信公司一直在谋求进入电视领域，但在法律设定的行业准入壁垒下，IPTV 的发展历程经历了诸多挑战，直到《1996 年电信法》（*Telecommunications Act of* 1996）颁布后，电信公司才被获准开展电视运营业务，电信公司持续投入大量资金铺设和升级网络，积极进入电视市场，拓展IPTV 业务。很长一段时间，AT&T 的 U-Verse TV 和威瑞森公司（Verizon）的 Fios TV 为美国主要的 IPTV 提供商，但自 2015 年以来一直在加速下滑，如图 3-3 所示。这或与美国居民居住相对分散，网络升级成本较高有关。因此，美国传统电信公司逐渐从充当视频发行商的直接方式和提供宽带、光纤、移动网络等渠道服务的间接方式两个方面影响了视频发行行业。

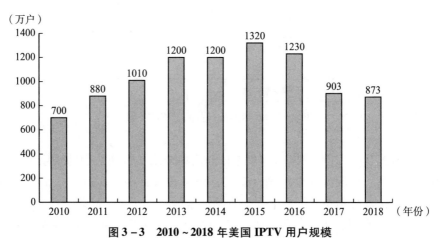

图 3-3　2010~2018 年美国 IPTV 用户规模

资料来源：《美国视频产业发展分析报告》，https：//max. book118. com/html/2021/0816/6011033221003232. shtm。

1. 直接充当视频发行商

AT&T 和 Verizon 之类的传统电信公司已经通过并购等手段拓展了其业务，在提供通话、宽带等业务以外，能够充当视频发行商，不再仅仅作为渠道商。在电信市场逐渐趋于饱和的情况下，逐步参与到视频分发行业的竞争，如上文所述的 IPTV 业务。

2. 提供宽带、光纤、移动网络等服务

除了传统 MVPD（multichannel video programming distributors），电视服务提供模式中的 vMVPD（virtual multichannel video programming distributors）和 SVOD（service of video on demand）都是依赖于互联网的，属于互联网视频服务（Over the Top，OTT），从而依赖于这些电信公司的渠道商作用。电信公司通过其宽带网络才能将 OTT 的视频内容传输给消费者，从而如果电信公司对 vMVPD 和 SVOD 进行限速，实施网络非中立行为，就会极大影响用户的订阅。在这种情况下，一些 OTT 视频发行商开始铺设自己的光纤宽带网络，目的是减小所受电信公司的限制。

（二）视频发行行业

如前所述，视频发行商是运用各种技术向用户发行电视节目的公司，美国视频发行行业主要包括传统的地面（无线）电视、有线电视、卫星电视，以及伴随着互联网发展而来的 IPTV、OTT。本文根据不同的传输路径，分别讨论传统 MVPD、vMVPD 以及 SVOD 三种不同的发行服务。其中传统 MVPD 包括了地面（无线）电视、有线电视、卫星电视，以及伴随着互联网发展而来的 IPTV。vMVPD 以及 SVOD 同属于 OTT，前者是虚拟多频道视频节目分发器，即网络视频直播服务，后者是在线视频点播，可以说，只要是通过开放的互联网传播的视频服务，无论是直播或是点播，都可以称之为 OTT。

1. 传统 MVPD

传统 MVPD 包括有线电视提供商（例如 Charter、Cox、Comcast 等）、直播卫星提供商（例如 AT&T 的 DirecTV、DISH）、电信公司的服务 IPTV（例如 Verizon 的 FIOS、AT&T 的 U-Verse），以及所谓的过度建设者（overbuilders，在本来已经拥有有线电视服务市场中构建自己的有线电视系统，例如 RCN）。MVPD 通常提供广泛的视频内容组合，与传统的广播电视一样按照预定的顺序播放节目，不但允许消费者观看实况内容，如体育赛事直播和预定节目（如探索频道），还可以提供消费者按需观看的内容。MVPD 可以提供新闻直播和体育直播等直播节目，想要观看世界杯或 NBA 等体育赛事，只能通过 MVPD。大多数顶级体育版权都被锁定到未来十年，如美国职业棒球大联盟（MLB）至 2021 年，美国职业篮球联赛（NBA）至

2025 年，美国全国大学体育协会（NCAA）的疯狂之月（March Madness）中的重要关键比赛至 2032 年。

虽然传统 MVPD 仍然是大多数美国消费者看电视的方式，但消费习惯正在不断改变，不断创新的视频发行模式威胁着 AT&T 的传统付费电视模式及其高利润。传统 MVPD 已经失去了一些新的视频发行形式的用户，他们或者订阅能够提供一系列紧凑线性节目的虚拟 MVPD，或者订阅视频点播服务 SVOD，比如提供以前上映的电影和其他非线性节目的网飞（Netflix）。基于此，AT&T 也开始运营其虚拟 MVPD 业务 DirecTV Now，但与此同时保证其传统业务的高利润不受损害。

2. 虚拟 MVPD

虚拟 MVPD 采用与传统 MVPD 类似的商业模式，也提供常规节目和定制内容，但不拥有自己的传输路径，而是通过互联网向消费者传送内容，能够覆盖全国的范围，与仅在区域内分发视频的提供商形成了鲜明对比。与 MVPD 不同，虚拟 MVPD 通过创新为消费者提供便利，包括以较低价格获得的较少渠道（"瘦套餐"）。例如 DISH 的 Sling TV 在 2015 年推出，并且在试用时提供了一个每月 20 美元的套餐，这对消费者来说远远低于传统 MVPD 服务的价格。它们通常也需要较少的设备，不需要有线机顶盒或卫星天线，并且不需要长期合同。但是，即使虚拟 MVPD 与传统 MVPD 相比具有较低的平均价格，它们仍然依赖于受欢迎的节目内容。

3. SVOD

SVOD 提供订阅视频点播服务，如 Netflix 等提供影视剧的视频网站，属于流媒体平台。SVOD 平台会自制剧集，但它们也经常购买在电视台播出的电视节目剧集，将之前播出的黄金时段广播节目和电影传输给用户。SVOD 通常被视为常规付费电视（传统 MVPD 和虚拟 MVPD）的补充，而不是竞争者。因为多数电视剧集在半年后才能上线 SVOD，也不能提供直播节目，但用户可以随时随地观看自己喜爱的电视节目内容，更符合互联网时代消费者的生活方式，而 MVPD 在这方面就相对处于劣势，只能被动地接受电视台播放的常规节目。

一般来说，各视频发行商公司由于并购行为和业务扩散，通常提供多种视频发行模式，而不仅限于一种，并且积极发展新型的 SVOD，创建自身的流媒体平台，从而能够增强自身的竞争力，获得更多的订阅用户。

美国主要电信运营商和视频发行商如表 3 - 1 所示。

表 3 - 1　　　　　　　美国主要电信运营商和视频发行商

项目	电话服务提供、固定宽带、移动无线通信	视频发行业务
电信运营商		
AT&T	√	
Verizon	√	
T-Mobile	√	
Sprint	√	
视频发行商（MVPD）		
Comcast Cable		√
Time Warner Cable		√
Charter Communications		√
Cox Communications		√
AT&T 旗下的 U-verse、DirecTV		√
DISH Network		√
Sling TV		√
Verizon 旗下的 FiOs TV		√
SVOD（OTT）		
Netflix		√
Hulu		√
Amazon		√
Disney +（2019）		√
Comcast 旗下的 NBC Universal（2020）		√

资料来源：笔者根据相关资料整理。

（三）节目内容提供行业

节目内容提供商主要包括全国性电视网及其附属电视台、电影公司以及一些独立的影视工作室等，他们制作剧集、影片并拥有剧集或节目内容的版权，将节目在其电视台或网络上播放。美国电影制片公司在电视节目制片方面发挥着重要作用，是电视剧和电影等节目的重要片源，自电影制作开始以来，美国电影制片厂就一直主导着美国电影院和全球电影业。目前，美国环球影业、派拉蒙影业、华纳兄弟、华特迪斯尼影业和哥伦比亚影业五大电影公司身后的传媒集团基于旗下的电影制作和发行子公司在北美地区票房收入的市场份额（CR5）达到80%~85%①。

好的节目内容才能吸引用户，从而在竞争过程中，节目内容提供商拥有的优质节目内容是竞争和市场势力形成的关键。为了获得携带各网络或电视台的必要版权许可，MVPD 或 vMVPD 这些视频发行商，例如 DirecTV 或 Sling 会与诸如 Turner 或 NBC Universal（NBCU）之类的节目内容提供商签订协议。协议通常为期5~7年，包含数百个单独的条款，其中也包括价格和非价格条款。例如 Turner 就会利用其最受欢迎的节目内容来强制 MVPD 携带那些不那么受欢迎的网络。MVPD 的订阅用户越多越有利于其谈判，因为内容提供商对较大的 MVPD 通常会收较低的费率，对中小型 MVPD 收取的费率较高；对由 MVPD 运营的 vMVPD 通常收取较低费率，对非附属的vMVPD 收取的费率较高。根据 Turner 的前任首席谈判代表的说法，他们"非常强硬"，如果双方未能达成协议，视频发行商会主动对内容提供商的节目内容进行"屏蔽"（blackout），或者节目内容提供商主动将自身的节目内容在视频发行商处"切断"（goes dark），直到达成协议。

在获得必要的许可证之后，MVPD 将来自不同节目内容提供商的多个网络组合成一个付费电视套餐，其中可以包括几十到几百个频道，这些付费电视套餐包括线性电视节目，点播内容以及 HBO 等高端频道。

电视节目内容谈判的结果取决于双方的讨价还价杠杆，此次合并进行的反垄断调查也重点关注了 Time Warner 对视频发行商的讨价还价能力。Time Warner 的 Turner 广播系统公司一直受到高度评价并且具有市场势力。其最受欢迎的网络包括 TNT、TBS、CNN 和卡通网络。同时 Turner 每年支付约20亿美元获得体育版权，例如 NBA 比赛、季后赛以及全明星赛。正如 Time Warner 所说，在近1亿户传统订阅电视的家庭中，其最受欢迎的 Turner 频道就覆盖了超过9100万户的家庭。AT&T 已经将 Turner 网络的节目描述为必须拥有的高质内容，Turner 网络在过去三年内对 MVPD 们收取的价格连续显著上升。Turner 网络几乎没有和它同等重要和受欢迎的替代品，是独

---

① 《美国视频产业发展分析报告》，https://max.book118.com/html/2021/0816/6011033221003232.shtm。

一无二且具有吸引力的，它们的电视服务提供商与其他竞争对手相比，可能会失去大量现有和潜在用户。尽管 Turner 对 Time Warner Cable、Comcast、DirecTV、DISH、Cox、Verizon、Charter 等视频发行商收取的价格显著升高，他们也只能同意提价，这为 Turner 带来了大量利润。

因此，对于像 Turner 这样的内容提供商来说，对视频发行商"切断"节目意味着其会失去节目许可费和广告收入，对于像 Comcast 或 Sling 这样的视频发行商来说，"屏蔽"视频发行商的节目会导致用户流失（现有用户和潜在用户，因为视频发行商缺乏用户喜爱的内容）。尽管一般来说视频发行商"屏蔽"节目不太可能发生，但因此带来的潜在损失却会推动谈判，例如 Charter、Comcast、Cox、DISH、RCN 等他们经常通过预测"屏蔽"节目带来的预期成本为谈判做准备，为自己争取最有利的协议条款。

三、合并参与方

此次合并主要参与方分别为属于传统电信公司的 AT&T、视频发行商 DirecTV 和节目内容提供商 Time Warner，由前文分析可知，他们存在上下游关系。

（一）AT&T 公司

美国电话电报公司起源于由电话的发明者亚历山大·格雷厄姆·贝尔（Alexander Graham Bell）及其两位朋友成立的贝尔电话公司。

1899 年 12 月 30 日美国电话电报公司收购了贝尔电话公司，美国电话电报公司成为贝尔系统的母公司。

1984 年美国司法部依据《反托拉斯法》拆分 AT&T，分拆出一个继承了母公司名称的新 AT&T 公司（专营长途电话业务）和七个本地电话公司（"贝尔七兄弟"），美国电信业从此进入了竞争时代。

1995 年 AT&T 分离出了从事设备开发制造的朗讯科技和 NCR 公司，只保留了通信服务业务。

2000 年 AT&T 先后出售了无线通信、有线电视、宽带通信部门。

2005 年原"小贝尔"之一的西南贝尔（SBC）以 160 亿美元对 AT&T 兼并，合并后的企业继承了 AT&T 的名称。

2006 年 AT&T 以 670 亿美元收购了南方贝尔公司，合并后企业继续以

AT&T 名称运作。2007 年 AT&T 开始在其提供固网电话的地区拓展了光纤电视服务，从事视频发行业务，与卫星电视和近年进入宽带电话市场的有线电视公司竞争。当时传统的固网业务不断萎缩，AT&T 计划开发新媒体，如视频共享，名为 U-Verse 的 IPTV 服务，以及拓展到美国乡村地区的高速互联网业务。

2015 年 7 月 27 日 AT&T 收购美国最大的卫星电视发行商 DirecTV，以现金加股票的方式进行交易，总额达 485 亿美元。收购 DirecTV 后的 AT&T 能够提供固网电话服务和移动电话服务，此外还提供宽频和收费电视服务，是国内第二大无线电话公司，第三大家庭互联网提供商，也是最大的固定电话服务提供商之一。同时它还是国内最大的 MVPD，拥有超过 2500 万用户，市场份额约占全国付费电视的 27%。它有三个 MVPD 产品：一是 2015 年通过合并获得的 DirecTV，一种基于卫星的 MVPD，能够覆盖全国（另一个覆盖全国的 MVPD 是 DISH），从而与全国的视频发行商竞争，拥有将近 2100 万用户；二是 U-Verse，一种使用本地 AT&T 光纤和铜缆网络的 MVPD，拥有将近 400 万用户；三是 DirecTV Now，一种新型在线视频产品（虚拟 MVPD），拥有近 80 万用户。

2016 年 10 月 22 日，AT&T 收购 Time Warner，交易价值为 1080 亿美元。

（二）DirecTV 公司

DirecTV，是直播卫星 Direct Broadcast Satellite 服务提供商，其卫星服务于 1994 年 6 月 17 日启动，向美国家庭发送数字卫星电视和音频。经过 20 余年的发展，目前 DirecTV 是美国直播到户卫星电视最主要的两家运营商之一，与碟片公司（DISH）分别拥有 1360 万和 882 万的订阅用户[①]。由于卫星电视的节目传输成本不受传输距离的影响，相较于有线电视，特别是偏远地区，卫星电视的优势非常明显，因此直播到户卫星电视在美国是观众收看电视频道的主要渠道之一。DirecTV 被 AT&T 收购后，对 AT&T 的行业版图有很大影响，更进一步加持了 AT&T 并购 Time Warner 的后续影响。

---

① 《美国视频产业发展分析报告》，https：//max. book118. com/html/2021/0816/6011033221003232. shtm。

（三）Time Warner 公司

1990 年时代公司（Time Inc.）和华纳通讯公司（Warner Communications）合并为 Time Warner。其中华纳通讯公司是 Warner Bros、Warner Music Group、Warner Cable、Dimension Pictures 的母公司，还拥有 DC Comics 和 Mad Magazine，并通过一系列的收购，逐步拥有了多家有线电视频道。

1991 年，HBO 和 Cinemax 成为第一家为有线电视用户提供电视内容的高级付费电视台。1993 年 HBO 成为世界上第一个提供数字传输电视服务的公司。1995 年 CNN 推出 CNN. com 后成为全球数字新闻的主要集聚地。1999 年 HBO 成为第一个播放高清版本频道的全国有线电视台。

1996 年 10 月 Time Warner 与 Turner Broadcasting System 合并，公司在某种程度上进入全国可用频道的基本有线电视行业，成为了内容提供商。

2000 年 1 月 AOL 以 1640 亿美元收购 Time Warner，合并后公司名称为 AOL Time Warner Inc。AOL 作为互联网平台直接连接消费者，借助于 AOL 这一平台，Time Warner 的节目内容将很快深入到数以千万计的新用户家中。AOL 也将使用 Time Warner 的高速网络向其用户提供 Time Warner 的品牌杂志、书籍、音乐和电影。但合并后许多预期协同效应并未产生。

2003 年 AOL Time Warner Inc. 从名称中删除 AOL。

2009 年 Time Warner 将其中的 Time Warner Cable、AOL 拆分成独立公司。

2016 年 10 月 22 日 AT&T 宣布收购 Time Warner，2018 年收购完成后 Time Warner 更名为 Warner Media。

2019 年 7 月 9 日 HBO 宣布新的流媒体服务 HBO Max 将于 2020 年推出。

总体来说 Time Warner 是一家美国跨国大众媒体和娱乐集团，在美国内容提供行业是仅次于迪斯尼集团的第二大集团，基本上包含以下三个业务部门：

1. Warner Bros

Warner Bros 是美国主要的电视和电影制片厂之一。它包括几家大型子公司：华纳兄弟影业、华纳兄弟制片厂、华纳兄弟电视公司、华纳兄弟动画制作、华纳兄弟游戏、WB 电视网、DC 漫画、CW 电视网。

2. Turner Broadcasting System

Turner 广播系统公司，包括新闻频道 CNN、娱乐频道 TNT、卡通频道等。其体育直播、新闻直播、娱乐内容等，其最受欢迎的网络包括 TNT、

TBS、CNN 和卡通网络，如前所述，一直受到高度评价并且具有市场势力。

3. Home Box Office

Home Box Office 即 HBO 电视台，同时控股 Cinemax，总共有近 5000 万用户，其中绝大多数通过 MVPD 访问 HBO。HBO 是世界排名第一的有线网络，是最受认可的高端付费频道，拥有最佳的内容集合，比如广受欢迎的《兄弟连》《权力的游戏》《欲望都市》等剧集。Time Warner 提供电视服务获得的收入主要由 HBO 电视台构成，其收入超过所有频道收入的 50%。HBO 将自己推广给 MVPD 们，因为它在吸引和留住用户方面起着关键作用，对拉动其他产品销量具有积极作用。

此外，Time Warner 本身也在进行模式创新，通过新的"Bleacher Report Live"跳过了视频发行商，借助互联网直接向消费者提供直播体育节目。

因此，Time Warner 的内容由于深受用户喜爱，可以认为其对于视频发行商来说是必须拥有的节目内容。各视频发行商也同意这一观点，DISH、Charter、Cox、RCN 等均认为 Time Warner 的节目内容是必须有的内容，不具有替代性。同时与其他节目内容相比，Time Warner 的节目内容为视频发行商提供了更大的价值，消费者花费了大量的时间来观看 Time Warner 的节目内容。

四、该案争议的焦点及本章结构安排

该案是视频产业的上下游并购，但由于互联网平台区别于传统经济模式的特有特征，该案并不应该被认为是单纯的纵向合并，而是平台化合并。什么是平台化合并，与纵向合并有何区别，对反竞争效应分析的结果是否有重大影响？作为电信运营商，如果拥有了自己的视频网站，是不是应该遵守平台中立的原则？如果不遵守有没有途径知道是否保持中立，如何才能做到平台中立？

基于上述问题，本章首先对该案判决的多方争议进行综述，其次分析本案的相关市场，最后分别从平台化合并、平台非中立两个方面展开讨论，并结合该案分析其竞争效应。

第二节　本案相关市场

本次合并案两家公司涉及的重点行业是节目内容提供行业和视频分发行业。为了分析公司竞争的市场结构，有必要先界定相关市场。此次合并主要影响了各视频发行商之间的竞争，涉及相关产品市场和相关地理市场。

一、相关产品市场——多渠道视频发行市场（传统 MVPD 和虚拟 MVPD）

本节根据美国政府的标准，以多渠道视频发行市场作为相关市场，只包括 MVPD 和虚拟 MVPD 而不包括 SVOD。美国政府的理由是多渠道视频发行市场满足假设垄断者测试（HMT），他们可以为客户带来一个小而重要的非暂时性价格上涨（SSNIP），而很少会有客户因为这样的价格上涨而退出。从而传统 MVPD 和虚拟 MVPD 是同一相关产品市场，SVOD 则因为具有特殊性而不属于该相关市场。因为 Turner 等节目内容提供商不会将 CNN、TBS、TNT 等电视台或直播体育和新闻这种常规节目提供给 SVOD，而是将多个电视节目剧集提供给 SVOD，这样 SVOD 与节目内容提供商的谈判从根本上不同于 MVPD。MVPD 和 SVOD 也具有不同的商业模式，MVPD通常销售网络包套餐而不是单个节目，不仅通过付费用户订阅还通过广告赚取收入。不同 MVPD 具有不同的价格，而消费者对价格变化很不敏感，尽管用户订阅 MVPD 的价格在稳步上升，消费者仍会继续订阅这些视频分发服务。从而 MVPD 将 SVOD 视为线性付费电视的补充而不是替代，不具有竞争关系，例如许多 MVPD 会将 Netflix 等视频网站当作其用户界面的一部分。

甚至夏皮罗（Shapiro）教授也认为即使将相关市场扩展为 MVPD、虚拟 MVPD 和 SVOD，同样符合假设垄断者测试。在他的经济模型中使用全视频发行市场并没有改变结果，此次合并对消费者的伤害仍然发生在范围更大的市场中。在此本书根据美国政府的标准，以多渠道视频发行市场作为相关市场，只包括 MVPD 和虚拟 MVPD 而不包括 SVOD。如图 3 - 4 所示，除了 Netflix 这种流媒体平台的用户数量最多，传统 MVPD 和虚拟 MVPD 竞争激烈，但传统 MVPD 相较于虚拟 MVPD 仍处于优势，从而考虑合并后对虚拟 MVPD 造成的反竞争效果是十分有必要的。

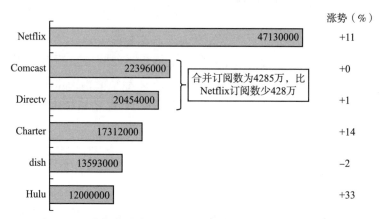

图 3-4 全视频分发行业（包括传统 MVPD、虚拟 MVPD
和 SVOD）的订阅用户数和增长趋势

资料来源：https：//zhuanlan.zhihu.com/p/28325055。

二、相关地理市场

美国各州最主要的运营商并不相同，这些运营商所能提供的服务受到地理限制，从而消费者所能选择的付费电视服务在不同地理区域可能并不相同，因此此次合并的相关地理市场是美国本国的地理市场。

电视服务提供公司或电信公司向消费者提供电视服务需要依赖于光纤、有线网络，从而寻求购买视频发行服务的消费者只能从能够直接向家庭提供视频的发行商中选择。不同电视发行方式所能提供服务的范围不同：直接广播卫星如 AT&T 的 DirecTV，几乎可以为美国任何地方的用户提供服务；任何具有高速互联网服务（如宽带）的消费者都可以选择在线视频发行商；传统有线视频发行商，例如有线电视（Comcast、Cox 和 Charter），电话公司（AT&T 和 Verizon），仅仅服务他们已经部署网络设施的那些地理区域。如果发行商不运营可以连接到用户家中的网络设施的话，客户将无法从有线分销商处购买视频发行服务。例如 Cox 电缆特许经营区域内的客户，无法从 Comcast 购买视频发行服务。AT&T 的 DirecTV 是美国视频发行市场的最大参与者，在全国许多地区拥有很大的市场份额，其在至少 18 个本地市场区域拥有超过 40% 的 MVPD 用户。

合并对消费者的预期影响首先来自 DirecTV 与竞争对手 MVPD 之间地理

区域的重叠。只要能在地理区域层面追踪这些重叠的 MVPD，正如夏皮罗（Shapiro）教授通过邮政编码收集详细数据，就可以准确识别与 DirecTV 具有竞争关系的 MVPD。夏皮罗教授通过整理数据发现，美国有 1174 个这样的区域，但任何给定地理区域的竞争状况各不相同，例如华纳有线电视公司所在区域内就没有 Charter、Cox、Comcast 等竞争对手。

大多数美国家庭只会选择三个互相竞争的 MVPD，包括受光纤网络限制的区域有线视频发行商、能够向全国提供服务的 DISH 以及 DirecTV。但如果当地有过度建设者（overbuilders）的网络，也可以选择过度建设者的视频服务，还可以选择为其地理区域提供服务的 vMVPD。

美国各州消费者使用的主要运营商并不相同，这些运营商所能提供的服务受到地理限制，从而消费者所能选择的付费电视服务在不同地理区域可能并不相同，从而此次合并的相关地理市场是美国全国各地区的本地市场。

第三节　平台化合并

夏皮罗教授认为此次合并属于纵向合并，此次合并带来的直接影响是 AT&T 能够控制 Time Warner 的 Turner 网络和 HBO 电视台的节目内容。但其主张的反竞争效应并未得到法院的认可，针对此次合并，如果仅局限于纵向合并后果的分析，结论将是片面的，更重要的是要注意到此次合并属于平台化合并，有必要分析平台化合并带来的后果。

一、平台化合并与纵向合并

区别于纵向合并，平台化合并改变了单边厂商的性质以及厂商与用户之间的关系。纵向合并中，上游所面对的买方是下游厂商，下游厂商直接接触终端消费者，产业链结构为"上游—下游—消费者"。而在平台化合并中，合并后电信运营商已不仅向视频内容提供商提供投入品，更直接连接两边用户，从单边厂商变成平台厂商，平台化合并改变了厂商与用户之间的关系。从产业链结构可以看出 AT&T 与 Time Warner 的合并应该是平台化合并，而不是纵向合并，如图 3 - 5 所示。

图 3-5　AT&T 和 Time Warner 的平台化合并

　　娱乐媒体公司 Time Warner 通过与 AT&T 合并，免去了自己建立流媒体平台的麻烦，AT&T 的 U-Verse 和 DirecTV Now 能够充当 Time Warner 的视频内容平台，能够与消费者之间产生交叉网络外部性，从而增加用户数量。面临新兴在线视频网站的竞争，越来越多的用户选择订阅 SVOD，MVPD 的利润空间在衰退。AT&T 选择与 Time Warner 这种节目内容提供商合并，不再仅仅是作为提供电视服务的通道，从而能够在与其他虚拟 MVPD 和 SVOD 的竞争中保持一定的竞争优势。从长远来看，平台化合并从根本上改变了厂商与用户的关系，较多地考虑了合并带来的厂商与用户的关系变化，而纵向合并仅考虑厂商之间的竞争。因此如果忽略此次合并的平台化特征，仅仅从纵向合并的角度分析，会对合并后果的准确判断产生较大影响。

　　夏皮罗教授在分析过程中虽然采用了通常使用的纵向合并模型，但更多考虑了对用户数量产生的影响，从用户的角度分析了此次合并的反竞争后果。其分析结果与卡尔顿（Carlton）教授存在较大差异，卡尔顿教授仅将其作为纵向合并进行分析，认为纵向合并不同于横向合并，纵向合并一般都能够促进竞争，忽视了不同案例自身的特征。

二、平台化合并的反竞争效应

（一）提升竞争对手的成本

　　平台化合并中，网络效应的加持会使合并企业有能力和动机提高竞争对手获取投入品的成本。本案中，AT&T 有动机将 Turner 和 HBO 节目内容对其他竞争性 MVPD 收取较高费用。

　　平台化合并后，AT&T 成为平台企业，获得了 Time Warner 的原有大量用户，在网络外部性影响下，增强了其相对竞争性 MVPD 的势力。合并之前，Turner 和 HBO 对任何 MVPD 都没有偏好，一视同仁地将节目内容卖给各视频发行商。合并后的 AT&T 有动机策略性地利用 Turner 和 HBO 的节目内容来削弱竞争对手的竞争，将 Turner 和 HBO 节目内容对竞争性 MVPD 收取较高费，MVPD 会将这一部分费用转嫁给用户，提升用户订阅的价格，使用户遭受损失。

节目内容提供商与 MVPD 谈判，通常会签订年度合同，其中最重要的就是 PSPM（per-subscriber per-month）价格——MVPD 每增加一个订阅用户向节目内容提供商支付的价格，以及渗透率（penetration rate）——多少百分比的用户能够获得节目。节目内容提供商会从中获利，尤其是 Turner 网络，从而可以预测合并以后 Turner 依旧会将节目内容卖给 MVPD，但是受合并的影响，双方谈判的讨价还价能力会发生变化。

此次合并案涉及的 Time Warner 的节目频道网络是美国国内最受欢迎的。Time Warner 的 Turner 网络拥有前五大基础有线网络中的三个，同时还拥有顶级新闻网络之一，HBO 是世界领先的高端付费电视品牌。Time Warner 的网络拥有《权力的游戏》等电视剧以及"大型体育节目"的版权，包括 NCAA March Madness、美国职业棒球大联盟和 NBA 的常规赛季和季后赛，以及美国 PGA 锦标赛。所有视频发行商都认为 Time Warner 的网络拥有顶级吸引和维持优质内容受众的能力。Time Warner 的 2016 年年报显示，其最受欢迎的 Turner 网络覆盖了超过 9100 万的家庭，而传统订阅电视的用户总量才只有 1 亿。从而 Time Warner 的 Turner 网络对许多新兴的视频发行商极为重要，Turner 网络吸引新兴视频发行商的能力仅次于迪斯尼（Disney）。虽然有一些其他的高级电视频道如 Starz 和 Showtime 的竞争，但并不能替代 HBO 吸引用户的作用。在节目内容提供行业中，各节目内容提供商之间基本不具有替代性，从而节目内容提供商具有较强的讨价还价能力。而如前文分析，AT&T 合并 Time Warner 以后，其讨价还价能力还将进一步提高，严重损害对手视频发行商的竞争能力，导致节目价格上升，损害消费者利益。

（二）EDM 效应

消除双重加价（the elimination of double marginalization，EDM）是分析纵向合并时经常应用的利于竞争分析的工具。在合并之前，Time Warner 对 AT&T 的谈判并不会考虑降价来使其获得更多的用户。合并后，AT&T 的利润来源将包括从获取的新用户上获得的收益，因此 AT&T 有动机通过降低 DirecTV 和 U-Verse 的节目内容许可费用来吸引更多的用户，继而增加观看 Turner 内容的消费者总数。经济学家称这种效应为 EDM 效应。这种能够促进竞争的 EDM 效应在某些纵向合并中可能足够大，以至于对消费者的净效应是有利的，但是对于此次合并来说并非如此。

双重加价消除效应是纵向合并的效率体现之一，但在本案中由于平台化合并，这一合并带来的 EDM 效应远小于纵向合并，并不足以弥补其反竞争损害。如果降低价格能吸引更多用户观看 Turner 节目的话，DirecTV 会有激励降低用户的订阅价格，以使 DirecTV 和 Turner 的联合利润最大。但是，当前大部分 MVPD 的订阅用户已经是 Turner 节目内容的收看者，DirecTV 降低对用户收取的订阅费用对 Turner 的利润增加是有限的，即 AT&T 降低对用户收取的价格带来的利润增加是有限的。有证据表明这一合并对 Turner 带来的 EDM 效应小于其他行业通常情况下的纵向合并，这是 AT&T 与 Turner 的纵向合并案相较于其他纵向合并案能带来更强的反竞争效应的关键原因。

夏皮罗（Shapiro）教授对 EDM 效应进行了估算，此次合并对 MVPD 获取 Turner 内容的费用有正反两种影响：一是使竞争对手 MVPD 获取 Turner 内容的成本增加；二是由于 EDM 效应，DirecTV 获取 Turner 内容的成本降低。估算结果表明第一种影响超过了第二种影响，竞争 MVPD 需要向 Turner 支付的费用会上升。根据讨价还价模型，竞争 MVPD 对 Turner 支付的费用每月增加 0.489 亿美元，合并的 EDM 效应使 DirecTV 对 Turner 支付的费用每月减少 0.293 亿美元，从而总的净效应是 MVPD 需要向 Turner 支付的费用每月增加 0.196 亿美元，合并严重影响了市场竞争。

竞争性 MVPD 每月 0.489 亿美元的成本增加，由合并的 EDM 效应带来的 DirecTV 每月 0.293 亿美元的成本减少均会以某一比例传递给消费者。受视频发行行业的竞争，竞争性 MVPD 和 DirecTV 影响消费者的比例会有所不同。这一比例也会受到当地市场的竞争程度的影响，因为各 MVPD 不仅会考虑自身受合并的影响，也会考虑竞争对手受合并影响的价格变化。经过模型估算显示，消费者会面临每月 0.239 亿美元的订阅费用增长，其中竞争性 MVPD 会将其成本增加的 62.8% 转嫁给消费者，导致消费者每月订阅费用增加 0.302 亿美元，而 DirecTV 会将其成本降低的 21.7% 转嫁给消费者，导致消费者每月订阅费用降低 0.063 亿美元，总体来说消费者每月订阅费用将增加 0.239 亿美元。

（三）阻碍进入

对于横向合并来说，合并发生后带来的反竞争效应通常使价格升高，竞争对手的价格也可能会升高，从而使进入变得更加有利可图。然而此次合并的反竞争效应会使进入变得无利可图，不利于进入。在本案中存在以下两种进入，节目内容提供商的进入和视频发行商的进入。尽管理论上来说任何一种进入都能够缓解合并带来的反竞争效应，但是此次合并带来的反竞争效应并不会激励任何厂商的进入。

1. 节目内容提供商的进入

新内容提供商受到最低网络规模的限制很难进入。如果有新节目内容提供商进入，能够极大地降低 Turner 和 HBO 节目内容的重要性，降低合并带来的反竞争效应。然而随着合并后 Turner 向竞争性 MVPD 收费的增加，不利于厂商的进入，并且新进入节目内容提供商面临着 DirecTV 和 U-Verse 的 0.25 亿的订阅用户，很难将其发展为自己的用户。更重要的是，由于 Turner 对 MVPD 讨价还价能力的增强所带来的 PSPM 收费增加，并不意味着对节目内容提供商的需求增加。即使有新的节目内容提供商的进入，也不能降低 Turner 和 HBO 的节目内容对观众的重要性，他们始终提供对观众极具吸引力的高质量节目内容。尽管随着 Netflix 和 Amazon 这类流媒体平台也提供独一无二的电视节目内容，但其对 Turner 和其他传统节目内容提供商的影响是有限的，这些传统节目内容提供商依旧能够逐渐提高向 MVPD 的收费。此次合并对行业带来的反竞争效应并不能通过新节目内容提供商的进入和新型 SVOD 这些互联网流媒体平台的竞争而抵消。

2. 视频发行商的进入

合并使得 AT&T 的竞争性 MVPD 和 vMVPD 获取 Turner 内容的成本增加，从而将导致新进入的视频发行商变得无利可图。上文已经提到，合并使得 AT&T 的竞争性 MVPD 和 vMVPD 获取 Turner 内容的成本增加，同时合并给 AT&T 带来的 EDM 效应增强了 AT&T 的竞争力，从而将导致新进入的竞争性 MVPD 和 vMVPD 变得无利可图。

首先，竞争性 MVPD 的进入不仅需要巨大的成本，也需要时间。长期以来，竞争性 MVPD 的进入大多数来自已有的公司的合并，例如 AT&T 通过合并 DirecTV，将自身的电信业务渗透到付费电视业务。除此之外，新的 MVPD 的进入仅限于 Alphabet 这种能够利用 Google Fiber 作为基础设施投入的公司。其次，新 MVPD 进入困难的另一个原因是，与大型 MVPD 相比，小型 MVPD 通常需要向受观众欢迎的节目内容提供商支付更高的成本。而 AT&T 的订阅电视用户占据的市场份额保持稳定，从 2013 年第一季度的 24.3% 增加到 2017 年第三季度的 26.0%。没有任何证据表明新进入的 MVPD 或已有 MVPD 能够冲击 AT&T 的市场份额。

尽管 vMVPD 与 AT&T 形成了竞争，但与 AT&T 相比依旧没有竞争力。AT&T 的 DirecTV Now 在 vMVPD 市场中占据的市场份额，与 DirecTV 在传统

MVPD 市场中占据的市场份额相当。Time Warner 这种节目内容提供商一直以来也向 vMVPD 收取更高的费用。此次合并使得 AT&T 能够维持视频发行行业的进入壁垒，一些公司甚至放弃了进入 vMVPD 市场的计划。

（四）促进合谋的发生

合并后的 AT&T 可能与 Comcast 产生合谋。因为在两家节目内容互相可替代，但没有其他替代品的情况下，两者合谋可以通过控制节目内容使竞争性 MVPD 和虚拟 MVPD 处于劣势，削弱其竞争力，造成更高的价格、消费者更少的选择以及更少的创新。

首先，由于虚拟 MVPD 对传统 MVPD 造成的极大冲击，使两家最大的传统 MVPD 拥有者——AT&T 和 Comcast 有动机通过控制节目内容来阻碍虚拟 MVPD 的发展。由于较高的固定成本，许多当地视频发行市场的视频发行商数量较少，视频发行市场呈现高度集中的情形，但近年来由于互联网的发展，这些高度集中的市场结构被虚拟 MVPD 的进入所破坏。新的虚拟 MVPD 的出现已经开始为付费电视行业带来了新的竞争，他们一直愿意提供比传统 MVPD 更便宜的"瘦套餐"，价格远低于传统 MVPD，同时不需要专用设备，也没有长期协议，这种模式赢得了消费者的青睐。Sling 已经有 220 万的用户，从而对传统 MVPD 的利润产生了影响。Time Warner 支持创新的虚拟 MVPD 的进入和发展，但是作为最大的传统 MVPD，AT&T 有动力减缓这一发展趋势，合并后的 AT&T 将限制虚拟 MVPD 访问 Time Warner 的内容。如果 Sling 这种虚拟 MVPD 被迫在其基础套餐中添加更多的网络或支付更高的费率，那么 Sling 的独特性将消失。即使 AT&T 存在 DirecTV Now 这种虚拟 MVPD 服务，也不会减少其损害虚拟 MVPD 的动机，因为 AT&T 可以控制 DirecTV Now 的威胁从而保护其高利润的传统 MVPD 业务。

其次，AT&T 和 Comcast 还拥有合谋的能力甚至是可以极便利的合谋，因为在视频发行行业，关键信息是透明的。由于视频发行商的高级管理人员经常换工作，大型视频发行商在与内容提供商谈判时会有大量竞争对手的费率信息。同时内容提供商们也经常讨论业务问题，Turner 和 NBCU 的高管就保持着定期沟通。此外合并将促进 AT&T 和 Comcast 之间的信息交流，合并后的所有业务部门将向母公司汇报，使得美国最大的这两家传统 MVPD 前所未有地了解彼此与主要内容提供商的合作状况。最惠国待遇和类似的合同条款可以让 AT&T 和 Comcast 进一步了解彼此，从而合谋极有可能发生。

第三，AT&T 和 Comcast 一旦合谋，由于其内容对于虚拟 MVPD 的重要性，将产生较为严重的反竞争效应。虚拟 MVPD 的进入和成长从两方面冲击了传统 MVPD 的利润，一是虚拟 MVPD 从传统 MVPD 那里吸引用户，全部的订阅用户占比将从 4% 增长到 21%；二是虚拟 MVPD 降低了传统 MVPD 的边际收益。为了应对冲击，许多传统 MVPD 开始提供虚拟 MVPD 业务，例如 AT&T 的 DirecTV Now，Comcast 的 Hulu。AT&T 拥有的 Turner 和 Comcast 拥有的 NBCUniversal 对 MVPD 来说是很有价值的节目内容。目前与 AT&T 和 Comcast 竞争的虚拟 MVPD 主要是 DISH Sling 和 Sony Vue，它们都能提供 Turner 和 NBCUniversal 节目，从而容易受到合并的影响。从一些不能提供 Turner 和 NBCUniversal 的节目内容的虚拟 MVPD 经验来看，由此带来的后果就是一些订阅用户会从竞争性虚拟 MVPD 转移到属于传统 MVPD 的 AT&T 或 Comcast，同时虚拟 MVPD 缺少有价值的节目内容将导致对用户的吸引力小，竞争力较弱，使得传统 MVPD 能够向用户维持较高的订阅价格。

第四，即使 AT&T 和 Comcast 各自分别向虚拟 MVPD 限制其节目内容并不能带来利润，AT&T 和 Comcast 的协调行动也能为其带来利润。因为首先 Turner 和 NBCUniversal 的节目内容都对用户有很强的吸引力，对于一些用户来说两者甚至是可以代替的，从而两者同时协调行动对虚拟 MVPD 的影响才更大。MVPD 与节目内容提供商合并能够给其他 MVPD 带来正外部性，尤其是当虚拟 MVPD 不能获得节目内容时，对所有传统 MVPD 的竞争是有利的。当 AT&T 和 Comcast 协调合作时，会阻碍虚拟 MVPD 的竞争。

第四节　平台非中立

平台非中立指平台对于不同商家区别对待。

平台作为关键性设施是消费者和厂商之间匹配成功与否的决定因素；在接入平台的厂商用户无法复制该关键性设施的条件下，利润最大化的激励促使平台把消费者边的市场主导优势传递到厂商边市场中。此时，平台非中立对待自有厂商和其他厂商之间的竞争，这会影响不同类型厂商之间公平竞争的过程以及消费者的效用水平。当平台采取中立原则时，平台中的自有厂商和其他竞争性厂商进行自由竞争，此时竞争会提高消费者效用水平；当平台采取非中立性策略时，非中立性策略提高了自有厂商与消费者之间匹配的效率，但降低了竞争性厂商与消费者之间匹配的效率，从而影响了自有厂商和其他厂商之间自由竞争的过程（刘洪波，2019）。

如前文所述，本案属于平台化合并，合并后 AT&T 成为平台企业，其相对内容提供商的非中立行为可以更细致地划分为平台非中立行为。平台化后的 AT&T 作为平台，一边是购买节目内容的消费者，另一边是节目内容提供商。合并后在节目内容提供市场中，存在两类厂商：AT&T 自有的 Time Warner 和其他内容提供商。本案中，由于虚拟 MVPD 和 SVOD 业务都是基于互联网的，观众观看其视频的流畅程度受到电信运营商的限制，如果电信运营商实施网络非中立行为，对其限速，就会影响消费者的使用体验，进而影响消费者对其产品的订阅。合并前，AT&T 作为一个电信运营商，会对所有内容提供商一视同仁。合并后 AT&T 有动机采取优待 Time Warner 流媒体的非中立策略：AT&T 一方面将会给予 Time Warner 的节目内容更多的带宽，以提高其观看效用，在与其他内容提供商的竞争中获取优势；另一方面，AT&T 甚至会压缩其他竞争性节目内容提供商的带宽，以影响其观感，达到降低其用户订阅的目的。虽然很多企业也正在尝试铺设自己的光纤网络，来减轻电信公司的限制作用，例如 Google，但是电信基础设施的铺设更为困难，一般公司并没有能力铺设自身的网络。因此，合并后 AT&T 有能力实施网络非中立行为。AT&T 有动机且有能力通过实施非中立策略，压缩其他流媒体的带宽，影响内容提供商之间的竞争。

第五节　争议：AT&T 和 Time Warner 合并是否具有反竞争效应

美国司法部虽然提出了多条此次合并可能带来的反竞争理由，但是 2018 年 6 月 13 日美国司法部败诉，该合并获得美国联邦法院的无条件批准，并于 2018 年 6 月 15 日收购完成，Time Warner 更名为 WarnerMedia。AT&T 和 Time Warner 认为，此次合并属于纵向合并，通常情况下横向合并才能带来反竞争效应，而纵向合并不会。纵然经过原告的申辩以及上诉，法院也依旧支持了被告的主张，判决此次合并可以无条件进行。本部分对该合并案的多方观点进行介绍。

一、原告观点

夏皮罗（Shapiro）教授认为该合并属于纵向合并，该合并带来的直接影响是 AT&T 能够控制 Time Warner 的 Turner 网络和 HBO 电视台的节目内容。通过纵向合并，视频发行商通过控制有价值的节目内容增强其讨价还价能力，削弱其他竞争性视频发行商的竞争力。但对于反竞争效应的分析，则需要关注以下两点：一是 AT&T 在合并之前和之后对 Time Warner 的节目内容的利用有什么区别，二是这种区别会如何削弱竞争。

基于这两点，原告认为该合并具有反竞争效应，由于 Time Warner 的节目（特别是 Turner）深受观众喜爱且缺少替代品。一方面，被告将有能力和动机不再与在下游与 AT&T 竞争的独立 MVPD 交易 Time Warner 的部分节目（Turner）；另一方面，合并后 Turner 对独立 MVPD 的讨价还价能力上升，这都会导致视频发行行业的不当竞争，具有明显的反竞争效应。

合并的协同效应并不能抵消合并带来的反竞争效应。因为，协同效应必须影响可变成本而非固定成本，因为只有可变成本的减小才会对价格产生下行的压力。AT&T 所说的成本协同效应通常被视为固定成本。同时成本和收入的协同效应必须影响所涉及的特定相关市场，但是 Warner Bros 的合并资产协同作用影响的是电影行业，而不是视频发行市场。

二、被告观点

AT&T 和 Time Warner 认为该合并属于纵向合并，通常情况下横向合并才能带来反竞争效应，而纵向合并不会。并且卡尔顿（Carlton）教授对之前发生的 4 个纵向合并的案例进行计量分析，表明不会对价格产生显著影响。

被告认为此次的纵向合并能够产生效率提升和其他促进竞争的效应，并从更好地应对 SVOD 的冲击、合并后 Turner 对 MVPD 的讨价还价能力不会上升、成本协同效应和收入协同效应三个角度进行了抗辩。

（一）更好地应对 SVOD 的冲击

被告认为 Google、Netflix、Amazon 和 Facebook 已经对节目内容提供行业和视频发行行业产生了冲击，它们作为一体化的公司提供节目内容同时通过互联网直接向观看者提供价格合理的点播视频内容，针对消费者个人提供有效且有利可图的数字广告，他们还能访问用户的数据来改变策略，改善用户的体验，这使得传统 MVPD 的视频订阅量下降，电视广告收入下降，极大削弱传统 MVPD 的竞争力，2016 年 AT&T 的订阅用户减少了 13.3 万人，卡尔顿（Carlton）教授认为约 20% 的美国用户不再订阅传统 MVPD。为了应对其激烈竞争，AT&T 通过合并 Time Warner 增强竞争能力，减缓 vMVPD 和 SVOD 的冲击。

节目内容提供商能够在其网络或电视台上出售广告位给广告商，在电视的每个小时中大约有 18 分钟的广告，视频发行商出售其中的两分钟，而节目内容提供商出售其中的 16 分钟广告，节目收看的观众越多，广告费越高。但是由于针对性不强，用户经常观看自己不感兴趣的广告，广告商的广告投放效率很低。基于互联网的竞争，由于 SVOD 的技术创新，广告商逐渐从电视广告转移到具有高用户针对性的流媒体的数字广告，Google 和 Facebook 的广告约占美国数字广告的 60%，而且广告收入在快速增长。而 Turner 的广告收入 2017 年比 2016 年降低了 2%，节目内容提供商会向视频发行商收取更高的项目费用，这将会给视频发行商带来巨大的成本压力。

在节目内容方面，Time Warner 也面临流媒体平台的竞争 Netflix、Hulu、Amazon、Disney 等都推出了优质的节目内容，Netflix 的节目预算也是 HBO 的两倍。在这种竞争条件下，HBO 不能直接与观众产生联系，只能依靠中间渠道的传统 MVPD 来扩大用户群体。

因为作为传统的节目供应商，Time Warner 无法访问用户数据，用户数据存在于中间渠道商的 MVPD 那里，尽管 Time Warner 拥有大量广告位，却并不清楚他们的目标客户是谁，不能掌握用户的偏好，便不能精准投放广告。此次整合能够将 Time Warner 的优质节目内容、广告位，以及 AT&T 的消费者、消费者数据、无线业务整合在一起，从而能够为用户量身打造广告，增加 Time Warner 的广告价值，减轻节目制作的压力并降低向消费者发行视频收取的价格。

总之，由于 Turner 通过利用 DirecTV 的用户观看数据可以实现广告收入协同效应，而且广告商正在将电视广告投放转移到 Google 和 Facebook，利润下降导致消费者订阅付费电视的价格受到下行压力，AT&T 认为他们需要合并以更好地同 Google 和 Facebook 竞争。

（二）合并后 Turner 对 MVPD 的讨价还价能力不会上升

被告认为，即使在合并之后内容提供商与 MVPD 谈判破裂的可能性也很小，MVPD 不可能抛弃 Turner 的节目内容，同样 Turner 也不可能选择降低自身的订阅用户规模。被告的管理层认为无论 Turner 的母公司是谁，都不会影响 Turner 和 MVPD 谈判的谈判杠杆，从业人员作证表示在谈判过程中视频发行商从未考虑过节目内容提供商的所有者身份。Turner 的节目内容对 MVPD 并没有那么重要，没有 Turner 节目内容视频发行商仍然可以正常开展业务，合并后 Turner 对 MVPD 的讨价还价能力并不会增强，MVPD 获得 Turner 内容的成本也不会提高。被告也认为夏皮罗（Shapiro）教授估计的用户流失率的资料来源都有明显缺陷，即使结合起来也无法采用长期用户流失率建立可靠性模型。总之，被告认为如果 Time Warner 向 MVPD 收取更高的费用，就无法使合并后的公司获得最大的利润。

（三）成本协同效应和收入协同效应

AT&T 认为到 2020 年，合并能带来每年 15 亿美元的成本协同效应，包括营销支出、供应商支出、公司支出；以及每年 10 亿美元的收入协同效应，能够抵消合并的反竞争效应，从而合并能够给消费者带来好处。纵向合并能够给行业中上下游的合并双方带来消除双重加价效应（elimination of double marginalization），合并前两个厂商的加价最终转嫁到消费者身上，合并后双方能够降低中间成本，导致最终消费者价格的降低。在合并之前，AT&T 需要向 Time Warner 支付一定的价格获得 Turner 的节目内容，费用中包括 Time Warner 的利润率，但在合并后 AT&T 向 Time Warner 支付的费用不再包括其要获得的利润率，AT&T 在获得 Turner 内容时面临更低的边际成本，向消费者发行视频也更加有利可图，有激励通过降低用户对 DirecTV 的订阅费用来发展用户群体。

成本协同效应包括三个方面：一是合并使 Time Warner 的预期营销支出降低，从而降低了营销成本；二是 AT&T 通过减少第三方供应商（如专业服务和运输服务）的支出而实现成本节约，例如包装、交付、提供办公用品有关的支出，节省了物流和配送供应商的支出；三是合并后能够消除重复的"公司间接费用"，例如多余的法律部门、税务部门和会计部门，这降低了公司管理支出。

收入协同效应是指公司将实现数亿美元的"合并资产"，主要来自交叉促销和捆绑合并后的公司产品。Time Warner 声称在 AT&T 的视频服务界面推广 Warner Bros 的电影将给这些电影带来额外收入。AT&T 还认为到 2020 年，数据驱动的广告收入协同效应将达到数亿美元，来自 AT&T 的消费者数据与 Turner 库存广告结合。

AT&T 和 Time Warner 认为，他们没有动力提升所拥有的 HBO、Turner 网络的价格，因为他们依靠版权费和广告来赚钱，放弃其他电视服务提供商会导致他们的网络大受损失。HBO 面临来自 Netflix 等的激烈竞争，为了维持其用户，向其他电视服务提供商收取过高的费用并不太可能，其创新激励反而更加强烈。并且他们需要合并才有足够优势与 Netflix、Google、Facebook 等互联网公司竞争。AT&T 还表示合并后的公司可以建立一个有竞争力的数字广告平台来挑战 Google 和 Facebook 等广告巨头的主导地位。

三、法院观点

法院认为司法部未能提供证据证明合并可能带来的反竞争效应，虽然接受了原告关于相关市场的划分，但是认为美国政府未能证明可能出现的损害以及 Turner 谈判势力的上升，认为原告的结论依赖于不切实际且与记录证据不一致的假设。简单来说，法院认为，在合并后 Turner 与 MVPD 的谈判也不可能破裂，如果拒绝向 MVPD 提供节目内容，会有损于 Turner 自身的利益，这种不可能出现的情况无法给 Turner 带来谈判实力。同时法院也认为 Shapiro 教授的模型数据缺乏证据支持，没有考虑到 Turner 与各视频发行商之间的现有协议，能够延迟反竞争效应带来的损害。卡尔顿 (Carlton) 教授对之前发生的 4 个纵向合并的案例进行计量分析表明不会对价格产生显著影响，法院支持了这一观点。

法院基本接受了被告的观点，并且也认为 AT&T 和 Time Warner 可以通过合并为客户提供更好、更便宜的选择（据估计 DirecTV 和 U-Verse 用户每年可以节约 3.5 亿美元）。垂直整合视频制作和发行，正如 Netflix 和 Amazon 那种制作发行一体的公司那样，电视节目将让制作人收集更多有关客户喜欢的数据，并销售更多有价值的定向广告，而不是向订阅者收取更多的费用，从而判决合并可以无条件进行。

四、其他学者观点

该案在学术界引起了极大反响，学者对该案的分析和研究聚焦在两点：一是对纵向合并进行审查是反垄断的重要突破；二是从各个方面对法院观点提出质疑，认为该合并具有反竞争效应。

（一）对纵向合并进行审查是反垄断的重要突破

在案件审判前，赖特和瑞贝尼斯克（Wright and Rybnicek，2018）对该案件进行了讨论，认为如果该案件美国司法部胜诉，是美国司法部首次挑战纵向合并成功，是美国反垄断的重大成功，即使不成功，也是一次重大的尝试。而萨洛普等（Salop et al.，2018）指出传统的反垄断原则在合并指导方针中明确指出了合并可能对市场结构、竞争和消费者造成的影响的担忧。虽然人们的注意力传统上集中在横向合并（在同一市场上正面竞争的公司之间），但对非横向合并的关注一直在增长，并且是许多反垄断理论家和从业者认为指南需要更新的一个领域。通信行业平台的重要性日益增加，也放大了这种需求。这些平台让网络所有者可以通过操纵这些网络宽带分配来促进自身利益，而牺牲竞争者和消费者的利益。在通信市场中防止滥用"瓶颈"的努力，对消费者和竞争都有重大好处。因为通信是基础设施行业，确保接入中立对更广泛的经济有实质性的好处。对确保非歧视性接入的三项政策（网络中立性、未经许可的频谱和对黄金时段节目所有权的限制）的审查不仅显示了保持阻塞点开放的积极好处，也表明放弃这些政策会迅速导致市场势力的滥用。

（二）对法院观点的质疑

部分学者从不同角度对法院的观点提出了质疑。

回顾纵向合并的相关理论，原则上纵向合并可以产生正面竞争或反竞争效应。芝加哥学派强调前者，特别是纵向合并可以消除双重加价的可能性。组织经济学方面，从科斯开始，一直到威廉姆森和格罗斯曼－哈特－摩尔，都强调了纵向整合可以通过减少讨价还价和机会主义而产生的效率效应。从 20 世纪 80 年代开始经济学家发展了严格的纵向竞争的反竞争理论，并且构建模型表明整合的公司可能有动机阻止竞争对手获得投入或提高他们在这些项目上的成本，以及纵向整合可能会促进共谋（Crawford et al.，2019）。本案中，法院在对司法部讨价还价理论的分析和证据的评估上存在错误，在具有强大的网络效应和较大的进入壁垒的市场中应该对纵向合并进行更严格的控制（Salop et al.，2018）。

AT&T 和 Time Warner 的合并将最大的视频发行商与最大的付费电视节目上游供应商整合在一起。合并后市场力量的增强将单方面提高合并实体的议价能力，通过提高投入价格和消费者价格，拒绝下游竞争者获得重要投入，或者降低其质量，通过建立障碍来阻止竞争者的发展（Zimmerman et al.，2019；Stöhr and Budzinski，2020）。

法院认为"AT&T 和 Time Warner 可以通过合并为客户提供更好，更便宜的选择。"，即认可同一行业中的两家公司合并可以消除双重加价，最终降低消费者面临的价格，然而现实并没有支持这一结论。在法院作出裁决后，AT&T 立即提高了 DirectTV 的价格，降低消费者捆绑包的服务等级（Neff，2020）。

上述学者分别从纵向合并竞争效应和本合并对市场势力与议价能力的影响两个方面对该案判决提出了质疑，但都还是基于纵向合并的视角，即认可该案属于纵向合并的基础上展开的分析。

第六节　本案的启示

AT&T 与 Time Warner 合并是典型的平台化合并，合并后的主体有动机采取平台非中立的策略，影响了内容提供商之间的竞争；AT&T 与 Time Warner 的平台化合并会提高竞争对手的成本；阻碍其他内容提供商的进入；严重损害对手视频发行商的竞争能力，使价格上升，损害消费者利益。由于当前大部分 MVPD 的订阅用户已经是 Turner 节目内容的收看者，AT&T 降低对用户收取的价格带来的利润增加是有限的，这一合并对 Turner 带来的 EDM 效应小于其他行业通常情况下的纵向合并；这一合并还有造成 AT&T 与 Comcast 合谋的可能。

作为新兴商业模式，平台为反垄断审查带来了新的挑战。在对涉及互联网平台企业的合并案进行反垄断审查时，需要充分考虑其行业特征，正如本案的这一平台化合并，它并不是单纯的纵向合并，需要结合双边市场理论的深入分析，平台化合并提供了并购分析的新模式。

主要参考文献

［1］杨沐蓉：《电信运营商平台化合并事后评估》，山东大学硕士学位论文，2019 年。

［2］Tim Wu，2003：Network Neutrality，Broadband Discrimination，*Jour-*

nal on Telecommunications and High Technology Law, Vol. 2, No. 1.

［3］Birkinbine, B. J., 2016: The AT&T-Time Warner Merger, *The Political Economy of Communication*, Vol. 4, No. 2.

［4］Cooper M., 2018: *Antitrust practice, economic evidence and market reality compel the department of justice to oppose the AT&T-Time Warner merger*, Consumer Federation of America.

［5］Crawford, G. S., Lee, R. S. and Whinston, M. D., 2019: AT&T/Time Warner and antitrust policy toward vertical mergers, CPI Antitrust Chronicle, No. 7.

［6］Kumar, B. R., 2019: *Wealth Creation in the World's Largest Mergers and Acquisitions*, Management for Professionals.

［7］Neff, A., 2020: A Reassessment of Vertical Mergers within the Context of Antitrust Laws: The Time Warner and AT&T Merger, *SSRN*.

［8］Salop, S. C., Wright, J. D. and Rybnicek, J. M., 2018: United States v AT&T/Time Warner, *Journal of Antitrust Enforcement*, Vol. 6, No. 3.

［9］Stöhr, A. and Budzinski, O., 2020: Happily ever after?: Vertical and horizontal mergers in the US media industry, *World Competition*, Vol. 43, No. 1.

［10］Wright, J. D. and Rybnicek, J., 2018: United States v. AT&T/Time Warner: A Triumph of Economic Analysis, *SSRN*.

［11］Zimmerman, P. R., Chang, G. and Ulrick, S. W., 2019: A Prospective Competitive Effects Analysis of the AT&T/Time Warner Merger, *SSRN*.

第四章　Google-DoubleClick 并购案[*]

专业概念： 对角兼并　市场圈定效应

对角兼并： 对角兼并企业应存在如图 4 - 1 所示的产业关系，对角兼并判断标准为以下两点：一是并购双方不存在直接的交易关系，二是被兼并方是兼并方竞争对手的上游厂商。

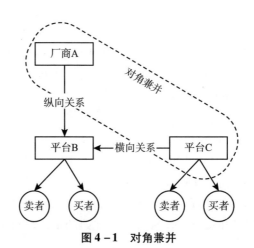

图 4 - 1　对角兼并

市场圈定效应： 市场圈定指的是一种限制市场参与者交易范围和交易自由的商业行为，包括上游圈定和下游圈定，前者指限制若干买者只能与一个卖者接触与交易，后者指限制若干卖者只能与一个买者接触与交易（Tirole，1997）。

---

* 笔者根据 Google - DoubleClick 并购案（Statement of Federal Trade Commission Concerning Google/DoubleClick，FTC File No. 071 - 0170，2007. Case COMP/M. 4731，Commission v. Google/DoubleClick，2008）相关内容整理所得。

第一节　案 件 概 述

一、案件过程与裁决

随着互联网日渐深入到生活的方方面面，在线广告市场飞速发展。为进一步扩展网页展示广告领域，2007 年 4 月 13 日，Google 宣布将以 31 亿美元收购 DoubleClick，这是当时 Google 所发起的最大一笔收购。

相对于反竞争效应，此项收购首先激起了美国消费者隐私保护组织的强烈反对，电子隐私信息中心（Electronic Privacy Information Center，EPIC）、数字民主中心（the Center for Digital Democracy，CDD）和美国公共利益研究小组（Public Interest Research Group，PIRG）等社会机构接连向联邦贸易委员会投诉要求反垄断机构规制消费者隐私侵犯问题。同时，雅虎（Yahoo!）、AT&T 和微软（Microsoft）等 Google 的竞争对手游说监管部门关注该并购所具有的反竞争效应，微软和 AT&T 还通过支持部分经济学者展开研究以证明此项合并具有明显的反竞争效应。

鉴于社会各界对该项并购案在消费者隐私保护和反竞争效应上的关注，参议院司法委于 2007 年 9 月 27 日举行了一场听证会[①]。对于这次听证会有报道称：这是 Google 发起的收购首次遭遇到一致反对[②]。整体而言，消费者隐私保护问题引起美国社会各界的关注度更高。欧盟委员会在 2017 年 11 月 13 日开始对该项并购展开调查，虽然上述消费者隐私保护组织同样向欧洲反垄断当局提起了上诉，但欧盟委员会更集中关注该并购所可能产生的各种反竞争效应。

2017 年 12 月 21 日，美国联邦贸易委员会通过了该项并购案的审查。随后，2018 年 3 月 11 日欧盟同样认为没有明确证据证明该项并购会损害市场竞争而通过此次收购案。审查案件时间线如图 4-2 所示。

---

① An Examination of the Google-DoubleClick Merger and the Online Advertising Industry：What Are the Risks for Competition and Privacy?，Meeting | Hearings |United States Senate Committee on the Judiciary，https：//www. judiciary. senate. gov/meetings/an－examination－of－the－google－doubleclick－merger－and－the－online－advertising－industry－what－are－the－risks－for－competition－and－privacy.

② Microsoft，Google square off in Washington－CNET，https：//www. cnet. com/news/microsoft－google－square－off－in－washington/.

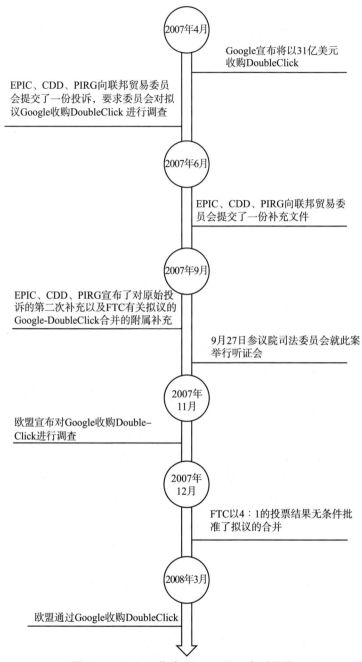

图 4－2　Google 收购 DoubleClick 案时间线

资料来源：Companies want scrutiny of Google-DoubleClick deal.
https：//www. cnet. com/news/companies－want－scrutiny－of－google－doubleclick－deal/。
EPIC－Privacy？Proposed Google/DoubleClick Merger. https：//epic. org/privacy/ftc/google/。
Meeting│Hearings│United States Senate Committee on the Judiciary.

二、该案争议的焦点及本章结构安排

本案中反垄断执法机构都是基于纵向兼并的视角进行的反垄断审查，但如果从双边市场对角兼并的角度来审视上述并购案件，很有可能得出不同的结论。本章从对角兼并的视角对 Google-DoubleClick 并购案进行重新审视。

第二节　在线广告市场与相关市场界定

Google 和 DoubleClick 分别在搜索广告市场和广告服务技术市场具有市场支配地位，此项并购案涉及的主要市场为在线广告市场。

一、在线广告市场

在线广告可以根据广告的格式、选择机制和销售渠道进行划分，如图 4-3 所示。

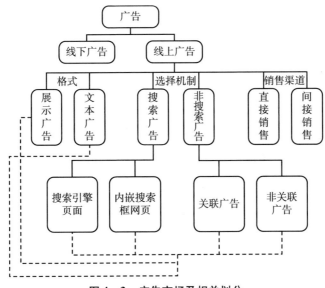

图 4-3　广告市场及相关划分

根据广告的格式可以划分为展示广告和文本广告，展示广告常见于网页顶端和两侧，主要是以图片和动态图片的格式展示广告；而文本广告则是以文字为广告的展示形式，更常见于搜索结果页面，搜索某个关键词会出现多条标注"广告"的搜索结果，这种广告形式是文字广告（如图4-4、图4-5所示）。

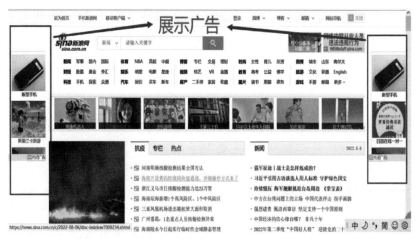

图4-4　展示广告图示

资料来源：https：//www. sina. com. cn/。

图4-5　文字（搜索）广告图示

资料来源：https：//www. baidu. com/。

　　按照选择机制可以分为搜索广告和非搜索广告，插入到搜索结果页面的广告即为搜索广告。同时搜索广告可以分为两种，一种是 Google、百度等搜索引擎页面上的广告；另一种则是内嵌搜索功能的网站所提供的广告。非搜索广告主要以展示型的广告形式出现，按照与网页中的文字是否有关联可以进一步区分为关联广告和非关联广告。

　　按照销售渠道可以划分为直接销售广告和间接销售广告。直接销售广告即为媒体直接向广告商出售的广告位；间接销售广告则是通过广告中间商销售广告位，在线广告主要是通过间接渠道进行销售，而广告商和媒体在线上投放以及展示广告需要广告技术服务使得市场需要专业提供该项技术的在线广告技术服务商。

二、在线广告市场主要参与者

　　在线广告市场主要参与者包括：媒体，主要向广告商出售广告位；广告商，购买广告位展示其广告；广告中间商，类似于房屋中介、二手车中介，获取媒体广告位资源并出售给广告商。主要包括两种类型的广告中间商，一种是先向广告商购买广告位然后向广告商销售，另一种是作为双边平台连接广告商和媒体；广告服务商，向媒体和广告商提供广告服务，包括广告投放服务，广告投放效率监测服务等。图 4-6 展示了在线广告市场主要参与者及之间的相互关系。

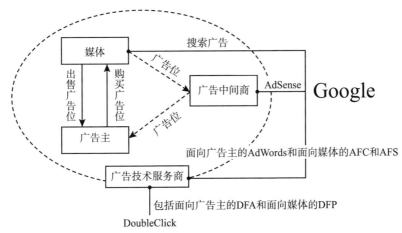

图 4-6　在线广告市场主要参与者以及 Google 和 DoubleClicik 的主要角色

Google 在广告市场上扮演的第一个角色是向广告商出售广告位的媒体，Google 出售的广告位主要是基于 Google 搜索引擎的搜索文字广告以及 AdSense 平台上文字关联广告。其次，Google 拥有提供广告中间商服务的 AdSense 平台，AdSense 在销售广告位的同时会搭售广告技术服务，包括面向广告主的 AdWords 和面向媒体的 AFC 和 AFS。但是 Google 所提供的广告技术服务不会单独出售，仅仅服务在 AdSense 平台中的客户。

DoubleClick 主要业务是针对广告主和媒体的广告服务技术，包括针对广告主的 DFA 和针对媒体的 DFP。DoubleClick 主要提供非搜索展示广告的广告技术服务，DoubleClick 的广告技术服务并不直接服务于 Google 主要经营的广告业务。

三、相关市场界定与市场竞争状况

（一）相关市场界定

欧盟和美国对于相关市场界定的区别在于在线广告市场是否需要进一步细分。欧盟委员会界定了在线广告位市场、广告中间商市场和展示型广告技术服务三个相关市场。美国联邦贸易委员会界定为搜索广告市场、广告中间商市场和第三方广告技术服务市场。

线下广告市场和在线广告市场是否可以构成相关市场？线下和在线广告市场在投放目标和定价机制上具有本质不同，就投放广告的目标来看，在线广告市场投放更为精准，更有效率，且具有相对精确的效率评价体系。就定价机制来看，线下广告市场以整体潜在消费者为基础来定价，在线市场基于消费者点击量和浏览人数定价，因此二者并不构成相关市场。是否需要进一步细分为搜索广告市场和非搜索广告市场，在这一问题上美国联邦贸易委员会与欧盟委员会存在差异。美国联邦贸易委员会认为搜索广告具有更为精准的广告投放效果，非搜索广告无法替代搜索广告。而欧盟委员会认为搜索广告和非搜索广告具有不同的效用和目的。然而基于调查结果表明，尽管两种广告类型在形式和投放目的上具有差异，对于媒体而言更倾向于理解为互补关系。而且从技术上来看，二者主要作用都在于提高品牌识别度，基于此，欧盟委员会认为没有必要区分为两个市场。

另外，联邦贸易委员会还界定为第三方广告技术服务市场，而欧盟委员会界定为展示广告技术服务市场，但二者并无实际上区别。文本广告特别是搜索结果类文本广告的广告技术更多以广告位搭售的形式出售；展示型广告的技术服务更多由第三方服务商完成。

（二）相关市场竞争状况

2006 年全球在线广告的市场规模在 194 亿欧元到 241 亿欧元之间，欧洲经济区在 54 亿欧元到 98 亿欧元之间，根据 Google 在 2006 年在线广告市场的净利润，可以估算 Google 在线上广告各细分市场所占市场份额的情况如表 4-1 所示。

表 4-1　　　　2006 年 Google 在线上广告各市场所占市场份额　　　单位：%

市场	市场份额
整个在线广告市场	20 ~ 30
搜索广告市场	60 ~ 70
非搜索广告市场	0 ~ 5
广告中间商市场	40 ~ 60
搜索广告中间商市场	50 ~ 60
非搜索广告中间商市场	30 ~ 60

资料来源：The Commission Decision of the Commission of the European Communities in case Google vs DoubleClick（11/03/2008）。

Google 不仅在搜索广告市场，在广告中间市场包括细分的搜索广告中间商市场以及非搜索广告中间商都占据较高的市场份额，具有市场支配地位。

在搜索广告市场，Google 的主要竞争对手是 Yahoo! 和 Microsoft，Yahoo! 在全球的市场份额最高为 15% 左右，在欧洲经济区至少为 5%；Microsoft 在全球以及欧洲经济区的市场份额都在 5% 左右。除此以外还有一些份额较小的地区性的搜索引擎公司。Yahoo! 和 Microsoft 同时提供广告中间商业务。搜索广告市场上，其他厂商的实力难以与 Google 相抗衡。非搜索广告中间商无论是在全球范围还是在欧洲经济区数量都较多，除 Yahoo! 和 Microsoft 外，还包括市场份额在 15% ~ 20% 之间的 TradeDoubler，市场份额在 5% ~ 10% 的 Zanox 以及其他市场份额较少的中间商，在广告中间商市场上 Google 面临较多的竞争者。

DoubleClick 分别有 40% ~ 50% 的利润来源于面向广告主和媒体的业务，

DoubleClick 在欧洲经济区面向广告主和面向媒体所占市场份额如表 4 - 2 所示，可以看出市场份额的变动较大，主要原因是广告技术服务市场大额订单通过竞标的方式取得，这种方式使得客户经常在不同广告技术服务商之间进行转换，但 DoubleClick 仍占据较大市场份额。

表 4 - 2　　　　　　　DoubleClick 在欧洲经济区所占市场份额　　　　单位：%

项目	2004 年	2005 年	2006 年
面向广告主	40 ~ 50	30 ~ 40	60 ~ 70
面向媒体	80 ~ 90	60 ~ 70	40 ~ 50

资料来源：The Commission Decision of the Commission of the European Communities in case Google vs DoubleClick（11/03/2008）。

主要的广告技术服务商以及其在 2006 年的市场份额如表 4 - 3 所示。DoubleClick 在广告商市场上以及媒体市场上都具备市场支配地位，但结合表 4 - 2 可以看出广告技术服务市场竞争较为激烈。

表 4 - 3　　　　　　　2006 年主要广告技术服务商市场份额　　　　单位：%

广告技术服务商	面向广告主	面向媒体	整个广告技术服务市场
DoubleClick	30 ~ 40	40 ~ 50	40 ~ 50
aQuantive/Atlas（属于 Microsoft）	30 ~ 40	0 ~ 10	15 ~ 25
24/7 Real Media/Open		15 ~ 25	
Adstream OAS（属于 WPP）			5 ~ 15
ADTECH（属于 AOL）	0 ~ 5	10 ~ 20	5 ~ 15
其他	< 15	< 5	< 10

资料来源：The Commission Decision of the Commission of the European Communities in case Google vs DoubleClick（11/03/2008）。

判断广告技术服务市场竞争状况的一个重要因素是广告商以及媒体在各广告技术服务商之间转换是否具有较大的转换成本，其中包括更换重新设计制作网页、转移用户数据、针对新技术的员工培训等。那么这些转换成本的存在是否对实际广告商和媒体在各广告技术服务商的转换产生较大影响？从实际数据来看，广告商和媒体在广告技术服务商之间的转换率非常高，DoubleClick 在 2006 年用户流失率为 12.6%（媒体端流失率在 16% 左右，广告商端流失率在 8.5% 左右），虽然广告技术服务市场存在一定转换成本，但从实际来看，转换率较高，说明广告技术服务市场竞争强度较高。

第三节　不是纵向兼并而是对角兼并

Google 属于搜索广告类型，DoubleClick 主要业务是针对广告主和媒体提供广告服务技术，DoubleClick 向 Google 的竞争对手非搜索广告提供服务技术。Google 和 DoubleClick 分别在搜索广告市场和非搜索广告的服务技术市场具有市场支配地位。

欧盟委员会主要是基于纵向兼并理论对 Google 和 DoubleClick 的反竞争效应进行判断。然而根据上文分析，Google 和 DoubleClick 之间并不存在明显纵向关系，此兼并并不属于纵向兼并，基于纵向兼并理论分析可能会忽略掉许多重要影响因素，从而低估并购对市场竞争的损害。显然该项合并同样不属于横向合并，那么属于哪种形式的合并呢？曲创和刘洪波（2018）对该合并案进行了再审视，并发现该合并属于双边市场中的对角兼并，表现为某一方平台（兼并方）与竞争对手的上游供应商（被兼并方）进行的合并。

一、对角兼并与纵向兼并的结构差异

对角兼并与纵向兼并在外在表现形式上类似，这容易掩盖二者本质上的不同。在纵向兼并模式中兼并双方属于上下游关系，存在直接的产品交易关系；在对角兼并模式中被兼并方与兼并方的竞争对手属于上下游关系，而兼并双方不属于上下游关系，兼并双方没有直接的产品交易关系。

什么是对角兼并？对角兼并判断标准为以下两点：

（1）并购双方不存在直接的交易关系。

（2）被兼并方是兼并方竞争对手的上游厂商。

对角兼并与纵向兼并的区别体现在兼并双方不存在直接产品交易关系（见图 4-7）。其中，虚线框表示两个厂商之间的兼并，单向箭头表示投入品流动方向，双向箭头表示两个平台生产决策互相影响。平台 C 和厂商 A 对角兼并后，平台 C 为对角一体化平台，平台 B 为竞争性平台。

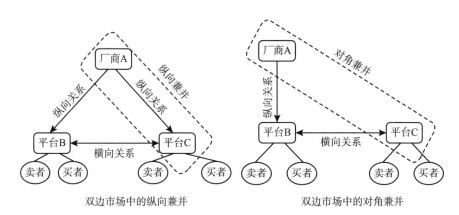

双边市场中的纵向兼并　　　　　双边市场中的对角兼并

图 4 - 7　对角兼并与纵向兼并的差异

资料来源：曲创、刘洪波：《交叉网络外部性、平台异质性与对角兼并的圈定效应》，载于《产业经济研究》，2018 年第 2 期，第 15 ~ 28 页。

纵向关系市场中存在三个厂商：厂商 A、平台 B 和平台 C。一方面，B 和 C 是双边市场中的平台，二者处于同一相关市场中，彼此具有横向竞争关系。另一方面，厂商 A 是关键性投入品的垄断生产者，向 B 和 C 提供关键性投入品，属于 B 和 C 的上游厂商。因此，厂商 A 与平台 C 属于产业链中的纵向关系，二者的兼并属于纵向兼并。

在对角关系市场中，B 和 C 处于同一相关市场中，具有横向竞争关系。上游厂商 A 向下游平台 B 提供关键性投入品，二者属于纵向关系；但是厂商 A 不向平台 C 提供任何投入品，二者之间不存在直接产品交易关系，不属于纵向关系。但如果厂商 A 和平台 C 进行合并，那么二者之间就出现了对角关系。

对角兼并策略在互联网平台中并不是个例，2014 年阿里巴巴购买了做酒店管理系统的石基信息 15% 的股份，2015 年又收购了做电影院管理系统的凤凰佳影。显然石基信息和凤凰佳影的业务与阿里的业务并不在一个领域。

对角兼并与纵向兼并在外在表现形式上类似，这容易掩盖二者本质上的不同。在纵向兼并模式中兼并双方属于上下游关系，存在直接的产品交易关系；在对角兼并模式中被兼并方与兼并方的竞争对手属于上下游关系，而兼并双方不属于上下游关系，兼并双方没有直接的产品交易关系。

二、对角兼并动机

随着平台间竞争激烈程度的增强，平台激励实施有对角兼并策略来兼并其竞争对手的关键性投入品的供给商，通过提高竞争对手成本的途径，以达到弱化竞争、扩大用户规模的目的。首先，对角兼并策略会促使对角一体化平台提高关键性投入品的价格，这会产生两种不同的效应：一方面，关键性投入品价格的提高会导致竞争性平台对关键性投入品需求数量的减少，这可能会降低销售关键性投入品所获取的利润。另一方面，关键性投入品价格的提高会增加竞争性平台的成本，降低竞争性平台上买者和卖者用户的效用水平，从而导致竞争性平台的两边用户转移到对角一体化平台上。随着平台异质性程度的减弱，对于竞争性平台来说，在交叉网络外部性的负反馈作用下，竞争性平台的两边用户会加速转移；对于对角一体化平台来说，在交叉网络外部性的正反馈作用下，对角一体化平台的两边用户数量会加速增加。因此，在交叉网络外部性和平台异质性的双重作用下，竞争性平台上的两边用户会加速转移到对角一体化平台上，从而使竞争性平台的用户规模不断减小，甚至减小到临界规模以下，形成对竞争性平台的市场圈定。其次，交叉网络外部性和平台异质性增强了对角兼并策略所形成的市场圈定效应，加速了竞争性平台退出市场的进程。最后，用户数量增加所带来的利润能够弥补关键性投入品需求降低所造成的损失，因此长期内对角一体化平台的利润会不断增加，平台有激励实施对角兼并策略。

三、对角兼并与纵向兼并的反竞争效应差异

双边市场中纵向兼并与对角兼并结构形式的不同决定了二者反竞争效应的差异。在纵向兼并模式中，合并会存在消除双重加价的效率提升优势与市场圈定的反竞争效应。在对角兼并模式中，平台的生产决策未包含厂商提供的关键性投入品，此时对角兼并策略没有将二者的中间品交易内部化，所以对角兼并不具有消除双重加价的效率提升优势。并且对角一体化平台具有较强激励提高厂商所提供关键性投入品的价格。因此，双边市场中对角兼并行为不具有纵向一体化消除双重加价的效率提升优势，并且在交叉网络外部性的作用下会产生较强的反竞争效应。双边市场中纵向兼并

和对角兼并典型差异，如表 4 - 4 所示。

表 4 - 4　　　　　　　　双边市场中纵向兼并和对角兼并典型差异

项目	结构差异	反竞争效应差异
纵向兼并	兼并双方属于上下游关系，存在产品交易关系	具有消除双重加价的效率优势；也具有限制竞争的反竞争效应
对角兼并	被兼并方和兼并方的竞争对手属于上下游关系，兼并双方不存在产品交易关系	不但没有消除双重加价的效率优势，而且交叉网络外部性和平台异质性加剧了效率损失

资料来源：曲创、刘洪波：《交叉网络外部性、平台异质性与对角兼并的圈定效应》，载《产业经济研究》2018 年第 2 期，第 15 ~ 28 页。

四、本案中的对角兼并

Google、DoubleClick 并购案中，Google 销售的广告主要是 Google 搜索引擎的搜索广告和 AdSense 中的搜索广告和关联广告，并且 Google 自身提供广告服务技术。DoubleClick 主要为展示型广告提供广告服务技术，而展示型广告在 AdSense 中仅占 1%。因此，DoubleClick 与 Google 并不存在直接产品交易关系，该合并不属于纵向兼并。DoubleClick 的相关广告服务主要用户为自行销售广告的媒体和一些广告中间商，即 DoubleClick 是 Google 竞争对手的上游供应商。

对角兼并视角下 Google 并购 DoubleClick 对市场竞争的影响分析如下：DoubleClick 与 Google 的竞争对手属于上下游关系，DoubleClick 与 Google 不存在上下游关系，因此二者属于对角关系。一方面，兼并后 Google 与 DoubleClick 并未消除双重加价的效率损失，也未能降低二者的交易成本。并且在交叉网络外部性的作用下对角兼并具有较强反竞争效应。另一方面，兼并可能产生市场圈定效应。兼并影响的对象是搜索广告，合并后 Google 可以基于 DoubleClick 在广告服务市场的支配地位通过采取价格和非价格竞争策略使得广告商转移到 AdSense 平台上来。

表 4 - 5 和表 4 - 6 分别反映 Google 和其竞争对手 Yahoo! 与美国在线（AOL）在收购前后广告市场收益状况。可以看出，Google 在收购 DoubleClick 以后迎来了广告市场各细分收益飞速增长。然而 Yahoo! 在 2009 年以后广告收益由增长转为下跌，AOL 也一直保持下跌趋势。Google 与 DoubleClick 的对角兼并会提高竞争对手成本，减弱在线广告市场竞争，形成市场

圈定效应。

表 4-5　　　　　Google 广告收益分段线性拟合结果（增长幅度）　　　单位：%

年份	AdWords Revenue	AdSense Revenue	GoogleAd Revenue
2001～2007	165	98	264
2009～2016	672	124	795

注：以广告收益为被解释变量，时间为解释变量进行线性拟合。

资料来源：曲创、刘洪波：《交叉网络外部性、平台异质性与对角兼并的圈定效应》，载《产业经济研究》2018 年第 2 期，第 15～28 页。

表 4-6　　　　　　2004～2014 年 Yahoo! 与 AOL 全球市场的广告收益　　单位：亿美元

年份	广告收益	
	Yahoo!	AOL
2004	35.745	86.216
2005	52.577	82.021
2006	64.257	77.867
2007	69.693	51.807
2008	72.085	41.658
2009	64.603	32.458
2010	63.247	24.167
2011	49.842	22.021
2012	49.8657	21.917
2013	46.8038	23.199
2014	46.18	25.272

资料来源：曲创、刘洪波：《交叉网络外部性、平台异质性与对角兼并的圈定效应》，载《产业经济研究》2018 年第 2 期，第 15～28 页。

第四节　各方观点

由于对本案的关注起源于对数据隐私问题的担忧，虽然欧盟和美国都对该案的反竞争效应进行审查，但该合并基本没有什么争议地通过了审查。本部分对关于该案的法院观点和其他学者观点进行概述。

一、法院观点

法院分别从该合并对横向竞争和纵向竞争的影响进行了分析。

（一）对横向竞争的影响

1. 对现实竞争的影响

从 Google 与 DoubleClick 现有经营范围来看两者之间并不存在现实的横向竞争关系。DoubleClick 目前并不涉及广告位出售业务，所以二者在广告中间商市场上不存在竞争关系。由于 Google 的广告投放服务业务（广告技术服务）仅作为搭售品，不单独提供此项服务，因此在广告服务技术市场上二者也不存在现实的竞争关系。两者的合并不存在减弱其之间竞争关系的效应，但两个厂商分别可以利用对方在市场中的支配地位来减弱市场竞争。Google 的 AdSense 和 DoubleClick 的 DFA 和 DFP 是替代性产品，Google 可以通过提高 DoubleClick 所提供相关广告服务产品的价格使得广告主转移到 AdSense 平台上来，合并后 Google 可能通过对 DoubleClick 广告技术服务采取歧视性定价策略以减弱其在广告中间商市场上的竞争。其次，Google 提供的搭售广告技术服务如果与 DoubleClick 存在现实竞争关系，那么合并就会减弱广告技术服务市场上的竞争，然而通过对在线广告市场进行分析，欧盟委员会认为存在下列三点原因使得该项合并不会对现实市场竞争产生显著性影响。

第一，广告服务费用仅占整体广告费用的很小一部分，广告技术服务难以影响广告商以及媒体在广告中间商上的选择。

广告服务费仅占整个广告费用的很小一部分（2% ~ 5%），广告服务费用的提高并不会使得广告主转移广告投放渠道，即不会使得广告主由其他广告中间商转移到 AdSense 平台。Google 没有能力通过提高 DoubleClick 的产品价格，采取歧视定价，使得广告主转移到 AdSense 上来。

第二，DoubleClick 在第三方广告服务技术市场上面临激烈的竞争，第三方广告服务技术的其他提供者才是 DoubleClick 的主要竞争对手。

如表 4 – 7 所示，无论是面向广告主还是面向媒体，第三方广告服务技术市场都存在大量的竞争对手。且在第三方广告服务技术市场上的转移成本很低，经常存在广告主和媒体在各第三方广告服务技术公司间的转换。2006 ~ 2007 年，DoubleClick 丢失了 10% ~ 30% 的现有客户，而转移来 10%

的新客户。

表 4 − 7　　　　　　　　　　　　提供广告服务技术的厂商

针对广告主的	针对媒体的
DoubleClick（40% 市场份额）	DoubleClick（20% 市场份额）
Microsoft/aQuantive（40% 市场份额）	ADTECH/AOL（20% 市场份额）
ADTECH/AOL	Open AdStream/24/7 Real Media
BlueStreak/Aegis	Accipiter（Atlas/aQuantive/Microsoft 收购）
Mediaplex/ValueClick	Exponential
Openads	Openads
Newtention	Newtention
Adnologies	Adnologies
Adition	Adition
Smart AdServer/Axel Springer	Smart AdServer/Axel Springer
	Springer

资料来源：笔者根据相关资料整理所得。

　　第三，Google 的广告产品与包含 DoubleClick 服务的非搭售广告产品间不存在明显竞争关系。

　　Google 现在出售的广告主要包括直接出售的搜索广告和通过 AdSense 出售的搜索广告和关联广告（contextual ad）。而 DoubleClick 现在主要是为展示型广告（display ad）提供第三方广告服务。展示型广告仅占 Google 出售广告不到 1%。

2. 对广告中间商市场和广告技术服务市场潜在竞争的影响

　　欧盟委员会和美国联邦贸易委员会在潜在市场竞争的关注点来源于 Google 和 DoubleClick 都有进入对方市场的现实计划的事实：Google 正在开发第三方广告服务业务，DoubleClick 正在构建广告中间商业务。因此，DoubleClick 是广告中间商市场上潜在竞争者以及 Google 是广告服务技术市场上的潜在竞争者，两者合并后是否会减弱两个市场潜在竞争。

　　DoubleClick 是广告中间商市场上的潜在竞争者，这点考虑基于 DoubleClick 正在构建广告交易平台的事实，但不能证明 DoubleClick 进入广告中间商市场就能具备巨大竞争力，广告中间商市场中存在许多竞争者。基于这两点原因，执法机构认为该项合并不足以减弱广告中间商市场的潜在竞争。

第三方广告服务市场虽然市场集中度高，但是竞争激烈。DoubleClick 虽然有高市场份额，但不具有市场势力。第三方广告服务的价格和利润率逐年下降，很大程度上是由于激烈的市场竞争。显然，FTC 认为市场份额无法对等于市场势力，有关市场势力的判断还需要结合其他市场状况。因此，Google 虽然由于正准备开发展示型广告服务技术，成为广告服务技术市场上的潜在竞争者，但是没有证据可以证明 Google 能成为广告服务技术市场的有力竞争者；而且广告服务技术市场上已经存在足够多的竞争者，没有证据表明 Google 正在开发的第三方广告服务技术具有市场优势，能够具有很强市场竞争力。

综上，Google 与 DoubleClick 之间不存在明显的横向竞争，二者合并不存在消除二者间的实际竞争。

（二）对纵向竞争的影响

就该项合并对纵向竞争的影响，主要关注点在于合并后合并方可能基于 DoubleClick 在广告服务市场的领导地位所产生的市场圈定效应；基于 Google 在搜索广告市场和广告中间商市场地位所产生的市场圈定效应；基于 Google 与 DoubleClick 在消费者网上行为数据融合所产生的市场圈定效应。

合并方是否可以利用某一方在一个市场上的支配地位而采取某些策略达到市场圈定效果。判断的标准在于：首先，合并方是否有能力基于某一方的市场支配地位而采取市场圈定策略。其次，合并方是否有动机采取这一策略，主要在于分析该项策略是否符合其经济利益最大化。最后，合并方如果采取市场圈定策略对市场竞争的影响程度如何。

1. 合并后基于 DoubleClick 在广告服务市场的领导地位所可能产生的市场圈定效应

关注点在于合并后 Google 可以基于 DoubleClick 在广告服务市场的支配地位通过采取价格和非价格竞争策略使得 DoubleClick 的用户转移到 AdSense 平台上来。第一，Google 可能会采取歧视性定价策略，表现为对使用 AdSense 的竞争对手的广告主和媒体，提高 DoubleClick 相关服务价格；或对不太可能转移到其他广告服务商的客户采取歧视性定价。第二，Google 可能会对使用 AdSense 的竞争对手的广告主和媒体降低 DoubleClick 相关服务质量。第三，搭售 DoubleClick 广告服务与 Google 的广告中介服务。第四，非中立地优先投放 AdSense 广告。

在线广告市场具有双边市场特征，具有明显的网络效应和规模效应。

广告投放需要广告服务的支持，第三方广告技术服务在间接广告销售市场中扮演重要角色，具有高度的直接和间接网络效应。另外，数据是广告投放的重要基础元素，数据具有竞争效应。合并后合并方可能具有充分的规模，从而发挥网络效应所具有的市场圈定效应，合并双方大量用户数据积累的融合阻碍市场上的潜在进入者。这一市场圈定效应的前提是，于媒体而言如果转换成本较高，市场上没有充分的替代品，那么合并方可能会采取上述歧视性定价，降低产品质量，搭售以及排他策略；动机在于使得 DoubleClick 的客户没有替代性选择而转移到 AdSense 平台。

DoubleClick 虽然在广告技术服务市场上具有较高的市场占有率，却面临充分的市场竞争。实际上，在媒体端市场上 DoubleClick 面临包括归属于 WWP 的 24/7OpenAdstream，归属于 AOL 的 ADTECH，归属于 Microsoft 的 aQuantive/Atlas 以及众多较小服务商（包括 Smart AdServer/Axel Springer，Openads 等）的竞争；在广告商方面，面临包括 aQuantive，ADTECH 和几个较小的竞争对手（包括 Mediaplex/ValueClick，BlueStreak/Aegis 等）。而且，广告商和媒体自建广告服务体系对 DoubleClick 构成额外的竞争约束。即 DoubleClick 在广告技术服务市场上不具备充分的市场势力。

市场调查发现广告技术服务市场转换成本在用户之间具有差异，部分包括从未转换广告技术服务商的用户表明转换成本较高，而对于部分用户而言较低。实际情况来看，广告技术服务商和媒体之间签订合同的期限较短，且频繁重新签订，这其中包括较大的媒体。根据统计，广告技术服务合同一般存续期在 3 年左右，DoubleClick 的相关合同大部分有效期不超过两年，价格会显著促使广告商和媒体更换广告技术服务商。整体上没有明确证据表明在线广告技术服务市场转换成本高。

2. 基于 Google 在搜索广告市场和广告中间商市场地位的市场圈定策略

合并后 Google 在搜索广告和广告中间商市场上可能采取搭售策略，即要求广告商或者媒体在投放搜索广告或使用 Google 的中间商服务时至少需要购买一定的 DoubleClick 的广告技术服务。判断合并方是否有能力排除其他竞争者，关键在于并购方是否具有足够的市场势力，而评价捆绑搭售的潜在影响需要考虑商品是否具有足够的替代商品。

Google 认为在整个在线广告市场上其并不具有足够的市场势力排除广告技术服务市场上的竞争者。同时，即使仅仅把搜索广告市场作为相关市场，Google 也不具备市场势力。因为搜索引擎市场变动较快，一次技术革新可能变更具有市场主导地位的厂商，用户在各搜索引擎之间的转换成本几乎为零，且大多数用户都是多归属的。在地区性的市场上，Google 面临一些地区性的搜索引擎竞争，垂直搜索引擎同样对其构成竞争关系。

欧盟委员会认为上述理由并不足以排除其具有足够的市场势力。Google 在搜索广告市场上所占份额在 50%～80% 之间，在广告中间商市场上也具有市场主导地位。Google 的搜索广告具有很高的投放效率，对于较多广告商而言，其他搜索广告难以成为 Google 所提供的搜索广告的替代品。

如果仅仅考虑非搜索广告中间商业务，那么 Google 不具备充分的市场势力。尽管在这一市场上 Google 拥有至少 40% 的市场份额，然而其面对众多竞争者，包括 TradeDoubler、Zanox、AdLink、Interactive Media 等，Microsoft、Yahoo! 等也是该市场上的有力竞争者。同时直接销售也是限制 Google 在非搜索广告市场上市场势力的重要因素。在非搜索广告市场上 Google 并不具备足够的市场势力以通过搭售 DoubleClick 广告技术服务达到市场圈定的作用。

同时欧盟委员会认为兼并方没有动机采取搭售策略。如果兼并方采取搭售策略，兼并方可能面临一部分使用 Google 的搜索广告或广告中间商服务的用户（该部分用户可能并不需要展示型广告或者使用其他展示广告技术服务）的损失，而广告服务技术的利润率很低，远远低于广告销售和广告中间商服务的利润率，所以搭售对兼并方是不利的，其没有动机采取搭售策略。

即使合并方采取搭售策略也无法排除包括 Microsoft、Yahoo! 和 AOL 等在广告服务搜索广告服务上强有力地竞争，这会限制合并方采取搭售策略形成市场圈定效应。

3. 基于 Google 与 DoubleClick 有关消费者网上行为数据融合所可能产生的市场圈定策略

Google 与 DoubleClick 用户数据的融合可以赋予其相对于竞争对手 Microsoft 和 Yahoo! 无法匹配的竞争优势，基于 Google 搜索引擎所获得的消费者既往搜索关键词、浏览页面等数据，广告投放可以更为精准，从而使得 Google 最终有能力提高其在中间商上的服务价格。这种结合是否会使得 Google 竞争对手无法企及？事实上，Microsoft 和 Yahoo! 现在已经把消费者搜索数据和消费者网上浏览数据结合，即使 Google 融合了 DoubleClick 的消费者网上浏览数据，其他竞争对手也同样具有类似优势。同时，有很多第三方数据机构提供消费者网上浏览数据（例如：comScore），而且其数据量和数据结构都更优，其他竞争者可以从第三方数据机构购买数据以进行竞争。

　　此外，由于消费者隐私保护问题在美国社会中引起热议，在审理报告中 FTC 首先表明了对反垄断法干涉消费者隐私保护的态度。FTC 表明对于此并购案 FTC 调查的关注点仅在于并购是否会减弱相关市场上的竞争。关于消费者隐私问题，FTC 认为反垄断的唯一目的是维护竞争，FTC 没有法律授权介入消费者隐私问题。单独规制一家公司涉及的消费者隐私问题本身会妨碍竞争。

二、学者观点

　　学者对该案的分析和研究聚焦在两点：一是对该合并案是否存在反竞争效应的争论；二是对数据隐私保护问题的关注。

　　对于该案是否存在反竞争效应的争论中，巴耶等（Baye et al.，2008）认为该案不具有反竞争效应。一是没有证据表明合并会消除双方在任何相关市场中的实际直接竞争，从而使合并后的实体能够单方面或通过与竞争对手协调来提高价格。二是证据也无法支持合并会消除当事方之间的潜在竞争。三是合并没有通过禁止竞争对手获取关键竞争资产来减少竞争。在高度竞争的市场中，竞争对手为赢得客户和市场份额一直在不断创新，在理论或事实上似乎都无须引起重大的反托拉斯关注。

　　但更多的学者认为该案具有反竞争效应。

　　由于该合并涉及双边市场，评估单边市场之间合并的传统方法可能会得出错误的结论。偏离取决于所使用的分析技术，传统的需求估计趋向于收窄市场的边界，并夸大了竞争效果，而基于勒纳指数的校准方法则过于宽泛地界定了市场并低估了竞争效果。偏差的方向也可能随平台的不对称程度以及受价格上涨影响的特定产品集而变化。当合并涉及双边市场时，正确的分析必须考虑到双方之间的间接网络效应以及对双方价格和产出的后续影响（Evans and Noel，2007）。本案中 Google 与 DoubleClick 的并购减少了两个市场的整体竞争，搜索广告行业和广告服务行业都可能面临严重的竞争问题。市场领导者 Google 充分利用了双边市场固有的网络效应，使自己牢牢地占据了首位。Google 收购了提供广告服务和辅助产品的大型公司，从而进一步巩固了自己的地位。这一系列收购不仅增强了网络效应，使 Google 保持了主导地位，还使 Google 能够控制市场创新的方向。搜索广告行业是一个创新尤其重要的行业，市场竞争往往表现为创新产品的完全替代而不是价格竞争，而获得潜在替代技术的优势企业可以控制未来的创新，摆脱了继续创新以保持竞争优势的负担（Hahn and Singer，2008）；在广告服务市场，相对于独立的 DoubleClick 产品，合并的 Google-DoubleClick 可能会更有动力提高 DoubleClick 广告客户工具的价格（Devine，2008）。

除了上述针对该案的理论分析外，瓦尤宁提亚斯（Wahyuningtyas，2017）直接针对欧盟委员会对该案的判决过程和依据进行深入分析，提出了不同的观点。在 Google-DoubleClick 案中欧盟委员会认为 Google 在与 DoubleClick 不同的市场中运营，Google 是互联网搜索引擎，在自己的网站和网络上提供在线广告空间，而 DoubleClick 则经营广告业务，在全球范围内提供广告服务，这是欧盟委员会决定批准合并的关键因素。但是，欧盟委员会没有考虑到的是，合并将消除搜索广告（Google）和展示广告（DoubleClick）之间的界限，进而有助于 Google 在新市场中占据主导地位。作者指出可以通过利用市场支配力的概念来处理该案例，即一个市场中具有市场支配地位的企业从事反竞争行为，以将其市场支配力扩展到另一个市场或保护其在市场中的市场支配地位，这种做法可能会滥用市场支配地位。

曲创和刘洪波（2018）对该案进行了深入分析，提出该案并不是传统的纵向合并，而是对角兼并的理论。对角兼并是一种有别于纵向兼并的特殊兼并模式，虽然形式上类似于纵向兼并，但在双边市场中二者的反竞争效应有很大差异。作者考察了在平台异质性和交叉网络外部性的双重作用下，平台对角兼并行为的市场圈定效应，并对 Google 与 DoubleClick 并购案进行剖析。平台异质性程度增强会加强对角兼并对关键性投入品价格上升的作用，交叉网络外部性则会进一步加剧对角兼并对竞争性平台利润的侵蚀，最终形成市场圈定效应。研究结果为针对平台对角兼并行为的反垄断审查提供理论依据。

此外，学者以该案为案例对数据隐私保护问题进行了探讨，观点较为一致，普遍认为具有数据要素的企业合并审查要考虑将数据隐私/保护问题纳入其中（Edwards，2008）。隐私是一个反托拉斯问题，因此应在 FTC 的合并审查过程中考虑隐私对竞争和消费者福利的影响。数据可以巩固 Google 的进入壁垒，挤压创新和减少市场选择（Lee，2020）。进一步地，将隐私包含在反托拉斯分析中需要注意三个主要问题。一是企业投资于收集和分析数据以改善商品并增强卖方和具有不同偏好的消费者之间的匹配，企业可以以低成本提供低质量的商品。二是限制公司收集和分析消费者数据能力的反托拉斯规则可能会引发某种形式的《第一修正案》审查。三是允许反托拉斯执法者考虑隐私会给反托拉斯执法决策注入主观性，这很可能会导致寻租，并阻碍有益的数据收集工作（Cooper，2013）。

第五节　本案的启示

平台的生态化发展，使对角兼并开始出现甚至可能越来越多，对对角兼并的监管应结合双边市场理论，谨慎对待。对角兼并是一种有别于纵向兼并的特殊兼并模式，虽然形式上类似于纵向兼并，但在双边市场中二者的反竞争效应有很大差异。第一，在反垄断执法过程中执法机构需要谨慎辨别平台的兼并行为是纵向兼并还是对角兼并。如果平台的兼并行为属于对角兼并，执法机构却按照纵向兼并的反垄断框架进行分析，则会低估兼并对竞争对手所形成的圈定效应，以及对限制竞争和降低创新激励的影响，从而有可能得出与反垄断法主旨相悖的判决。第二，反垄断执法机构应重视交叉网络外部性与平台异质性在对角兼并策略中对市场圈定效应的强化作用。第三，反垄断执法机构在处理双边市场中的对角兼并行为时需要充分考虑到双边市场的特殊性与平台异质性因素，运用合理推定和审慎谦抑的执法原则，谨慎界定兼并双方是否具有市场支配地位。第四，中国需要加快制定有效的非横向合并规章制度，明晰纵向兼并和对角兼并的关系与反竞争效应，从而为反垄断执法机构提供清晰的执法规则和执法程序。

主要参考文献

［1］梁彦红、王延川：《数字市场背景下的算法合谋》，载《当代经济管理》2020 年第 9 期。

［2］曲创、刘洪波：《交叉网络外部性、平台异质性与对角兼并的圈定效应》，载《产业经济研究》2018 年第 2 期。

［3］唐要家、尹钰锋：《算法合谋的反垄断规制及工具创新研究》，载《产经评论》2020 年第 2 期。

［4］Aghion，P. and Tirole，J.，1997：Formal and Real Authority in Organizations，*Journal of Political Economy*，Vol. 105，No. 1.

［5］Baye，M. R.，Barenstein，M. and Holt，D. J.，2008：Economics at the FTC：The Google-Doubleclick merger，resale price maintenance，mortgage disclosures, and credit scoring in auto insurance, *Review of industrial Organization*, Vol. 33, No. 3.

[6] Colangelo, G. and Maggiolino, M., 2017: Data protection in attention markets: protecting privacy through competition?, *Journal of European Competition Law & Practice*, Vol. 8, No. 6.

[7] Cooper, J., 2013: Privacy and Antitrust: Underpants Gnomes, the First Amendment and Subjectivity, *George Mason Law Review*, No. 20.

[8] Devine, K. L., 2008: Preserving competition in multi-sided innovative markets: how do you solve a problem like Google, *NCJL & Tech*, No. 10.

[9] Edwards, E., 2008: Stepping up to the plate: The Google-Doubleclick merger and the role of the Federal Trade Commission in protecting online data privacy, *SSRN*.

[10] Evans, D. S. and Noel, M. D., 2007: Defining Markets that Involve Multi-Sided Platform Businesses: An Empirical Framework with an Application to Google's Purchase of DoubleClick, *SSRN*.

[11] Hahn, R. W. and Singer, H. J., 2008: *An Antitrust Analysis of Google's Proposed Acquisition of DoubleClick*, AEI-Brookings Joint Center Related Publication.

[12] Lee, J., 2020: The Google-DoubleClick Merger: Lessons From the Federal Trade Commission's Limitations on Protecting Privacy, *Communication Law and Policy*, Vol. 25, No. 1.

[13] Schedwin, J., 2008: Behavioral Targeting: Issues Involving the Microsoft-aQuantive and Google-DoubleClick Mergers, and the Current Proposed Solutions to Those Issues, *ISJLP*, No. 4.

[14] Wahyuningtyas, S. Y., 2017: Abuse of Dominance in Non-Negotiable Privacy Policy in the Digital Market, *European Business Organization Law Review*, Vol. 18, No. 4.

第五章　搭售、潜在替代品进入阻止及排他性支付：Google Android 垄断案[*]

专业概念： 排他性支付

排他性支付： 指一家占主导地位的企业支付款项，以阻止其客户销售竞争对手的产品。谷歌安卓（Google Android）案中，Google 通过给予收入分成的方式要求制造商独家预装 Google 搜索应用以换取经济奖励。可以认为，Google 向原始设备制造商（Original Equipment Manufacturer）和移动网络运营商（Mobile Network Operators）提供财务激励来获取独家预装机会构成了排他性支付。

第一节　案件概述

2018 年 7 月 18 日，欧盟委员会对 Google 处以约 43.3 亿欧元（约合 50 亿美元）的罚款，这意味着欧盟委员会对 Google 的处罚已经从一年前的通用搜索服务市场全面升级到移动搜索市场，这笔罚金也创出全球反垄断罚金的新纪录。随后 Google 声明将对欧盟委员会的处罚提起上诉。本案件发展时间线如图 5-1 所示。

一、FairSearch 发起投诉

2013 年 4 月 9 日，反 Google 联盟（FairSearch）组织提起 Goodle Android 的反垄断投诉，控诉 Google 以不公平的方式向移动设备公司提供 Android 操作系统，要求后者必须将 Google 的软件如 YouTube 和 Google 地图（Google Maps）安装在其移动通信设备中，并在使用界面中突出显示上述软件。该组织表示，Google 凭借 Android 手机操作系统垄断移动通信设备市场，并控制消费者数据，欧盟委员会应该调查 Google 在移动市场中的"阻碍竞争的欺骗行为"。

---

[*] 笔者根据谷歌安卓垄断案（Case AT. 40099，Commission v. Google Android，2018）相关内容整理所得。

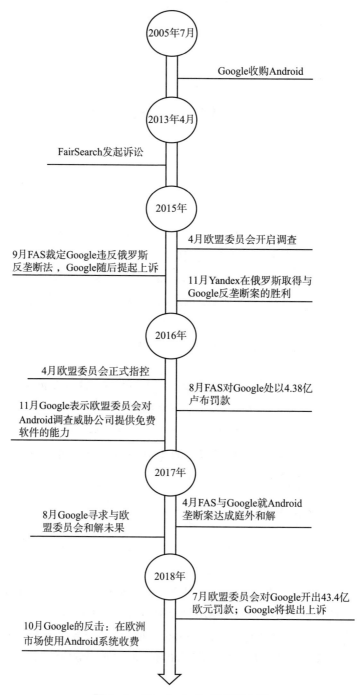

图 5-1 Google Android 案时间线

二、欧盟委员会开启调查

2015 年 4 月 15 日，欧盟委员会开始针对谷歌是否存在不公平竞争行为展开调查。欧盟委员会的 Google 搜索反垄断案升级，新任欧盟委员会竞争专员玛格丽特·维斯塔格（Margrethe Vestager）启动了针对 Android 操作系统的新调查。根据市场调研公司 StatCounter 的数据，2015 年 Android 系统在欧洲手机市场的份额为 64%，到 2020 年已增长至 71%。

三、欧盟委员会正式指控

2016 年 4 月 20 日，欧盟委员会就安卓操作系统和应用程序向 Google 发送异议声明。欧盟委员会扩大了针对 Android 调查的范围，谴责 Google 签订霸王合同，禁止 Android 手机和平板电脑厂商预装竞争对手的应用和浏览器。欧盟委员会称，Google 还向设备厂商和电信公司付费，要求它们只在设备中预装其搜索应用。

四、俄罗斯市场的相关诉讼

2015 年 9 月，俄罗斯联邦反垄断局（Federal Antimonopoly Service, FAS）裁定 Google 在移动设备上预装搜索等应用的做法违反了相关法律，但 Google 随后提起上诉。2016 年 3 月，俄罗斯仲裁法院驳回了谷歌的上诉。2016 年 8 月，FAS 决定对 Google 处以 4.38 亿卢布的罚款。2017 年 4 月 17 日，FAS 宣布已与 Google 就 Android 垄断案达成庭外和解，Google 将支付 4.39 亿卢布（约 780 美元）的罚款[①]。

根据该和解协议，Google 同意设备厂商预装任意第三方搜索引擎和应用，此外在俄罗斯市场，Google 不再要求厂商在 Android 设备上安装 Google 独家应用，不再限制厂商预装任何一款竞争性搜索引擎和应用。这起诉讼的原告方是俄罗斯搜索引擎 Yandex，这一和解为 Yandex 预装在 Android 设备上奠定了基础。

---

① 《支付 780 万美元罚款：谷歌与俄罗斯就安卓垄断案达成庭外和解》，新浪科技讯，https：//m. ithome. com/html/304805. htm。

五、Google 寻求和解

为了寻求和解，Google 曾在 2017 年 8 月向欧盟委员会致信提出对其与 Android 设备厂商的协议和应用分发方式作出改动，但欧盟委员会认为谷歌的提议没有说服力，Google 甚至连洽谈支付罚款的机会都没有。

六、反垄断审查结果

2018 年 7 月 18 日，欧盟委员会因 Google 涉及 Android 移动设备的非法行为而对 Google 开出 43.4 亿欧元罚款。Google 需要在 90 天内进行整改，否则还会收到罚单。Google 发言人表示公司将提出上诉。

七、谷歌宣布安卓系统收费

2018 年 10 月 20 日，Google 正式宣布将在欧洲市场向使用 Android 系统的智能手机、平板电脑等设备征收专利授权费，这意味着安卓系统的免费时代即将结束。同时宣称，从 2019 年 2 月 1 日起，Google 全新的收费标准将正式开始执行，该收费标准要求硬件厂商对每台使用 Android 系统的硬件设备上缴最多 40 美元的授权费。目前来看，Google 所采取的收费策略是对欧盟委员会反垄断调查结果的反应，对其他市场影响较小。

第二节　本案相关市场

本案涉及搜索引擎市场和移动操作系统市场两个相关市场，下面分别对这两个市场以及两个市场的内在关系进行讨论。

一、搜索引擎市场

通用搜索引擎是大量的信息整合导航，将所有网站上的信息整理在一个平台上供网民极快地查询，Google、百度、Yahoo! 等都是大家熟知的通用搜索引擎。目前为止，全球拥有搜索引擎技术的国家仅有中国、美国、俄罗斯、韩国四个国家。造成这一现状的原因有以下两点：第一，技术门槛，搜索引擎是高技术门槛的产业，它要处理高并发、海量数据、对系统的实时性和稳定性要求都极高；第二，一个国家想要拥有自己的商用搜索引擎，其市场也须足够成熟，有一些国家可能拥有非常大的人口基数，但由于经济发展没有达到互联网阶段，也很难拥有自己的商用搜索引擎。

Google 搜索在通用搜索市场中占有极高的市场份额，作为 Google 最重要也是最普及的一项功能，Google 搜索是多个国家使用率最高的互联网搜索引擎。2022 年 3 月全球搜索引擎市场占有率排行榜，如图 5－2 所示。

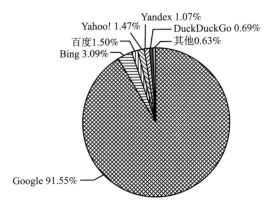

图 5－2　2022 年 3 月全球搜索引擎市场占有率排行榜

资料来源：《2022 年 3 月搜索引擎市场份额排行榜出炉！》，搜狐网，https：//www.sohu.com/a/552891171_99946448。

随着互联网的发展，网上搜索行为呈现从桌面端向移动端快速转移的趋势。移动搜索行为是指在移动终端进行互联网搜索，从而实现高速、准确地获取信息资源。目前，移动搜索主要应用在浏览器、搜索引擎和一般功能性搜索。据美国科技媒体 TechCrunch 的数据，2018 年 12 月 Google 在所有搜索结果中，超过一半的网页使用移动优先索引（mobile-first indexing）[①]，这意味着 Google 搜索结果更偏重移动端网站，而不是桌面端网站。当然，这一现象的产生，更多是依赖于移动设备上网的便捷性，恰如其分地填充了用户的碎片化时间。尤其是在新闻、本地搜索、小说、网址、问答、视

————————

① 《Google：超过一半搜索结果已转向移动优先索引》，搜狐网，https：//www.sohu.com/a/283109682_114837。

频音乐、应用下载、图片、购物信息等方面，搜索流量正在从 PC 端向移动端转移。

根据商业数据公司 Merile 在其 2018 年第三季度的数字营销报告中所公布的数据，2018 年第三季度美国自然搜索访问量，Google 占据 92% 份额，移动端则高达 95%。Chrome 浏览器为 Google 公司的浏览器产品，其自带的搜索入口，应用 Google 搜索引擎。而在移动端，Google 仍然占据最高的市场份额，如图 5 - 3 所示。

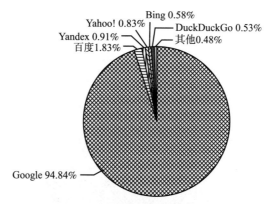

图 5 - 3　2022 年 3 月份全球搜索引擎的移动端市场份额

资料来源：《2022 年 3 月份全球搜索引擎和国内搜索引擎市场份额占比》，搜狐网，https：//www. sohu. com/a/534457076_527434。

二、移动操作系统市场

目前应用在手机上的操作系统主要有 Android（谷歌）、iOS（苹果）、Windows Phone（微软）、Symbian（诺基亚）、BlackBerry OS（黑莓）、webOS、Windows Mobile（微软）等。按照源代码、内核和应用环境等的开放程度划分，智能手机操作系统可分为开放型平台（基于 Linux 内核）和封闭型平台（基于 UNIX 和 Windows 内核）两大类。

2003 年 10 月，安迪·鲁宾（Andy Rubin）、里奇·米纳（Rich Miner）、礼祺·西尔斯（Nici Sears）和克里斯·怀特（Chris White）在加州帕罗奥图创建了 Android 系统。他们早期开发方向是创建一个数码相机的先进操作系统，但是后来发现市场需求不够大，加上智能手机市场快速成长，于是 Android 成为一款面向智能手机的操作系统，于 2005 年 7 月 11 日被 Google

收购。2010 年 Android 占全球智能手机市场的 10%，首次超越了 Windows Mobile①，与此同时 Android 占有美国智能手机市场 28% 的份额，超越了 iOS②。2017 年 4 月，Android 超越 Microsoft Windows③，成为最受欢迎的互联网使用操作系统。

市场上还有一类基于 Android 源代码改造的操作系统被称为"安卓分叉（Android Foris）"。Android 是一个开源的移动终端操作系统，所谓开源，就是核心源代码公开。任何人都可以在 Google 公布的源代码基础上根据自己的需求进行修改定制，经其他公司修改后非原版的，或者说变种的 Android 系统即为"Android Foris"。

Android Foris 对于各手机厂商自己的系统定制化具有重要的意义，手机厂商可以针对 Android 的源代码修改定制特质化系统，在保留 Android 系统底层的同时开发自己的各种功能。比如小米的 MIUI 操作系统，魅族的 FlymeOS 系列操作系统等。Android 的开源的特征使得各手机厂商可以定制操作系统以突出产品的差异化。例如：三星的曲面屏技术需要特别的操作系统支持，如果原生的操作系统不支持，那么曲面屏技术无法应用。Android Foris 的存在意味着手机厂商可以根据其目标用户特征定制系统提高用户对其忠诚度，增强自身差异化竞争的能力。

三、搜索引擎市场与移动操作系统的关系

要明白搜索引擎市场与移动操作系统的关系，需要首先了解本案涉及的一个重要的相关产品——浏览器。

浏览器是安装在电脑或者手机中用来查看网页（网站）的工具软件；搜索引擎是用来搜索内容的网站，因为搜索引擎是以网站的形式来提供服务，如百度、Google。搜索引擎是搜索技术，浏览器则有很多其他新闻端视频端功能，而浏览器此部分功能的扩展资源搜索、检索基于搜索引擎技术，因此搜索引擎可以单独存在，但浏览器必须依附搜索引擎存在。搜索引擎固然很重要，但用户可以根据自己的偏好、技术限制等情况使用其他搜索

---

① 《Q1 智能手机系统份额：Android 首超 Windows》，爱科技，http：//m. imobile. com. en/ news. article – a – view_news – id – 78975. html。

② Android Overtaies iPhone Mariet Share in the US-Tug Agency. www. tugagency. com. ［2017 – 8 – 17］.

③ Russell，Jon. Report：Android overtaies Windows as the internet's most used operating system. TechCrunch. ［2017 – 4 – 3］.

引擎，而浏览器 App 必须下载然后在手机上安装，如苹果手机（iPhone）用户使用 App Store，而 Android 手机用户使用 Google Play Store，它的特点在于只能使用自己的浏览器打开相应的搜索引擎。而在 Android 操作系统下，预装的 Chrome 浏览器，正是用户打开 Google 搜索的通道。

Chrome 浏览器是 Google 以 WebKit 引擎开发的一款开源的网页浏览器，稳定版本在 2008 年 12 月 11 日推出。据 StataCounter 统计，2011 年 Chrome 在英国的市场份额达到 22.12%，而 Firefox 仅占 21.65%，这是 Chrome 首次在地区的统计中超越 Firefox①。2012 年 Chrome 在全球范围内占有率达到 33%，超越 IE 位居首位②，2022 年 7 月 Chrome 在全球范围内占有率已达到 65.12%，稳居榜首地位③。

在移动端，浏览器是大多数用户在线搜索渠道的首选。用户在手机或平板进行信息搜索时，更倾向于选择少步骤、少费时、少转跳的搜索途径。搜索 App 是移动设备搜索需求的一种重要入口，Google 搜索是 Chrome 浏览器上默认的搜索引擎，预装浏览器即意味着预装默认的搜索引擎。艾媒咨询数据显示，59.6% 的受访用户在移动端进行信息搜索时最偏好使用的是手机内置浏览器，偏好使用移动搜索应用进行搜索的用户占比则达到 28.2%④。

无论是在 iPhone 手机还是在 Mac 笔记本电脑上，iOS 自带的浏览器 Safari 上使用的默认搜索引擎都是 Google，Google 为此每年要付出高昂的费用。2018 年 Google 为成为苹果设备默认的搜索引擎而支付了接近 95 亿美元的天价，超过了 2017 年的 3 倍有余。对于 Apple 而言，95 亿美元意味着 20% 的服务业务收入⑤。对于 Google 来说这个费用还是很值得的，虽然看上去 Google 给 Apple 公司支付了惊人费用，但是如果占有了 iOS 的默认搜索引擎，就相当于占领了手机的搜索引擎市场，而且又由于 Google 在搜索方面有着良好的专业性和口碑，很多用户也就不会更改手机的默认搜索设置。

可见，移动操作系统和搜索引擎市场，并不是完全不相关的两个市场，而是具有紧密的关系，比如本案中，Google 要求使用 Android 操作系统的手机制造商预装 Google 搜索应用和 Chrome 浏览器，目的在于 Google 确保其移

---

① Chrome 超越 Firefox 成为英国第二流行的浏览器．[2011 - 12 - 14]。

② Top 5 Browsers，From Weei 20 2011 to Weei 20 2012。

③ statcounter，网站 https：//gs. statcounter. com/。

④ 《艾媒报告 | 2018 - 2019 中国移动搜索市场监测报告》，艾媒网，https：//www. iimedia. cn/c400/63519. html。

⑤ 《管理层巨震 苹果 iPhone 失宠》，搜狐网，https：//www. sohu. com/a/295813127_161623。

动浏览器在欧洲的所有 Android 设备中都被预装，保障其在移动搜索市场中的支配地位。

第三节　搭售的竞争效应

一、搭售的竞争效应分析

搭售（tying）要求买方在购买一种主产品和服务的同时购买另一种从属产品或者服务，其中前一种主产品和服务称为搭售品（tying product），后一种从属产品和服务称为被搭售品（tied product）。值得注意的是，根据美国《克莱顿法》和欧盟委员会反垄断条约中对搭售的描述，搭售的概念应从消费者的角度看，只要两种产品集合一起被消费者接受，无论消费者是否为此付费都应当看作厂商针对消费者的搭售行为。

关于搭售是否排除竞争涉嫌垄断的问题，依照 1890 年《谢尔曼法》、1914 年《克莱顿法案》以及 20 世纪 80 年代芝加哥学派兴起的三个时间点，经历了"自然合法""本身违法""合理推定原则"三个阶段（王健，2003）。其中影响比较大的是哈佛学派的搭售"杠杆理论"，该理论认为搭售是垄断厂商的垄断势力进行"杠杆化"的表现，即厂商通过产品搭售将其势力向其他市场延伸，在增加自身垄断利润的同时，限制了产品销售和市场中的竞争，因此应该适用"本身违法"原则。"合理推定原则"是受后芝加哥学派的影响，承认搭售可能带来的经济效益，对搭售是否违法采用合理原则作为判断依据。搭售至少要包括以下几点才被推定为违法：实行搭售的厂商在搭售产品市场具有市场支配地位、对于被搭售产品市场威胁重大且该厂商将获得该市场的势力、搭售品和被搭售品应是独立可区分的、反竞争效果大于经济效率贡献。

企业的搭售行为一方面可能使企业更快达到规模经济、范围经济，提升经济效率，比如当搭售品与被搭售品为互补产品，搭售可以节约销售、运输等各项运营成本以及固定生产成本，达到降低价格、提高效率继而扩大规模的作用，而互补产品的产品多样性也利于企业获得范围经济。另一方面，企业的搭售行为具有一定的反竞争效应。企业如果在搭售品市场具有市场势力，而被搭售品市场是竞争性的，企业将产品进行捆绑销售可以将搭售品市场的市场势力延伸到被搭售品市场，为被搭售品在市场竞争中获取优势、进行市场锁定继而获得规模甚至形成市场势力，达到排除竞争的效果。更进一步的，搭配出售的产品相较单一产品可能具有更高的进入壁垒，因为这使得想要进入搭售品或被搭售品市场单一市场的潜在进入者的进入更加困难，而像在位厂商一样同时进入两个市场对于新进入企业来说资金壁垒也被推高，在位企业的垄断势力得以维持。

二、互联网平台搭售行为的反竞争效应分析

随着互联网平台的生态化发展，搭售行为较之传统市场也层出不穷，甚至成为互联网平台经营中最普遍的现象之一。比如 Google、阿里巴巴、腾讯等互联网平台，其业务已经涉足多个市场领域，产品间或显性或隐性的存在捆绑销售。由于互联网平台双边市场的多组别用户、交叉网络外部性、价格结构非中性等特征，传统厂商情形下的经验不再完全适用于互联网平台搭售行为以及经济效应、反竞争效应的分析。

互联网平台的多组用户在直接网络效应和交叉网络效应的影响下，容易形成组内和组间用户规模的"滚雪球效应"，最终形成一家独大，赢者通吃的局面，这使得用户规模成为平台竞争中的最关键资源。双边市场中厂商的搭售策略能够在较短的时间内为平台复制一定的用户，采取了搭售策略的平台与竞争对手平台间的转换成本相比相对较低，能够降低用户的搜寻成本并提供多样化的选择，使厂商更好地应对平台经济发展的快速和不确定性。搭售能够实现圈定用户、限制竞争的关键在于限制用户的选择，在平台经济中该能力在交叉网络外部性的作用下被进一步增强。由于两边用户的交叉网络外部性大小存在差异，双边市场的价格结构是非中立的，平台厂商在面对其中一边用户时往往仅有较小的价格竞争空间，其经营和竞争策略也势必与传统市场存在差异。平台厂商若是能够在一边迅速积累部分用户规模，将不必在前期耗费过多的资本去拓展用户基础。从平台经济用户主导的角度出发，平台搭售为获得用户基础提供了一种路径。而互联网平台搭售行为的直接目的正是"复制"用户，通过将搭售品市场的用户复制到被搭售品市场，帮助被搭售品市场的用户规模扩张、使被搭售品在其市场竞争中处于有利地位，限制被搭售品市场的竞争。

搭售品市场为竞争市场的环境下，首先，如果被搭售品是高质量产品，给消费者带来的是正效用，那么使用互联网平台的一种服务产品的同时，

直接获得另一种产品和服务，对于用户而言具有降低搜寻成本、提高效用的作用。此时搭售的用户复制效应得到很好的发挥，企业的用户优势得以持续。其次，如果被搭售品质量低下，通过同时售卖被搭售品，给消费者带来效用损失，虽然短期内为被搭售品引流了用户，扩大了销量，但由于竞争平台的存在，用户最终会流失，而转移到提供高质量产品和服务的平台，不仅影响被搭售品市场，搭售品市场的用户优势也会流失。可见，在竞争环境下，产品服务质量对搭售的这一基于用户复制造成的反竞争效应具有调节作用，如果被搭售品质量较高，这一用户复制后的用户优势可以得以持续，反之，如果被搭售品质量低下，短期的用户优势并不会得以持续。

搭售品市场为垄断市场时，基于用户对搭售品的消费仅能来自该家企业，该家企业相对买方具有极高的卖方势力。在捆绑销售被搭售品的情况下，买家只能为了购买搭售品而不得不同时为被搭售品买单，不管被搭售品质量如何。此时，如果被搭售品为高质量产品服务，在搭售品市场用户引流作用下，被搭售品会极快地获得用户优势，并进行用户锁定，企业最终在被搭售品市场再次形成市场势力；如果被搭售品为低质量产品，买家会在重新购买被搭售品市场上其他竞争性产品的成本支出和使用高质量产品与低质量产品的效用差别两者之间进行权衡。如果前者小于后者，用户会同时购买其他竞争性产品；如果前者大于后者，用户会选择"凑合"使用被搭售品。可见，垄断情形下，虽然被搭售品质量仍然会影响用户决策，但对于被搭售品市场的其他竞争企业而言，需要付出更高的成本提供质量远高于被搭售品的产品和服务，才可能获取市场份额，这本身是一种不公平竞争行为。对于用户而言，或者使用质量不高的产品，或者需要为享受高质量产品而进行多支付，消费者福利被侵害。

三、Google Android 案中的搭售

在 Google Android 案中，Google 将 Chrome 浏览器绑定于 Android 系统之上，即 Android 作为搭售品，Chrome 浏览器（Google 搜索引擎）[①] 为被搭售品，其根本目的是通过 Android 来维持其 Google 搜索在移动搜索市场的支配地位。

①　Chrome 浏览器自带的搜索入口，为谷歌搜索引擎。

（一）Google Android 案中搭售的用户复制机制

智能移动操作系统是一个典型的双边平台，即一边用户使用智能移动操作系统的次数越多，另一边开发人员为该系统编写应用程序的次数就越多，两边用户之间存在正向的交叉网络外部性，反过来讲，该系统的应用程序越多越会吸引更多用户使用这个操作系统。

谷歌通过捆绑销售将在渠道、技术、用户等资源方面存在互补性的Chrome 浏览器和 Android 系统两种产品进行整合，降低用户在浏览器上的接入成本。出于搜寻成本和接入成本的节约效应，最终加入 Chrome 浏览器的用户规模上升，作为被搭售品能够在短期内通过搭售品——Android 操作系统，复制较大规模的用户基础。可见，在保证 Android 系统用户数量的稳定性基础上，可以在交叉网络外部性的作用下吸引更多用户加入到 Chrome 浏览器，使用 Google 搜索引擎，从而提高 Google 搜索在移动搜索市场的竞争优势，继而获得市场势力。因此，可以认为 Google 通过在 Android 系统上搭售带有 Google 搜索引擎的 Chrome 浏览器增强了其在搜索引擎市场的支配地位。如图 5-4 所示，Android 系统（产品 A）的用户规模庞大，Google 捆绑搭售浏览器（产品 B）的目的在于将一部分 A 端用户复制到 B 端，增加了B 端 Google 浏览器的用户数量。

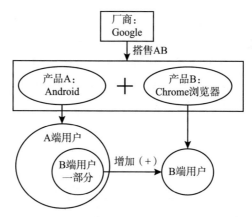

图 5-4　Google 的捆绑搭售策略

资料来源：笔者根据相关资料整理所得。

在使用 Android 系统的设备上预装谷歌浏览器 App 的行为可以快速增加Google 的用户数量，此时其他浏览器 App 的潜在用户数量被争夺，因为

Google 浏览器 App 被预装在设备上可以降低用户的搜索成本，用户更倾向于继续使用这些 App 而非自己搜索下载其他浏览器 App。欧盟委员会调查后指出，在设备上预装 App 带来的商业竞争优势是无法比拟的。欧盟委员会发现相比于需要用户自己下载的 Windows 移动设备，Google 浏览器能在已经被预装的 Android 设备上被用户更多地使用。例如，2016 年在预装了 Google 浏览器的 Android 设备上，超过 95% 的搜索需求是通过 Google 搜索完成的；在 Windows 移动设备上（没有预装 Google 浏览器），低于 25% 的搜索需求是通过 Google 搜索完成的，此外 Windows 移动设备上预装了 Bing 浏览器，超过 75% 的搜索需求发生在 Bing 浏览器上。

（二）谷歌安卓案中搭售的反竞争效应

Google 旗下的 Android 操作系统，在欧洲的市场规模高达 74%。相比苹果 iOS 系统的封闭性，Android 系统具有开源开放的特点，这是 Android 在全球手机市场占有绝对优势的根本原因。由此也形成了 Google 的市场竞争策略，借力 Android 开源免费拓展的市场份额，在 Android 系统上附加一些有益于 Google 的限制措施，以实现 Google 利益的最大化。通过对 Android 的控制，Google 在可授权智能移动操作系统的全球市场（不包括中国）占据主导地位，市场份额超过 95%。Google 要求使用 Android 系统的设备商必须预装 Chrome 浏览器，即 Google 厂商同时向用户出售 Android 系统和 Chrome 浏览器两种商品。

Google 将移动应用和相关服务以捆绑的方式向设备厂商提供，具体包括 Google Play Store 和 Chrome 浏览器，这种许可条件使得设备厂商无法预装其他应用。设备厂商也确认了 Google Play Store 是"必须有"的应用，因为用户希望在设备上有预装的 Google Play Store（他们无法合法地自己下载到）。Google 这种在 Android 系统中搭售一系列自有软件的行为，一方面限制了消费者的选择，损害消费者利益；另一方面由于 Android 系统不兼容预装其他竞争对手的应用程序，相当于给应用程序市场的竞争对手制造了一项兼容性成本，增加了竞争的难度，排除了竞争，长期来看阻碍了市场创新。

因此，Google 的搭售行为降低了设备厂商预装竞争性搜索应用和浏览器的动力，降低了用户下载这些应用的动力，从而降低了竞争对手与 Google 有效竞争的能力。长期来看，具有一定的反竞争效应。

第四节　潜在替代品的进入阻止的竞争效应

一、潜在替代品进入阻止的竞争效应分析

潜在替代品的进入阻止具有提高行业进入壁垒，维持在位企业的市场份额的直接反竞争效应；以及通过限制了替代品的竞争，降低竞争企业创新动机，最终阻碍了行业创新的进一步反竞争效应。

进入壁垒的高低是行业市场结构形成的直接原因，正是进入壁垒的存在造就了非完全竞争市场结构，乃至头部企业高集中市场份额以及市场势力的存在——在完全自由进入和退出的情况下，市场一定是竞争性的。传统进入壁垒一般包括进入资金壁垒、在位企业绝对成本优势以及产品差异化，平台经济中，用户规模也成为重要进入壁垒之一。具有上述这些高进入壁垒的行业，其在位企业更容易扩大规模，最终成长为行业内寡头垄断头部企业，获得垄断利润，因此在位企业往往拥有提高进入壁垒的动机。降价威胁等手段成为在位企业在上述由行业特征导致的"自然"壁垒之外，人为提高进入壁垒，威胁潜在进入的手段。

相较于上述手段，通过签订协议等方式对潜在替代品进行直接的进入阻止，相当于将进入壁垒提高到几乎无法进入的高度，属于更粗暴和直接的不当竞争行为。通过阻止竞争对手的进入，来维持自身的行业内市场份额和支配地位，继而获取垄断利润，长期来看，必将侵害消费者福利。缺乏替代品的竞争的情况下，使得行业内企业缺少创新激励和动力，最终阻碍了行业的健康发展。

因此，虽然在互联网相关高新技术行业，对于某些替代品的进入阻止可能是基于技术标准、数据安全等方面的需求，但是对于互联网平台领域，企业对潜在替代品的进入阻止行为仍需着重关注，应根据具体情况分析其是否具有反竞争效应。

二、本案中 Google 对 Android Foris 的限制行为

Android Foris 是基于 Android 系统衍生的移动设备操作系统，其来源于

Android 系统的开源设置。由于 Google 开发了 Android 系统的新版本就会在网上公开源代码，第三方可以下载这些代码并进行修改从而创造出 Android 分叉。公开的 Android 代码具备智能移动设备操作系统的基本功能，但是不包括 Google 的 Android 应用和相关服务。那些希望获得 Android 应用和相关服务的设备厂商需要另行与 Google 签订协议，Google 便会在协议中约定一些限制行为。Google 也会与大型移动网络运营商签订含有同样限制的协议，因为这些大型移动网络运营商也可以决定哪些应用和服务可以被预装在终端设备上。

　　为了能预装 Google 的应用如 Google Play Store 和 Google 搜索，Google 要求设备厂商必须承诺不开发或销售运行 Android Foris 的设备。谷歌之所以选择开源，允许第三方修改 Android 版本的原因在于开源可以使得更多的硬件厂商加入，进而扩大整个 Android 在市场上的影响。一方面，开源的方式可以鼓励更多的人对其自由开发，促进 Android 版本的更新迭代，Android 本身中的相当一部分代码都不是来自 Google 自身，而是来自开放手机联盟（Open Handset Alliance）的贡献。另一方面，开源同样带来碎片化的问题，各厂商、运营商、应用开发者等群体对于 Android 系统和体验的修改，主要还是为了把用户留在自己的体系内，但这实际上并不能促进 Android 系统本身的更新迭代，并且可能会冲击 Google 的市场地位。Android 系统的更新和用户系统的升级可能存在"断节"，部分手机厂家通过控制用户手机系统的升级促使其更换新机，这导致整个 Android 系统的碎片化问题，进而造成应用开发成本的上升以及用户体验的下降，而且这也已经威胁到了 Android 本身的声誉。另外 Google 的商业利益也开始受到损失，因为 Android 是 Google 众多产品与服务的中枢，无法升级也就意味着 Google 无法通过这些服务获得利润，而且还有 Android 厂商直接删除了 Google 服务，使用了自家的产品来代替，比如 Amazon。

　　可见，虽然安卓是一个开源软件，但谷歌禁止那些希望预装谷歌应用的设备厂商销售运行 Android 系统可替代版本的操作系统（即所谓的 Android Foris）的智能移动设备。目前移动终端的操作系统市场几乎被 Android 和苹果的 iOS 所瓜分。和 iOS 相比 Android 系统的确存在着相当明显的短板，其很重要的原因就是第三方的"Android Foris"事实上造成了目前市场上多个变种 Android 操作系统并存的局面，并进而影响了最终用户体验。众多不同阶段版本并存的现象，让 Android 系统的兼容性和开发管理面临极大的挑战。这也就是前面提到的 Google 出于保护 Android 生态系统防止"碎片化"（fragmentation）的原因。因此，Google 声明此举是为了给消费者提供更安全、更标准的产品，没有使消费者福利受损，但目前并没有证据可以直接证明或者推翻这一观点。相反地，本案中 Google 对于 Android 分叉这一替代品的限制进入属于人为地制造行业进入壁垒、排除了潜在竞争，欧盟委员会的调查发现 Google 的行为阻止了大量设备厂商开发和销售搭载 Amazon 的 Android Foris（FireOS）系统，长期来看不利于操作系统市场的创新，对用户也产生了直接的影响。

第五节　排他性支付的反竞争效应

一、排他性支付的反竞争效应分析

Google 向原始设备制造商（OEM）和移动网络运营商（MNOs）支付金钱补偿来独家预装 Google 搜索，构成一种排他性支付。

首先，Google 的"排他性支付"本身具有反竞争效应。在这些接受补贴协议的 OEM 和 MNOs 企业交付的设备上，明显降低了这些厂商预装其他竞争对手搜索应用的动力，减少了预装其竞争对手的通用搜索服务，Google 搜索服务的竞争对手无法获得和 Google 搜索同样的预装竞争优势。由于搜索成本的降低，消费者具有使用预装 App 的习惯和倾向，对于 Google 的竞争对手而言，预装成为了进入市场的入口，预装劣势下，丧失了产品市场内竞争的机会。从行业来看，产品市场"外"的预装竞争直接削弱了产品本身市场内的有效竞争，不利于企业创新和行业的健康发展；对于消费者而言，直接影响是选择权的减少，长期来看，本可以享受到更高质量的创新版本产品福利可能遭受损失，企业的一家独大对于消费者而言有提价风险，因此，可能还要遭受支付高额费用的福利损失。

其次，Google 协议中要求的"组合效应"进一步抑制了竞争：如果 OEM 或 MNOs 在协议产品组合中的任何设备型号上预装了其他竞争性的通用搜索服务，它将不仅放弃该特定设备型号的收入分成，而且放弃该产品组合中的所有其他设备型号的收入分成。该规定是 Google 对于其他提供搜索服务的竞争企业排他的进一步强化，加强了 Google 排他性支付行为的反竞争效果。

最后，竞争对手没有足够的实力补偿 OEM 和 MNOs 这部分资金，这增加了竞争对手的竞争成本。Google 的财务激励对于资金实力较弱的竞争对手而言，相当于直接排除了竞争。欧盟委员会的调查表明一个竞争性的搜索引擎无法弥补一个设备厂商或移动运营商因无法获得 Google 金钱补偿而遭受的收入损失。尽管竞争性的搜索引擎被预装在有限的设备上，他们必须弥补设备厂商或移动网络运营商从 Google 那里所遭受的其他所有设备上的收入损失。而除此之外，Google 的排他性支付覆盖了大型 OEM 和 MNOS 相关市场的重要部分，它还阻止了预装 Google 搜索之外的一般搜索服务的 Android 设备的发布。Google 的这些具体条款和限制条件进一步地加强了排他性支付的"排他"作用和反竞争效应。

二、本案涉及的排他性支付

Google Android 案中，Google 通过给予收入分成的方式要求制造商独家预装 Google 搜索应用以换取经济奖励。可以认为，Google 向 OEM 和 MNOs 提供财务激励来获取独家预装机会构成了排他性支付。

Google 与一些大型设备厂商和移动网络运营商签订排他性协议的目的在于获得排除竞争、圈定用户的竞争优势来争夺用户。以下两种排他性协议能让 Google 将 Android 系统作为工具来维持其在搜索领域的市场支配地位：一方面，Google 向一些大型设备厂商和移动网络运营商支付补偿，条件是独家预装 Google 搜索；另一方面 Google 禁止那些希望预装 Google 应用的设备厂商销售运行 Android 系统可替代版本的操作系统（即所谓的 Android Foris）的智能移动设备。如前文所述，由于开源的 Android 代码具备智能移动设备操作系统的基本功能，但是不包括 Google 的 Android 应用和相关服务。因此，希望获得 Android 应用和相关服务的设备厂商便需要另行与 Google 签订协议，Google 便会在协议中约定一些限制行为，即上述的排他性条款。排他性条款中除了上述对于 Android Foris 的限制使用外，还包括一类排他性支付，即通过给予财务激励额的方式要求合作方独家使用自己的应用来排他。

第六节 欧盟委员会和其他学者的观点

一、欧盟委员会的观点

欧盟委员会认为 Google 为了维持其在搜索市场上的地位，通过搭售、不允许制造商使用 Android Foris 涉及排他、向 OEM 和 MNOS 提供财务激励，让他们在自己的设备上独家预装 Chrome 浏览器（Google 搜索）三种方式，滥用了其在 Android 操作系统市场上的支配地位，妨碍了搜索引擎和浏览器的正常竞争。

对于 Google 的搭售行为，欧盟委员会认为其具体从事了两类非法行为，即预装 Google 搜索和 Chrome 浏览器是滥用市场垄断优势获取非法利益的行为：其一，搭售 Google 搜索——Google 确保其 Google 搜索在欧洲的所有 Android 设备中都被预装。搜索应用是移动设备搜索需求的一个重要入口，欧盟委员会发现 Google 的搭售行为于 2011 年便是违法的，因为那时 Google 已经在 Android 移动操作系统的应用商店市场中具有了市场支配地位。其二，搭售 Chrome 浏览器——Google 确保其移动浏览器在欧洲的所有 Android 设备中都被预装。移动浏览器是移动设备搜索需求的一种重要入口，而且 Google 搜索是 Chrome 浏览器上默认的搜索引擎。Google 的这项行为于 2012 年就违法了，因为那时 Google 便将浏览器纳入捆绑之中。

Google 与 OEM 和 MNOS 签订排他性协议的目的在于获得排除竞争、圈定用户的竞争优势，争夺用户数量。以下两种排他性协议能让 Google 将 Android 系统作为工具来维持其在搜索领域的市场支配地位。

一是，Google 向一些大型设备厂商和移动网络运营商支付补偿，条件是独家预装 Google 搜索。欧盟委员会认为 Google 用来补贴预装搜索服务的钱，并不是来自搜索服务本身，而是一种利用市场垄断优势交叉补贴的行为，并且这个交叉补贴还包含了限制竞争对手的"排他"条件。法院在英特尔案中的判决也考虑了其他一些相关因素，如支付的补偿数额、所涉及的市场比例以及持续期限等。基于此，欧盟委员会发现 Google 的上述行为在 2011~2014 年是违法的，2013 年欧盟开始调查此事后，谷歌开始逐渐取消这个要求，并于 2014 年停止了此项违法行为。也就是说，欧盟对于排他性支付的这项指控是一个追溯性惩罚。

二是，Google 禁止那些希望预装 Google 应用的设备厂商，销售运行 Android 系统可替代版本的操作系统（即所谓的 Android Foris）的智能移动设备。Google 这种不允许制造商使用 Android Foris 的行为涉及排他且与搭售、排他性支付共同构成谷歌维持其在搜索市场的支配地位整体战略的一部分。

二、其他学者的观点

学者们对欧盟委员会审查分析中的搭售提出了各自的见解。学者们针对 Google Android 案中的搭售行为进行了分析。有的学者认为搭售促进了竞争。Google 的搭售在效率方面，将稀缺的用户资源进行了整合，不仅提高了积累用户的效率也降低了用户的搜寻成本；在消费者选择问题上，互联网平台经济中用户在平台间的转换成本相对较低，当平台企业搭售的产品对用户而言并不是"最优"时，用户自会"用手指投票"；在市场竞争方面，Google 虽然对自有应用采取了搭售策略，但并没有在技术层面阻止竞争对手的应用软件安装，一些高质量的、与其存在直接竞争关系的第三方应用如 Spotify、Snapchat 等依然在市场上获得了成功。并没有充分证据表明 Google 的搭售行为对 Android 应用软件市场产生了明确的损害。与此同时，Google "系统 + 软件" 的搭售也保证了企业能够将 Android 系统持续免费地提供给设备生产商，使得消费者有更多的选择获得低价的手持设备。无论是手机厂商 "硬件 + 应用分发" 还是 Google "系统 + 软件" 搭售行为，都在作为基本品的硬件和操作系统市场上给终端用户带来了低价格甚至免费的曙光。从第三方竞争平台的角度来看，终端用户对基本品的需求和被搭售品的需求之间相互依赖且互补，搭售品的低价格和免费将使得平台搭售给整个被搭售品市场带来需求的扩张（曹珑，2019）。有的学者则持相反的观点。搭售品可能在短期内带来社会福利的非帕雷托改进，但长期内对行业动态竞争和创新会有不利影响（曲创和刘伟伟，2017）。安德雷德（Andrade，2019）根据 Google 在智能手机中预装应用程序的搭售实践，开发了一个与兼容性成本捆绑的理论模型，研究发现搭售可能会减少创新的动机。

学者们对欧盟审查分析中的潜在替代品的进入阻止和排他性支付提出了各自的见解。阿克曼（Akman，2018）认为首先，适用 Android 手机的用户，可以在手机上轻松下载其他浏览器或搜索引擎，其次，对用户不收费，最后 Google 将预安装/设置搜索功能作为默认设置，与设备制造商使用其他

Google 应用程序绑定，同时允许他们使用没有任何 Google 应用程序的操作系统。因此，预安装本身并不一定会阻止竞争，可能阻碍有效竞争的是阻碍 Google 分叉这类潜在替代品的进入和排他性支付。此外，消费者福利方面，Google 至少为消费者提供更好的选项，避免不好的选项，没有使消费者福利受损。托马（Toma，2017）对于欧盟委员会的指控分析如下：指控一，搭售，其认为并没有违反，因为欧盟委员会计算市场份额的方法是不正确的，而且可能会引起误解，欧盟委员会可能没有考虑到创新和动态方面，Google 的搭售是为了刺激竞争。指控二，不允许制造商使用 Android 分叉涉及排他。托马同样认为不成立，谷歌没有损害竞争，因为 Google 的行为属于公平原则的竞争。指控三，向原始设备制造商和 MNOs 提供财务激励，让他们在自己的设备上独家预装 Google 搜索功能，Google 部分违反了欧盟委员会反垄断的规定。卡达尔（Kadar，2019）同样认为 Google 的排他性付款有可能限制竞争。

丰吉和罗萨诺（Funghi and Rosanò，2016）从微软案例的角度评估 Google Android 案，认为 Google 的商业行为并不违反竞争规则，因为它既保护了消费者，也保护了自由竞争。霍赫洛夫（Khokhlov，2017）认为 Google 的行为明显有别于 Microsoft 的非法捆绑行为。Google 的行为并没有从本质上阻止竞争。相反，Google 通过将其 Android 操作系统作为一个开源平台来鼓励竞争。此外，Google 的行为通过降低价格和促进创新来提高消费者的福利，同时维护消费者的主权。

第七节　本案的启示

Google 在整个欧洲经济区（EEA）31 个成员国的全球互联网搜索市场中占据主导地位，在大多数欧洲经济区成员国拥有超过 90% 的份额，竞争性搜索平台想要进入这些市场存在很大障碍，这已在本书 Google Search（Shopping）的分析中得出结论。

本章按照欧盟委员会对于谷歌的三项指控，分别从搭售、潜在替代品进入阻止和排他性支付三个角度进行讨论，并结合该案具体分析其相应的竞争效应。通过这三个具体手段，Google 的根本目的是维持其在搜索引擎市场的支配地位。

Google 的三项行为阻止了竞争性搜索引擎进行竞争的可能性。首先，搭售行为确保了 Google 搜索和浏览器在移动设备上的预装，使 Google 将 Android 用户复制到 Google 搜索和浏览器上，从而一定程度上限制了竞争对手的搜索服务挑战其现有市场优势的可能性。Google 滥用了其在 Android 操作系统市场上的支配地位，提高 Google 搜索在移动搜索市场的竞争优势。其次，搭售下的预装策略，使 Google 的搜索服务以最大程度出现在用户手机中的同时，Google 的排他性支付策略降低了设备厂商预装其他产品的动力，进而降低了竞争对手也预装产品的可能性。最后，Google 阻止了 Android Foris 的开发，这原本可以为竞争性搜索引擎获得流量提供一个平台。Google 通过对 Android Foris 的封杀在确保其在移动操作系统的掌控权之上，进一步确保了其搜索引擎在移动搜索市场的支配地位。谷歌滥用了其在 Android 操作系统市场上的支配地位，减小了操作系统市场的竞争。

除此之外，Google 通过阻止其他移动浏览器与预装的 Chrome 浏览器的有效竞争，阻止了竞争性搜索引擎从智能移动设备上收集更多数据，具体包括搜索数据和移动位置数据等，有助于 Google 维持其在搜索领域的市场支配地位。因此，Google 的行为损害了整个移动空间而非仅仅是搜索领域中的竞争和进一步的创新。

该案中，如果欧盟委员会最终在与 Google 和 Android 的博弈中取得胜利，那么 Google 在 Android 生态系统中原有的商业模式将很有可能面临颠覆性调整。Google 有可能向设备制造商收取软件许可证费用，也有可能使用皮查伊公开信中所谈到的"极为严格的分发授权模式"来获得对 Android Foris 的封杀效果。

主要参考文献

［1］曹珑：《互联网平台搭售的竞争效应研究》，山东大学硕士学位论文，2019 年。

［2］曲创、刘伟伟：《双边市场中平台搭售的经济效应研究》，载《中国经济问题》2017 年第 5 期。

［3］王健：《搭售法律问题研究——兼评美国微软公司的搭售行为》，载《法学评论》2003 年第 2 期。

［4］Akman, P., 2018：A preliminary assessment of the European Commission's Google Android decision，*Competition Policy International Antitrust Chronicle*.

［5］ Toma, F. I. , 2017: The Challenges of Digital Markets for EU Competition Law: The Case of Android, Available at SSRN 3092823.

［6］ Funghi, G. and Rosanò, A. , 2016: Google Android after Microsoft: Some Thoughts on the Proceedings Brought against Google for Abuse of a Dominant Position, *Cadernos de Dereito Actual.*

［7］ de Andrade, J. T. F. , 2019: Tying: An Economic Analysis of the Google-Android Case.

［8］ Khokhlov, E. , 2017: The Russian Federal Antimonopoly Service's Case Against Google Related to Bundling and other Anticompetitive Practices with Respect to Android, *Journal of European Competition Law & Practice,* Vol. 8, No. 7.

［9］ Kadar, M. , 2019: Article 102 and exclusivity rebates in a post-Intel world: lessons from the Qualcomm and Google Android cases, Vol. 10, No. 7.

第六章　对用户数据和隐私保护的争议：
Facebook 收购 WhatsApp[*]

专业概念：数据集中

数据集中：数据集中指一家主导平台控制数据来源，数据集中增强了主导平台的市场支配力，带给控制数据的企业明显的竞争优势。数据集中促进了规模经济和范围经济，激励技术和商业模式创新。数据集中同时扩大平台掌握的隐私数据规模，用户对隐私泄露的担忧，影响了消费者使用平台带来的效用。

第一节　案件概述

2014 年 2 月 19 日，Facebook 宣布了该公司有史以来最大的一笔收购：以 190 亿美金全面收购 WhatsApp，其中 40 亿美元为现金支付，120 亿美元以 Facebook 股票形式交易，另外 30 亿美元特别股份作为 WhatsApp 员工的分红。从 2014 年 2 月到 2014 年 10 月，Facebook 的股价大幅上涨，从而导致最终收购价值为 218 亿美元。

欧盟委员会一般基于交易是否达到一定的营业额来确定交易是否需要审查。鉴于 WhatsApp 的营业额较少，Facebook 收购 WhatsApp 这一交易并未达到合并监管的营业额门槛。但根据 2014 年 2 月 19 日签署的并购重组协议和规划（Merger Procedure），WhatsApp 将与 Facebook 的全资子公司合并，并由 Facebook 完全控制。因此，该交易构成合并条例第 3（1）（b）条意义上的经营者集中。欧盟委员会对 Facebook 收购 WhatsApp 交易的调查是合理的。

按照规则，2014 年 5 月 Facebook 向欧盟委员会提交了收购 WhatsApp 的

---

　　* 笔者根据 Facebook 收购 WhatsApp（Case M. 8228，Commission v. Facebook/WhatsApp，2017）相关内容整理所得。

申报书。根据审查程序，在 Facebook 提交申报书之后，欧盟委员会会进行两阶段的调查，之后再根据具体情况作出决定。在调查期间，Facebook 全力配合欧盟的审查以及答复欧盟委员会的问题，并宣称由于技术上的困难和复杂性 Facebook 无法将其用户的账户与 WhatsApp 用户的账户实现自动匹配。WhatsApp 会在合并之后保持独立，Facebook 与 WhatsApp 之间的数据不会共享。在历时 8 个月的合并审查后，2014 年 10 月欧盟委员会宣布该交易符合欧洲经济区的合并条例。

2016 年 Facebook 对 WhatsApp 应用进行了更新，同时也更新了用户隐私协议，更新之后的 WhatsApp 和 Facebook 之间的用户会互相匹配，但 Facebook 在 2014 年的审查中并未说明会让 Facebook 和 WhatsApp 进行数据共享。因此，2016 年 6 月 Facebook 向欧盟委员会提交了与该产品更新相关的申报书。2016 年 7 月，欧盟委员会决定对该行为进行调查并做出裁决，发现 Facebook 在回复其与 WhatsApp 用户自动匹配可能性时，提供了不正确或具有误导性的信息。

欧盟委员会认定，Facebook 在 2014 年申报交易和对欧盟委员会问题的答复中均声称 Facebook 无法将其用户的账户与 WhatsApp 用户的账户实现自动匹配。然而事实表明，这在当时是具备技术上可操作性的，而且 Facebook 员工当时完全了解这一事实。Facebook 的行为妨碍了欧盟委员会对其收购 WhatsApp 交易全部相关信息的分析评估，因此，欧盟委员会认为 Facebook 的违法行为性质严重。

欧盟委员会认为，对 Facebook 的处罚需要足够的"震慑性"，并要向其他经营者传递"须遵守向欧盟委员会提供准确信息义务"的明确信号。2017 年 5 月 1 日，欧盟委员会宣布 Facebook 在收购 WhatsApp 交易中提供误导性信息处罚 1.1 亿欧元的决定。但该罚款并不影响欧盟委员会在 2014 年对收购交易的无条件批准。

2020 年 12 月 9 日，美国联邦贸易委员会（FTC）宣布起诉 Facebook，指控这家社交巨头实施"扼杀式并购"的反竞争行为维持自身垄断地位。

2021 年 6 月 28 日，美国哥伦比亚特区地方法院驳回 FTC 对 Facebook 应剥离 WhatsApp 的反垄断诉讼。原因是 FTC 未能证明 Facebook 拥有垄断权。

2021 年 8 月 19 日，FTC 补充了证据和起诉材料后，重新向法院提起诉请，主要针对 Facebook 的市场支配地位认定提供了更加具体的证据和论证，并且围绕 Facebook 的经营者集中存在反竞争行为这一点展开论述，特别论及在收购过程中采用的"买不到就打压"（"buy or bury"）策略违反了反垄断法，诉讼请求之一是对 Facebook 进行业务分拆。

2022 年 1 月 11 日，法院作出的第二份裁定中，认为 FTC 成功证明了

Facebook 具有垄断地位，该垄断诉讼可以继续进行。

本案具体诉讼时间线如图 6－1 所示。

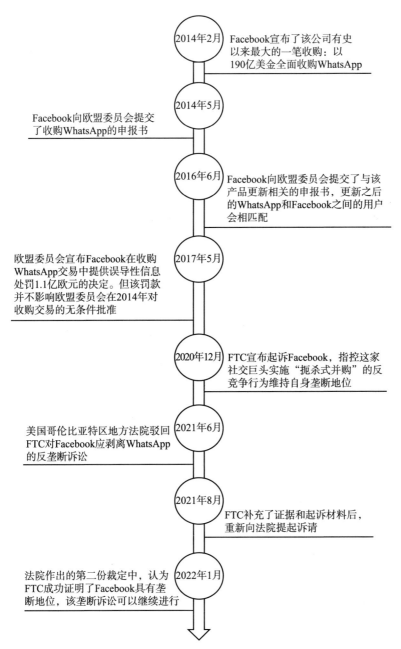

图 6－1　Facebook 收购 WhatsApp 案时间线

第二节 参与方介绍

一、关于 Facebook

Facebook 由马克·扎克伯格等人创建于 2004 年 2 月 4 日，是一个主要向用户提供社交网络服务的平台。Facebook 的最初目标是让哈佛大学的学生有一个分享自己照片的平台，后面逐渐向其他地方的大学和高中生开放，2005 年 8 月已经有超过 2000 所大学的学生注册了 Facebook 的会员。2006 年 9 月，Facebook 正式向所有年满 13 岁且拥有邮件地址的用户开放。

2007 年是 Facebook 全面开放的第一年。Facebook 在这一年中以 2.4 亿美元将 1.6% 的股权卖给了微软，并以非公开价格收购了提供图像和视频传输服务的 Parakey 公司。随后 Facebook 将 Parakey 的技术整合到其移动应用程序中。

2009 年 Facebook 的流量保持了稳定增长。2010 年 3 月 13 日，Facebook 当周的访问人次超越 Google，随后 11 月 Facebook 的市值达到了 410 亿美元。

2012 年，Facebook 宣布计划收购一个拥有 2 亿活跃用户的热门照片共享网站——照片墙（Instagram）。该计划表明 Facebook 不仅计划增强自己的照片共享功能，而且还想阻止其他竞争对手进入这一领域。最终 Facebook 以 10 亿美元的价格收购了 Instagram，其中包括 3 亿美元的现金和超过 7 亿美元的 Facebook 股票。

2014 年 2 月 19 日，Facebook 同意最高以 190 亿美元现金和股票收购即时通信软件公司 WhatsApp。在这一年中，Facebook 扩大了它的收购版图，以 20 亿美元收购了虚拟现实头戴设备创业公司 OculusVR、健康跟踪移动应用 Moves 的厂商 ProtoGeo Oy 以及芬兰移动互联网服务创业公司 Pryte。2014 年 9 月 8 日 Facebook 的股价上涨，市值达 2016 亿美元，跃升为全球市值第 22 大公司。

2017 年 6 月，Facebook 的月活跃用户数突破 20 亿。

2018 年 3 月，Facebook 被曝在 2014 年有超过 5000 万名用户资料遭剑桥分析公司窃取分析，被用来向用户发送政治广告，此后 Facebook 股价大跌，市值在两日内蒸发 500 亿美元。

2019 年 9 月 23 日，Facebook 与阿里巴巴、推特（Twitter）和优步

（Uber）共同成立用于大规模分布式数据处理的 Presto 基金会。2019 年，Facebook 宣布月活跃用户达到了 25 亿，其增长速度慢慢减缓。

商业版图扩张以后，Facebook 现在主要提供社交网络服务、消费者通信、照片和视频共享功能以及通过地图功能分享用户的所在位置。同时，Facebook 也为广告商提供在线广告空间。其中，"Facebook" 为提供社交网络平台，"Facebook Messenger" 为消费者通信应用程序，以及 "Instagram" 为照片和视频共享平台。

在 Facebook 平台上，用户可以创建自己的个人信息页面，其中包括相册、个人爱好、兴趣等；用户之间也可以进行公开、私下评论；用户还可以选择特定对象进行聊天。在隐私保护方面上，只有用户自己能决定谁可以查看自己的详细个人信息页面，并且也可以设置指定自己查看或添加的朋友才能查看。

Facebook 宣称用户永远可以免费注册，Facebook 的收入来源主要是广告费用。为了让广告能够有效地吸引用户的注意，Facebook 的广告可以直接插入到用户社交网络主要界面的动态消息之间。Facebook 还允许企业和其他广告商根据用户的特定偏好和行为在用户的动态信息里推送广告。

其广告方式主要有：（1）产品或服务营销推广服务。一般是企业与 Facebook 进行合作，Facebook 会根据用户的使用习惯随机插入相关侧栏或横幅广告到每一个用户眼前；（2）用户评论或帖子推广服务。如果是个人、企业、粉丝管理员希望自己所发出的帖子或评论能让更多人看见，则需要向 Facebook 付推广费用，其收费规则为：帖子按照推广的人数来计算费用，评论按月付费。

Facebook 发展历程，如图 6-2 所示。

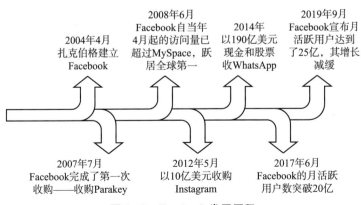

图 6-2　Facebook 发展历程

二、关于 WhatsApp

2009 年 2 月 24 日大学辍学的乌克兰裔移民简·库姆和前雅虎工程师布赖恩·阿克顿创建了 WhatsApp 公司。从成立起，WhatsApp 这款即时通信软件的目的是专注为用户提供简单快捷的通信服务。

WhatsApp 是一款可供不同操作系统手机用户通信的跨平台应用程序，该程序能利用手机上的推送消息服务即时向用户发送信息。WhatsApp 的使用方法简单便捷，用户只需输入手机号码进行验证便可注册使用该程序，然后 WhatsApp 会自动搜索手机通讯录把联系人添加到应用中。与传统电信运营商提供的短信服务相比，WhatsApp 不会因为手机关机、不在服务区或关闭了消息推送服务而无法收到信息，用户打开应用程序就能找回并查看信息。

WhatsApp 主要收入来源于向用户收费。该收费规则是：新用户第一年免费，之后每年只需 0.99 美元。2016 年，为了吸引更多的新用户，简·库姆宣布 WhatsApp 将不再收取年度服务费。原本 WhatsApp 通过互联网发送信息，用户在与海外人士联系时省去了漫游费，而且也不用缴纳短信费用。在宣布年度服务费免收以后，用户使用 WhatsApp 的成本降低到几乎不存在。

WhatsApp 在自身的广告营销上也别具特色，它没有投入任何资金、雇佣任何员工来做宣传，单纯依靠自己提供通信服务的便捷与及时，在用户之间树立良好的口碑。用户的口头宣传成为最好的营销方式。

2014 年 2 月 17 日，即被收购的那天，WhatsApp 公司表示全球月活跃用户有 4.5 亿，每日活跃用户超过 3.2 亿。此时的 WhatsApp 是一家仅有员工50 人的即时通信公司，在 2013 年亏损 1.3 亿美元，收入 1020 万美元。这家规模较小且亏损的通信公司的主要价值在于大规模用户以及新用户增长的迅猛速度。

用户规模越大意味着提供了大量数据。WhatsApp 每天发送 190 亿条信息，收到 300 亿条信息，这与整个全球短信量相当。另外，WhatsApp 的用户每天来回发送 5 亿张图片，比 Facebook 用户多出 1.5 亿张。不仅如此，用户还上传了超过 6 亿张照片，发送了 2 亿条语音留言和 1 亿条视频留言，这些数字逐年都在翻倍①。

通过这些数据，人们可以意识到 WhatsApp 已经开始改变全球通信了。2015 年 4 月，WhatsApp 用户数增加到 8 亿，WhatsApp 等 OTT（Over The Top）② 服务在 2012～2018 年造成电信行业超过 3500 亿美元的巨额亏损；截至 2016 年 2 月，WhatsApp 的用户人数超过 10 亿人，成为时下最流行的即时通信软件。

第三节　相关市场界定

Facebook 提供了消费者通信、社交网络和在线广告共三种服务，WhatsApp 提供了消费者通信服务。本节将分别介绍对应的三个相关市场。

一、消费者通信服务市场

消费者通信服务（Consumer Communications Services）是一种通过多媒体允许人们实时联系朋友、家人和其他联系人的服务。以前这些服务是由个人计算机上的应用程序开发和提供的，随着智能手机和通信技术的发展，消费者通信服务的提供逐渐从计算机转移到智能手机和平板电脑。如今，消费者通信服务应用是增长速度最快的移动应用。

消费者通信服务按照不同的划分形式，可以有多种分类。

按照独立性可分为：作为独立应用程序（例如，WhatsApp，Viber，Facebook Messenger 和 Skype）提供消费者通信服务；还可以作为某一产品的一部分，这个产品除了消费者通信服务之外还提供其他服务。

根据提供的功能划分：一部分消费者通信应用程序能够以各种形式进行一对一、群组实时通信，例如语音和多媒体（文本、照片或视频）消息、视频聊天、群聊、语音呼叫、位置共享等。另一部分应用程序则只提供上述服务中的部分功能。

根据操作系统区分：一类是专有应用程序，即消费者通信应用程序仅在一个操作系统上可用，例如 Apple 的 FaceTime 和 iMessage。另一类为跨平

---

① 资料来源：https：//crazycoolgadgets. com/facebook - bought - whatsapp - for - 19 - billion/。

② OTT 是指互联网公司越过运营商，发展基于开放互联网的各种视频及数据服务业务。

台应用程序，可以在多个操作系统上提供消费者通信应用程序供下载和使用。

根据设备适用分为：适用于所有类型设备和仅适用一种设备。例如，Facebook Messenger 适用于智能手机、平板电脑和个人计算机。而 WhatsApp 仅适用于智能手机，但不适用于平板电脑和个人计算机。

消费者通信市场的主要参与者为：（1）同时提供智能手机硬件和操作系统的集成公司，如 Apple 与 iMessage，黑莓（BlackBerry）与 BBM，三星（SAMSUNG）与 ChatON，Google 与谷歌环聊（Google Hangouts）和 Android 消息平台，Microsoft 与 Skype；（2）移动网络运营商也提供竞争性消费者通信应用程序以及传统电信服务；（3）许多其他在市场上活跃的消费者通信应用程序提供商，例如 LINE，Viber，WhatsApp，Telegram，Facebook 和微信。

消费者通信应用程序之间主要依靠提供的功能和基础网络进行竞争。云计算、4G、智能手机、社交网络等现代技术的使用日益增多，不断改变着消费者的行为方式，因此消费者通信服务提供商更加关注技术基础设施、增值服务和其他客户支持服务。为了获得最大的用户群，消费者通信应用提供的功能会针对客户的需求价值核心不断迭代更新，其重要的改进领域包括：通信服务的可靠性，这会直接影响服务的声誉及其对用户的吸引力；用户的隐私和安全问题，在用户越来越重视隐私保护和数据安全的互联网时代，企业的隐私政策和安全技术成为用户选择时的重要参考因素。

价格是影响消费者通信应用程序受欢迎程度的一个重要因素，消费者通信应用的用户往往对价格非常敏感并期望免费使用消费者通信应用，实际上，消费者通信服务绝大多数确实也是免费提供的。消费者通信用户在选择和使用应用时有广泛的选择，他们中的许多人根据个人的具体需求同时使用多个消费者通信应用程序，即为"用户多归属"。在这种情况下，消费者通信应用程序通过尝试提供最佳的通信体验来竞争客户。因此几乎所有消费者通信应用程序都不收取任何费用。但有几个特例，如 WhatsApp 在意大利、英国、加拿大和美国以每年约 0.89 欧元的订阅费下载。

二、社交网络服务市场

社交网络服务（Social Networking Services，SNS）是一种用于与拥有共同兴趣、背景或真实关系的其他人建立关系的在线工具。社交网络服务通常被描述为一种用户能够通过移动应用程序连接、共享、通信和表达自己的服务。社交网络服务的用户可以创建包含个人信息、照片等的个人资料，也可以通过共享、电子邮件、即时消息和评论来建立联系。社交网络服务平台也被称为社交网站或社交媒体。

第一个社交网站 SixDegrees 始于 1997 年，随后很快被 Friendster、MySpace 和 Facebook 所取代。如今社交网站种类繁多，大约 75% 的美国人在社交网站拥有自己的账号。现在流行的专业社交网站有 YouTube、Google Plus、Instagram、Twitter、LinkedIn、Reddit、Snapchat、Tumblr、Pinterest 和 Vine。在本章涉及的并购案中，在线社交网络市场的供给方是 Facebook。2022 年第一季度，Facebook 的月活跃用户达到 2094 百万人[①]。

社交网络平台提供根据关键词搜索的导向功能，得到了用户的广泛认可，由此推动了全球社交网络市场的增长。另外，智能手机和平板电脑等移动技术的普及也促进了社交网络的推广。大量活跃用户通过手机访问社交媒体，为智能手机社交媒体应用程序的设计与改进提供了及时数据，并进一步提高社交媒体和营销的关联度。

社交网络服务也是免费提供的。但是，它们可以通过其他方式进行货币化，例如广告或高级服务收费。社交网络服务的主要商业模式是在线广告模式，除此之外还有用户收费模式、游戏模式等。在线广告模式能通过个人信息、搜索习惯、位置等用户数据推出定向广告。用户收费模式一般指用户在使用网站的某些或全部应用时需要支付费用，如会员收费、增值服务。部分社交平台的供应商会在社交网络的基础上开发游戏，内设购买机制获取收益。

社交网络服务在功能上体现了差异化竞争。如 LinkedIn 侧重于商业网络，MySpace 侧重于博客，Flickr 侧重于视觉内容，Facebook 主要针对于学生。这些网站为用户提供了各具特色的服务，当然在某些功能上也与许多其他类型的软件和服务出现了重叠，例如大部分社交网络服务平台都包含在线新闻、在线社区、在线视频以及在线游戏等功能。

三、在线广告服务市场

在线广告服务（online advertising services）也被称为互联网广告服务或

---

① Wind 数据库。

数字广告服务，是运用专业的广告横幅、文本链接、多媒体的方法，将广告通过网络传递到互联网用户的一种高科技广告运作方式。通过互联网的传递，广告信息会出现在笔记本电脑、台式机、平板电脑、智能电视和智能手机的屏幕上。在线广告有众多类型，如横幅广告、视频广告、搜索引擎广告和社交网络广告。

互联网早期是禁止在线广告的，如 Arpanet 和 NSFNet 都有禁止营利性机构使用网络进行商业活动的规定。1991 年，NSFNet 开始逐步取消多年来的商业禁令。在线广告第一次被广泛使用的方式是通过电子邮件进行发布。1978 年 5 月 3 日，数字设备公司（Digital Equipment Corporation）的营销员加里·苏尔克（Gary Thuerk）向大多数 Arpanet 的美国西海岸用户发送了一封电子邮件，为新型号的 DEC 计算机的开放广告做广告。

如今互联网技术的发展使在线广告大幅增加，产生了不同形式的数字广告和业务模式，并吸引了新的参与者。比如 Facebook、Instagram 和 Twitter 通过收集用户注册信息、产品搜索和使用模式等重要数据，向用户推送了个性化和有针对性的广告。与传统的营销广告相比，在线广告市场有以下几个特点。

第一，在线广告需要依附于有价值的信息和服务载体。用户浏览网页、搜索关键词、观看视频都是为了获取有效信息。在线广告如果脱离了有价值的信息，就无法触及用户，也达不到网络营销的最终目的。在线广告的基本特征表明，其效果不仅取决于在线广告本身，还与目前的环境及其依赖的载体密切相关，这也解释了为什么某些形式的网络广告可以获得更高的点击率，而一般的横幅广告和网页，如搜索引擎关键词广告和电子邮件广告的点击率在不断下降。

第二，在线广告的核心在于引起用户关注和点击。在线广告形式决定了其包含的信息有限，而人们的注意力也是有限的。因此，在品牌推广和产品推广方面表现出新奇会有一定的优势，这也是解释了在线广告创新的必然性。

第三，在线广告具有强制性和用户主导性。虽然理论上用户浏览和点击广告有自主权，但越来越多的广告商使用强制手段迫使用户浏览和点击，如弹出广告、全屏广告、间隙广告、浮动广告等。虽然这些广告引起了用户的强烈不满，但是达到增加浏览和点击的目的，所以许多追求短期效果的广告商很青睐这种形式。

第四，在线广告体现了用户、广告商和网络媒体三者之间的互动关系。

在线广告的形式为交互式的时候，通常会从用户的行为来考虑在线广告。实际上这种互动并没有反映出交互式在线广告的全部含义，大多数在线广告只是被动地等待用户点击。交互式广告的真正含义是反映用户、广告商和网络媒体之间的互动：网络媒体提供高效的在线广告环境和资源，广告商可以自主进行广告投放和替代，效果监控和管理，用户根据自己对广告信息的需求及其表现形式选择自己的兴趣。只有三者之间建立了良好的互动关系，才能实现在线广告最和谐的环境，在线广告的价值也才能最大化地发挥出来。

第四节　互联网平台中的数据

一、重要生产要素：数据

用户数据可以分为三类：行为数据，比如用户的历史浏览、网页停留时间、使用的在线服务；消费活动记录，如用户购买历史、退换货记录、点评信息等；个人基础信息如性别、年龄、职业、所在地区等。互联网平台取得用户数据，利用算法、云计算等数字化技术，重塑组织结构和经营模式，加速进入数据驱动的时代。

在互联网快速发展的带动下，数据已经成为继土地、劳动力、资本、技术之后的重要生产要素。互联网平台作为连接各边用户，促成供需匹配的市场主体之一，凭借先进的大数据分析、云计算和通信技术，可以快速完成数据的搜集、汇总、整理和分析，在此基础上形成对用户的精准分析，以及未来市场供求变动的预测。这些分析和预测结果有助于平台在未来提高服务质量、创新商业模式获取更多利润。在"注意力经济"当道的今天，谁能更全面更迅速地掌握用户喜好，谁就更容易抓住用户的眼球。数据因此成为市场动态竞争中了解用户需求和引导用户行动的关键要素。

二、用户数据对互联网平台的重要性

本案涉及的两个平台主要核心业务是基于互联网的社交和通信服

务，其中 Facebook 以广告收入为主要利润来源。用户数据在社交平台中的重要性表现为：平台对用户数据掌握越全面、详细，就越能向广告商提供更有效率的广告定向推送服务，这样的平台在同类竞争对手中就越具有竞争优势。在社交平台独特的商业盈利模式下，广告商对平台用户的需求成为了平台收取广告费用的盈利源泉。平台拥有的用户越多，广告定价能力就越强，盈利水平就越高。平台与广告商谈判能力与平台拥有的用户数据直接相关，可以说用户数据的规模和质量起着决定性作用：平台掌握的数据量和类型越多，对用户的行为方式、消费偏好、历史习惯等涉及需求和市场动向的掌握越清晰，越能提供精准高效的广告推送服务，对广告商的谈判能力就越强，平台拥有了更大的利润增长空间。

由此可见，平台在为用户提供服务的过程中，记录和保存用户信息，实现了数据在质和量上的累积，经过独特的商业模式完成了数据的经济价值转换。无论是将数据直接作为商品进行交易，还是作为一种新型的生产要素投入到产品和服务的创作中，数字平台凭借数据变现，将数据优势转化为竞争优势。但也由此引发争议：随着数据搜集和分析，平台对用户的敏感信息掌握更多，可能由此带来数据安全和用户隐私问题。如果要完全保护隐私就不能得到更详细的数据，也无法有针对性地进行广告推送。一边是以消费者为代表的公众利益，另一边是平台的利润追求，两者之间的取舍，是目前互联网竞争和规制中难以解决的问题。

三、平台并购的反竞争效应分析：基于数据集中角度

作为生产要素的数据，在互联网平台运行过程中发挥的商业价值越来越大。近年来，伴随科技巨头商业版图的扩张，数据驱动型的经营者集中现象越来越频繁，对于平台并购行为的讨论也开始越来越关注数据集中引发的影响。

数据集中本身不会必然引发垄断。数据非排他、重复性等特征使经济活动中产生的数据可以被多方获取，并且各方对数据分析和使用也并不影响相互之间所能得到的效用，即使发生平台合并下的数据集中，这一行为本身对市场其他参与方对数据的获取和使用的限制影响有限，因此单纯的数据集中行为不太可能造成进入壁垒，反而由于网络效应对市

场竞争产生一定的促进效应：数据集中促进了规模经济和范围经济，激励技术和商业模式创新。平台在数据整合基础上获得了互补效应和积累效应，得到了质量更好的高价值数据，有助于更精准预测市场需求，研发新产品和服务，提升了合并主体的利润和用户福利，整体有利于经济效率提高。

但是，数据集中在带来经济效益的同时，有可能成为主导平台市场势力滥用的工具，导致排除和限制竞争。反竞争效应具体包括：（1）基于合并后获得的数据优势，主导平台在既有竞争优势的基础上可以利用数据整合持续加强数据优势，运用大数据、算法不断挖掘用户需求和市场空间，从而放大赢者通吃的虹吸效果，维持和巩固了市场势力，对所在市场的有效竞争可能造成潜在损害；（2）合并后如果平台获得了对关键数据的控制权，就有能力设置障碍进行拒绝交易，以此来封锁下游竞争平台对关键数据的访问和互操作，那么可能降低下游市场的竞争程度，导致市场圈定和进入壁垒提高，削弱下游市场创新激励；（3）即使没有获得基于数据的关键设施的控制权，主导平台并购后的数据整合也会放大之前的数据优势，使得主导平台有动机和能力借由杠杆效应，将原市场中的优势地位和市场势力传导至新的市场中，从而对新市场的在位厂商和潜在进入者的规模扩张形成显著抑制，损害竞争。

此外，在缺乏监管的情况下，为获得和加强数据优势而采取的并购行为可能引发用户隐私面临泄露威胁。反垄断保护的是由于不正当竞争导致的消费者福利的受损（保护消费者的利益不会因企业之间的竞争行为而被侵犯），所以对用户敏感数据即用户隐私的不当收集和使用也可以被认为是平台并购中数据集中行为所产生的反竞争结果。

四、本案中数据集中的影响

Facebook 收购 WhatsApp 后，数据集中的优势将从两个维度得到体现：首先，数据规模将直接得到提升。WhatsApp 庞大的用户群体为 Facebook 提供了更多的用户数据，在此基础上，用户规模增加会吸引更多广告商加入。其次，数据质量也会因此提升。因为根据 Facebook 的应用更新和调整后的用户隐私政策，Facebook 将利用技术手段将两个平台的用户账户信息进行合并，用户个人数据将更详细：两个平台上原本相互独立的数据，在账户匹配后会组合形成更精准的用户画像，这对广告商来说是非常具有吸引力的

"产品"。Facebook 将有可能凭借这些数据质量和规模的双重优势提高与广告商谈判的能力。

相较于这次并购对合并双方的影响，更加引起关注的是，这次并购以及产生的数据集中对市场竞争和消费者的影响如何？评估平台策略性行为对市场竞争的影响，首先需要界定相关市场，再将竞争行为置于具体市场内进行分析和讨论。这些将在后文中进行详细展示。

第五节　平台与用户隐私

一、基于用户隐私的福利分析

在传统市场理论分析中，对消费者福利的分析主要聚焦在产品价格、质量、种类等参数对消费者效用的影响。一般认为更低的价格、更高的质量以及多样化的产品都可以提高消费者的福利，但对于用户隐私这类有一定主观性和量化难度的因素关注较少。进入互联网时代，随着数字经济的发展，用户隐私以数据为表现形式，作为用户数据中具有个体敏感性的一类数据，在用户注册并使用平台服务的交互过程产生，并且伴随着用户对平台使用的增加不断积累。

随着数据在互联网平台竞争中的重要性日益凸显，涉及隐私的用户个性化数据也成为平台企业重要的生产要素甚至交易标的物。比如在线广告市场这种追求个性化营销效果的市场，对用户个人信息的需求非常大。但如果平台对用户数据的获取和使用过程中出现不当行为，可能形成对用户利益的损害。

互联网技术飞速发展的当下，平台先进的算法和大数据技术已经可以实现用户精准画像。但是人们开始担心缺乏约束的数据处理很有可能成为互联网发展的达摩克利斯之剑。一方面平台之所以能够提供精准便捷的服务和多样化的产品，是因为掌握了大量用户的数据，特别是包含个体特征的隐私数据，在算法处理下，平台得以准确定位用户并预测需求，提供个性化服务，提升用户体验。另一方面，平台追求利润最大化的过程中，因监管缺失和平台非中立技术等导致的互联网数据安全、用户隐私泄露，造成消费者效用降低。

平台在进行用户数据处理时可能存在非中立行为，损害消费者福利。平台相对于用户具有天然的强势地位，但在缺乏有效约束和追逐利润的驱使下，平台有可能利用自己的强势地位将包括隐私在内的用户数据作为博取垄断地位的筹码，而用户对此无能为力甚至一无所知。

隐私保护引起了政府监管机构的关注，比如欧盟通过的《通用数据保护条例》，就提出了关于个人数据处理的三原则：数据最小化、完整性和机密性。对用户隐私的讨论必然会涉及数据处理。包含隐私数据在内的用户信息可以作为平台进行需求分析和市场预测时的重要工具甚至交易标的物，成为平台在追求利润时的争夺对象。平台对用户隐私的处理原则和具体操作体现了用户数据的非经济价值，影响用户在平台上可获得的福利水平。因此，隐私政策成为消费者在选择平台时重要的考量标准。

涉及敏感信息的用户隐私以数据的形式被平台获取和使用，通过以下机制对消费者福利产生影响：（1）隐私数据相对公开数据能体现更精确的个人特质，反映更真实详细的用户需求，使平台准确预测用户偏好和变化，定向推送个性化产品和服务，优化用户体验；（2）基于隐私计算结果，平台的一些个性化推送服务可能会强化用户的不良偏好和行为习惯，诱导不理智的上瘾行为；（3）缺少有效外部监管时，平台坚持中立性的激励不足，可能存在黑箱操纵用户数据的情况，用户隐私存在泄露风险，降低用户福利；（4）也有学者研究显示社会总福利随个人信息披露的增加而增加：过度隐私保护导致信息传递不畅，阻碍数据搜集和使用，降低社会总福利。

在大数据和移动网络技术快速发展的当下，消费者数据隐私如何保护，数据使用和隐私保护之间如何权衡取舍，是当前规范互联网平台行为需要解决的新问题。

二、用户隐私视角下平台并购的影响

Facebook 将用户账户合并促进了属于不同平台的用户标签进行组合重整，数据叠加后产生的价值大于在两个平台各自单独使用时的价值。因为在用户数据描述个体特征时，在不同的平台可能呈现出的标签各有侧重，在两个不同平台的个人账户合并以后，所提供的用户信息包括的种类和数量自然更多。这样的账户数据合并匹配，对用户的刻画更精准，提升了定向广告投放的精准度。对于 Facebook 这类依靠精准广告投放来吸引广告主获得广告收入的互联网平台来说，是非常有利的：平台能够提供更具效率的广告推送服务，对广告主需求的满足程度大大提升，平台也因此可以获得更多广告收入。虽然 Facebook 和 WhatsApp 在用户方面有一定的重叠，但合并交易依然可能进一步刺激平台对包括用户隐私在内的数据进行深度挖掘和使用。

在缺乏监管的情况下，用户隐私很可能会成为平台牟利的工具，作为可以流通的商品被平台拿走进行交易。交易过程中还可能面临被平台泄露的风险，平台合并交易并不会降低这一风险，反而可能因数据集中而扩大平台掌握的隐私数据规模，用户对隐私泄露的担忧影响了消费者使用平台带来的效用。因为用户对自己受到的隐私损害并不了解：用户隐私被平台获取后就形成了一个个的用户标签，在特定算法的计算下"绘制"成用户画像，这一过程是在平台内部形成的。数字平台通过并购获得了大量用户隐私数据，但具体这些隐私会被如何保存，又基于什么算法被处理、在什么渠道被使用，这些问题被平台置于一个用户看不见的"黑箱"内。

考虑到合并主体的数据优势在网络效应下会进一步加强，从消费者隐私视角出发，合并交易对用户福利还可能产生以下影响：合并后更强的网络效应会聚集更多用户，引发雪球效应，可能限制其他竞争者获得用户或者扩大用户规模。这会使得那些有更高隐私保护水平，或者隐私数据计算更有效率的潜在竞争对手难以进入市场。综上可知，社交领域主导平台很有可能实现赢者通吃，将其他可能更具效率、技术更先进的潜在对手排除在市场之外。缺少其他替代选择的用户只能接受当前主导平台较低的隐私保护，隐私保护需求难以得到充分满足，用户福利受损。此外，实现了一家独大的平台在管理使用用户数据时，有可能非中立地降低用户隐私保护程度，以追求更高的经营利润。

结合本案，Facebook 对 WhatsApp 的收购属于数据驱动型的经营者集中行为。Facebook 与 WhatsApp 账户数据匹配后，Facebook 得到更多包括敏感信息的用户数据，对用户刻画更精准，广告效率提升，Facebook 的广告收入增加。合并扩大了 Facebook 的用户规模，强化了它的市场支配地位。但是考虑到双方都拥有大量用户，Facebook 在未来数据收集和使用过程中，在缺少外部监督的情况下一旦偏离中立原则，受到隐私泄露威胁的用户群体会非常巨大，对社会福利和用户效应造成的损害将难以弥补。

第六节 欧盟委员会和其他学者的观点

一、欧盟委员会的观点

欧盟委员会将相关市场分为消费者通信服务市场、社交网络服务市场和在线广告服务市场。在分析了该合并事件对相关市场的竞争影响后，欧盟委员会认为市场中仍然有足够的竞争对手，能以其他方式获得大量数据和进行数据分析服务，所以合并带来的数据集中不会给平台提供独特和无法复制的优势，最终批准了该收购交易。

（一）并购对消费者通信应用市场的影响评估

Facebook Messenger 和 WhatsApp 在消费者通信应用程序中提供的产品在很多方面有所差异。这些差异主要由于 Facebook Messenger 是一个独立的应用程序，该应用程序是从 Facebook 社交网络最初提供的功能中独立出来的。

他们之间的差异主要涉及：用于访问服务的标识符（WhatsApp 的电话号码，Facebook Messenger 的 FacebookID）；联系人的来源（WhatsApp 的用户手机通讯录，Facebook Messenger 中的所有 Facebook 用户）；用户体验（Facebook Messenger 与 Facebook 社交网络的核心方面的整合，其体验更丰富）；隐私政策（与 WhatsApp 相反，Facebook Messenger 使 Facebook 能够收集有关其用户的数据用于广告活动）；应用程序的使用强度。

除了上述差异，WhatsApp 和 Facebook 的用户网络之间存在大量的重叠，这主要归因于用户在选择社交网络服务时的多归属习惯。在消费者通信市场中，用户在同一手机上同时安装和使用多个消费者通信应用是非常普遍的。由于 WhatsApp 和 Facebook Messenger 是欧洲经济区中大多数用户同时使用的两个主要消费者通信应用程序，因此这两种消费者通信应用程序在某种程度上是互补的关系，而不是彼此直接竞争。

根据他们的特点，WhatsApp 的产品似乎更接近 Viber 和其他类似的消费者通信应用程序，这些应用程序使用电话号码或电子邮件地址让用户享受服务而不需要像 Facebook Messenger 或 Twitter 一样连接到社交网络。相比之下，Facebook Messenger 似乎比 Google Hangouts 或 Twitter 提供的服务竞争更加激烈，因为用户需要在社交网络上注册才能享受消费者通信服务。

综上，双方在消费者通信市场上并不是竞争激烈的对手，并购行为对该市场产生的影响可以归结体为以下四个方面。

1. 对进入壁垒的影响

第一，消费者通信应用市场的特点是颠覆性创新。例如，黑莓推出了首款带有集成消费者通信应用程序的智能手机，因此获得了非常重要的市场势力。通过响应新客户需求而成功进入市场的另一个例子是 Telegram，这是一款于 2013 年 9 月推出的消费者通信应用程序，归功于创新性的消息加密功能，该程序每月活跃用户在 2014 年 3 月超过了 3500 万。由此可见，潜在进入者凭借突破式的技术创新完全可以实现市场进入。

第二，新的消费者通信应用程序进入市场并没有显著的"传统"障碍。消费者通信应用市场是动态和快速增长的，2013 年，消息传递和社交应用程序的使用量增长了 203%，这种增长超过了任何其他类型的应用程序。消费者通信应用市场的固定成本和边际成本都比较低，开发和推出消费者通信应用程序不需要大量的时间和投资，成本主要来自服务器容量，与用户规模成正比。例如，WhatsApp 在 6 个月内推出了应用程序的第一个版本，其开发成本低于资本运营和员工成本。市场调查的大多数受访者也都表示在市场上开发和推出消费者通信应用程序相当容易。

第三，消费者通信市场中没有已知的专利、技术或知识产权构成进入障碍，同时消费者通信应用中实施的技术也日益标准化。无论如何，WhatsApp 没有任何关于消息传递技术的专利；而 Facebook 拥有一系列专利，但没有一项是任何标准的必需条件。

第四，Facebook 和 WhatsApp 都不能控制智能手机的操作系统，因此无法阻止对消费者通信服务的最终用户的访问。消费者对电子邮件地址，电话号码和其他可用作访问竞争应用程序标识符的使用拥有最终控制权。手机或电子邮件地址可用于建立通信网络，也可供所有的消费者通信应用竞争对手使用。Facebook 和 WhatsApp 也无法控制手机或电子邮件地址的使用。

第五，如果合并后用户数据共享受阻或出现了拒绝不同消费者通信应用之间的互操作，则也能说明存在进入壁垒。数据共享、互操作性可以理解为应用程序的用户与另一个应用程序的用户联系和通信的能力。但是在合并发生的同一时期，合并双方在智能手机上的主要竞争对手都没有提供用户之间的互操作性。除非 Facebook 决定合并两个平台或允许跨平台通信，否则该交易不会对上述缺乏数据共享和互操作性问题产生任何影响。由于上述种种原因，欧盟委员会认为合并交易也不大可能导致进入壁垒增加。

2. 对市场势力的影响

欧盟委员会认为，即使双方合并后市场份额较大，但消费者通信市场是一个呈现快速增长的市场，其特点是频繁的市场进入和短周期的创新。在这样一个充满变化的环境下，大的市场份额可能会变得短暂，不太可能持久存在，因此高市场份额也不一定会对竞争造成不良影响。

3. 对消费者的转换成本的影响

在消费者通信市场中，没有显著的成本阻止消费者在不同通信应用之间切换。原因如下：第一，所有消费者通信应用程序都是免费的或以非常低的价格提供。第二，所有消费者通信应用程序都可以在智能手机上轻松下载，并且可以在同一手机上共存，而无须占用太多容量。第三，一旦消费者通信应用程序安装在设备上，用户就可以在任何时间从一个转换到另一个。第四，消费通信应用的用户界面通常都比较简单，消费者切换到新的应用学习成本是很小的。第五，即使是用户不熟悉的新应用，也可以在应用程序商店找到使用者的评论，轻松得到有关新应用程序的信息。

消费者通信应用程序的客户通常是多归属用户，所以用户转换成本的发生概率进一步降低。当多归属用户尝试新的消费者通信应用程序时，用户通常不会停止使用他们以前的通信应用程序。根据 Facebook 提供的数据，欧洲经济区大约80%~90%的用户每月使用两个或两个以上消费者通信应用，大约50%~60%的用户每天使用多种此类应用。

合并双方没有任何一方能够控制智能手机的操作系统，因此它们都不会给消费者带来应用切换上的麻烦。一些电信运营商表示，通过应用程序进行的交流往往包含大量短暂、自发的聊天，这些聊天对消费者来说不一定具有长期价值。

最后，应用切换涉及到数据可移植性。但是在任何情况下，数据可移植性都不太可能阻止用户更换新的应用。因为即使用户转向不同的消费者通信应用程序，消息传递历史仍可在用户的智能手机上访问，只要用户不删除此类历史记录或卸载应用程序。

综上所述，除了网络效应之外，合并交易对消费者的转换成本没有显著影响。

4. 网络效应对竞争的影响

网络效应是指产品或服务对其用户的价值随着使用该产品或服务的用

户数量增加而增加。电话网络就是一个典型的例子：加入同一个电话网络的人越多，电话对用户来说就越有价值，因为他们能用电话联系到的人越多。随着网络逐渐有吸引力，更多的用户会加入进来，这就形成了一个积极的反馈循环。在本案中双方各自拥有庞大的用户网络：WhatsApp 拥有近 6 亿用户，Facebook Messenger 在 2014 年 7 月拥有接近 3 亿用户。双方的合并，会组成一个拥有庞大用户群体的实体。

消费者在选择通信应用程序时，用户群的大小、同一消费者通信应用程序上亲友的数量都具有重要参考价值。因此，消费者通信应用市场中是存在网络效应的。但是这种网络效应的存在并非先验地表明合并会影响市场中的竞争。如果它们合并后的实体减少了竞争对手的数量，则可能会引起竞争问题，并使其他竞争对手难以扩大用户规模。因此，在该案例中必须根据具体情况分析。

第一，根据上文所述，消费者通信应用是一个快速发展的行业，消费者的转换成本和供给者进入的障碍都很低。在这个市场中，长期以来一直有新的竞争者进入，即使有网络效应的帮助，强大的市场势力也不可能是不可撼动的。所以，无论合并后的网络规模有多大，潜在竞争者仍然能够对其构成威胁。

第二，用户多归属削弱了网络效应。消费者可同时使用两个或多个消费者通信程序。欧洲经济区中的大多数消费者通信应用用户已经安装并正在使用两个或更多消费者通信应用程序。造成这种多归属现象的原因可能有多种，比如免费、下载简单、易于访问、占内存小等，都可能促使用户形成多归属的习惯。此外，用户在切换应用程序时不必每次登录也是用户很容易使用多个消费者通信应用程序原因之一。

第三，合并双方不会控制网络或操作系统的任何基础部分，说明合并即使对其他竞争对手有影响，影响的程度也是有限的。虽然合并后的实体将控制和限制数据的可移植性（例如消息历史记录），但这不太可能实现对用户的锁定。因为即使启动程序，用户通常也会保留消费者通信应用对手机上消息历史记录的访问权限，用户依然可以自行操作系统，进行不同应用程序之间的切换。

第四，WhatsApp 的用户网络是建立在任何实际或潜在的竞争对手都可以得到的电话簿之上的，合并后的实体同样也无法阻止竞争对手创建它们自己的用户网络。所以，即使消费者通信应用市场存在网络效应，也不太可能保护合并后的实体免受新的和现有通信应用程序商的竞争。

通过上述分析，可以发现存在一些削弱和抵消网络效应的因素。但同时也应看到，双方的合并行为，使 Facebook 获得了比之前更大的用户规模，特别是将 WhatsApp 和 Facebook 的独立用户网络合并为一个更大的网络时，可能会加强网络效应。这种用户网络的合并需要双方服务进行整合，当然 Facebook 也称这是一个重大技术难题：整合 WhatsApp 和 Facebook 的网络需要将 WhatsApp 用户的个人资料与 Facebook 上的个人资料相匹配（反之亦然）。由于 Facebook 和 WhatsApp 分别使用不同的唯一用户标识符——Facebook ID 和手机号码，整合在没有用户参与的情况下是复杂的。因此，据 Facebook 称将不能自动且可靠地把 Facebook ID 和 WhatsApp 用户所使用的有效的电话号码相关联。

Facebook 还称 WhatsApp 配置文件与 Facebook 个人资料的匹配很可能必须由用户手动完成，这可能会导致 Facebook 和 WhatsApp 用户的强烈反对，因为用户不想匹配他们的账户。最后，Facebook 表示，除了匹配用户 ID 的困难之外，还必须克服重大的工程障碍（因为 Facebook 和 WhatsApp 具有根本不同的架构），才能实现跨平台通信。

基于上述情况，WhatsApp 与 Facebook 之间的技术整合不太可能很简单。最后需要强调的是，即使 WhatsApp 与 Facebook 在交易后进行整合，WhatsApp 和 Facebook 的用户网络在之前就已经存在很大程度的重叠，这可以减轻合并之后的网络效应。根据上述多方面的分析，此合并交易不会对消费者通信市场的竞争产生负面影响。

（二）并购对社交网络服务市场的影响评估

Facebook 的社交网络服务包括以下核心功能：用户资料、动态消息（newsfeed）和时间线（timeline）。Facebook 的用户可以通过多种方式表现自己，包括发布图片或链接到他们的时间表，评论或"喜欢"其他用户的活动，或者玩一些连接到平台的游戏。通过这些方式，Facebook 和其他以社交网络为特色的服务程序一样（如 Google +，LinkedIn，MySpace，Pinterest 和 InterNations），都提供了围绕用户及其朋友的丰富的社交网络体验。

WhatsApp 的重点一直是仅在智能手机上提供轻便简单的通信服务。事实上，WhatsApp 在合并之前并没有计划成为一个与 Facebook 竞争的社交网络程序。但是，为了更好地评估此次交易对竞争的影响，将假设 WhatsApp 和 Facebook 是该市场的实际竞争对手。

许多公司提供包含社交网络功能的在线服务，但是这些服务的性质和重点差异明显。例如，社交网络服务可以被用于与朋友和家人保持联系、建立联系人、与同学重新联系、共享内容（图片，音乐等）或追求共同兴趣。

WhatsApp 和 Facebook 的相似之处在于它们允许用户之间的信息和内容（例如图片）的交流和共享，但两项服务都显示出了明显的差异。Facebook 网站和移动应用程序上用户主页的其中一个核心功能是动态消息（newsfeed），Facebook 用户体验通常以动态消息为中心。动态消息是定期更新来自朋友、该人所连接的动态显示，它包括帖子、照片、事件更新、组成员身份和其他活动。

Facebook 网站和移动应用程序上用户主页的另一个核心功能是时间线，它允许用户组织和展示最重要的事件和活动，使他们能够按照按时间顺序来记录事件。用户选择要在其时间线上共享的信息，例如他们的兴趣、照片、教育、工作历史、关系状态和联系信息，以及用户控制在其时间线上共享内容的用户。

相比之下，WhatsApp 不向其用户提供主页、动态消息，用户也无法组织并创建个人资料。据 WhatsApp 所称，尽管 WhatsApp 具有动态显示功能，但它仅被 5% ~10% 的欧洲经济区的用户使用。实际上 WhatsApp 是一种轻便而简单用于实时消息传递的一对一通信工具。

Facebook 与 WhatsApp 的数据显示他们之间有相当数量的用户重叠，这进一步证明了 WhatsApp 和 Facebook 不是激烈竞争者。同时也表明每项服务所满足的需求是不同的。因此，鉴于 WhatsApp 和 Facebook 的功能和重点之间存在相当大的差异，双方并不是社交网络服务潜在市场的激烈竞争者。

WhatsApp 和 Facebook 的潜在整合是采用 WhatsApp 和 Facebook 之间的跨平台通信形式，使 Facebook 帖子、状态更新等能够传送到 WhatsApp，从 WhatsApp 传送到 Facebook 上面，或者将这两种服务合并到单一平台中。整合可以通过向 Facebook 社交网络添加额外的用户、功能来加强 Facebook 在社交网络服务市场中的势力。

考虑到 WhatsApp 和 Facebook 的整合可能存在重大技术障碍。这种整合可能需要 WhatsApp 和 Facebook 的用户参与在两个平台上匹配他们的个人资料。任何强制性地将 WhatsApp 用户转移到 Facebook 社交网络上（例如通过强迫 WhatsApp 用户在 Facebook 上注册）可能会导致用户流向其他的消费者通信应用程序。此外，鉴于 WhatsApp 和 Facebook 程序架构的差异，实现跨平台通信将需要对应用进行重新设计并重新编写代码。

Facebook 的当前计划不支持 WhatsApp 与 Facebook 的未来整合。即使将 WhatsApp 与 Facebook 整合在一起，也不会特别加强 Facebook 在社交市场中的网络服务的地位。因为 WhatsApp 的 70% ～90% 活跃用户已成为 Facebook 的用户。因此，Facebook 社交网络新成员的潜在净收益将远远超过将 WhatsApp 用户添加到 Facebook 用户群的利益。该交易不会对社交网络服务潜在市场的竞争产生不良影响。

（三）并购对在线广告市场的影响评估

Facebook 在广告领域的活动包括在 Facebook 的核心社交网络平台上提供非在线的非搜索广告服务。相比之下，Facebook 目前不在其 Facebook Messenger 应用程序上提供任何广告。为了进行在线广告活动，Facebook 会收集有关其社交网络平台用户的数据并对其进行分析，以便广告商提供尽可能"针对"每个特定用户的广告。然而，Facebook 既不销售它收集的任何用户数据，也不向广告商或其他第三方提供数据分析服务，而是把数据作为独立于广告业务的产品。

WhatsApp 目前不销售任何形式的广告，也不存储或收集有关其广告用途有价值的用户数据（例如，年龄、验证名称、性别、社交群体、活动、消费习惯或其他特性）。此外，用户通过 WhatsApp 发送的消息不存储在 WhatsApp 的服务器中，只存储在用户的移动设备或选定的云储存上。因此，本案例中不需要调查任何有关提供数据或数据分析服务的市场定义。

欧盟委员会认为，由于交易而导致 Facebook 控制范围内数据集中度增加、与隐私相关的问题不属于欧盟竞争法规则的范围，而是属于欧盟数据保护规则的范围。本案仅在可能加强 Facebook 在线广告市场或其中子市场中的地位的情况下分析了潜在的数据集中度。由于只有 Facebook 积极提供在线广告服务，因此交易不会在在线广告市场或其他子市场中产生横向重叠。

目前 WhatsApp 不收集用户的年龄、名称、性别、社交群体、活动、消费习惯或其他对广告有价值的特征的数据。此外，WhatsApp 一旦发送消息就不存储消息，并且仅向与所使用的移动电话号码相关联的手机发送消息。一旦用户的消息被传递，WhatsApp 就没有该消息内容的记录。鉴于 WhatsApp 目前不收集任何有价值的出于广告目的用户数据，所以欧盟委员会认为该交易也不会增加 Facebook 可能用于广告目的的数据量。

由于 WhatsApp 目前不收集任何对广告有价值的用户数据，交易不会增加 Facebook 可能用于广告目的的数据量。然而，对于交易是否会加强 Facebook 在网络广告市场地位，本案分析了两种 Facebook 可能加强其在线广告的地位的方式：第一，在 WhatsApp 上引入广告；第二，使用 WhatsApp 作为潜在的用户数据来源，这些用户数据旨在改善 Facebook 在 WhatsApp 之外的广告活动的定位。下面分别讨论这两种方式是否可能加强 Facebook 在在线广告及其细分市场中的市场势力。

方式一：WhatsApp 作为在线广告领域的潜在提供商对市场竞争的影响。由于合并后的实体可以通过分析 WhatsApp 的用户数据，在 WhatsApp 上引入有针对性的广告，这将加强 Facebook 在在线广告市场或其子细分市场中的地位。

但是 Facebook 目前没有计划在 WhatsApp 交易后推出广告。根据 Facebook 提供的数据，Facebook 在一些成员国的整个在线广告潜在市场以及潜在的子市场中的市场份额等于或高于 20% ~ 30%。一部分欧盟委员会的调查受访者认为该交易大大加强了 Facebook 在提供在线广告服务市场中的市场势力。

理论上合并实体在 WhatsApp 上引入有针对性的广告是可能的，但 WhatsApp 会改变其隐私政策。如果这样做，WhatsApp 将偏离其迄今为止所遵循的"无广告"产品策略，这可能会让某些用户认为广告破坏了他们的用户体验，并转换到其他无广告的消费者通信应用（如 Viber）。此外，由于放弃端到端加密可能会使越来越多重视隐私的用户感到不满和不安全，撤回 WhatsApp 的"无广告"政策可能会降低 Facebook 在 WhatsApp 上推广广告的动机。在 Facebook 收购 WhatsApp 宣布后的 24 小时内，隐私问题也促使大量德国用户从 WhatsApp 切换到 Threema。

参与欧盟委员会市场调查的 Facebook 的大多数广告客户都认为在 Facebook 上做广告很重要，其主要原因是 Facebook 拥有大量和高活跃度的用户群和广告的高投资回报率。然而，这些受访者也认为有足够数量的与 Facebook 竞争的其他广告服务提供商。其中包括 Google（包括 Google 搜索，Google + 和 YouTube）、Yahoo!、MSN 和本地提供商。总体来说，广告客户并未对合并交易对在线广告市场的影响有任何特别的关注。同样，回复市场调查的竞争对手大多数认为有足够数量的广告空间提供商将继续与 Facebook 在交易后竞争。

因此，无论合并后的实体是否会在 WhatsApp 上推出广告，在线广告市场上都有足够数量的其他实际和潜在竞争对手与 Facebook 同样提供有针对性的广告。

方式二：WhatsApp 作为广告用途的潜在用户数据来源对市场竞争的影响。合并交易后的实体可以开始从 WhatsApp 处收集用户数据，以提高 Facebook 社交网络平台上提供的目标广告的准确性。

从数据量来说，WhatsApp 目前不收集对广告有价值的用户特征数据。并且 WhatsApp 一旦传递完用户的消息，WhatsApp 就没有该消息内容的记录，并且仅向与所使用的移动电话号码相关联的手机发送消息。由此可以得知，合并交易不会增加 Facebook 可能用于广告目的的用户数据量。

再考虑另一种角度：合并后的实体不仅拥有 Facebook 账户，使用它们在 Facebook 上进行广告，而且还具备利用 WhatsApp 收集用户数据的能力。但要实现这些，首先需要改变 WhatsApp 的隐私政策，其次还需要 Facebook 把每个用户的 WhatsApp 个人资料和他的 Facebook 个人资料相匹配。虽然某些受访者认为这种匹配很容易实现，但 Facebook 认为存在重大技术障碍。最后，如果合并后的实体要这样做，某些用户可能会切换到不同消费者通信应用。

不仅如此，目前有大量市场参与者与 Facebook 一起收集用户数据，包括谷歌（占互联网用户数据份额的很大一部分），此外还有 Apple、Amazon、eBay、Microsoft、AOL、Yahoo!、Twitter、IAC、LinkedIn、Adobe 和 Yelp 等公司。

因此，无论合并后的实体是否会使用 WhatsApp 用户数据来改善 Facebook 社交网络上的定向广告，市场仍然存在大量不受 Facebook 独家控制的对广告有价值的用户数据。由于竞争对手将能够以其他方式获得大量数据或数据分析服务，合并各方的数据组合不会为它们提供独特的、不可复制的优势。根据上述 WhatsApp 作为在线广告领域的潜在提供商与 WhatsApp 作为广告用途的潜在用户数据来源综合分析，此交易也不会对在线广告服务市场的竞争产生不良影响。

二、学者们针对欧盟委员会判决的不同观点

学者们在数据和隐私方面提出了针对欧盟委员会判决的不同观点。菲斯（Phase，2015）认为欧盟委员会明确表示合并控制应仅关注合并运营的经济影响，隐私问题不在欧盟条例的监管管辖范围内。然而，这一立场与欧洲数据保护监管机构（EDPS）的立场相冲突，根据该机构的意见，隐私

是竞争的非价格参数，在兼并控制中，欧盟委员会应采取行动反对预计会减少遵守数据保护规定的兼并。阿根特西和布奇罗西（Argentesi and Buccirossi，2021）指出美国联邦贸易委员会无条件批准合并是低估了与大数据相关的风险。应该把注意力放在数据使用可能导致的反竞争影响上。基梅尔和凯斯滕鲍姆（Kimmel and Kestenbaum，2014）同样认为欧盟委员会和美国联邦贸易委员会对收购案例的审查仅通过竞争效应的角度来评估交易。随着新技术和商业模式使数据收集和分析得到推广和普及，未来并购审查将继续出现反垄断执法在保护消费者免受可能与数字市场并购相关的隐私风险方面的作用的问题。如果适度降低对于隐私权的坚持，也许可能流失部分的用户，却能换来更大的市场利益时，Facebook 仍有可能因为整体市场利益的考虑而降低对消费者隐私及安全的保障。李勇坚和夏杰长（2020）同样认为 Facebook 收购 WhatsApp 会带来数据集中引发的隐私泄露风险。

此外，拉特和萨马勒（Rath and Samal，2019）考察并购对 Facebook 运营和财务绩效的影响，研究表明，并购对公司的经营业绩没有显著影响，而对财务业绩和股东财富有显著影响。切尔耶夫斯基（Čirjevskis，2017）指出 Facebook 收购 WhatsApp 不仅可以获得即时通信的市场份额，还能够增加在线广告的市场份额。

第七节　本案的启示

本章主要针对 Facebook 收购 WhatsApp 案例对相关市场（消费者通信市场、社交网络市场和在线广告服务市场）竞争的影响，以及由此引发的大数据、用户隐私问题进行了分析和研究。法庭依据合并案本身对三个相关市场进行了竞争效应评估，认为 Facebook 收购 WhatsApp 并未造成对相关市场的竞争产生不良影响，因此通过了合并案。但是欧盟委员会的竞争分析并未涉及数据集中、用户隐私的讨论。本章主要针对该收购引发的数据集中的竞争效应进行了分析，并对数据集中过程中产生的用户隐私问题进行了福利分析和讨论。

需要注意的是该案中引发的对数据的讨论以及平台竞争行为对用户隐私产生的影响。数据作为互联网竞争中的关键生产要素，成为平台企业提供服务获取收入的重要资源。但数据的所有和使用在互联网商业模式中往往存在界限不清且监管不到位的情况，这就为用户隐私保护带来了隐患，其影响可能远比垄断本身还要难以估计。

主要参考文献

［1］李勇坚、夏杰长：《数字经济背景下超级平台双轮垄断的潜在风险与防范策略》，载《改革》，2020 年第 8 期。

［2］Phase, I., 2015：Merger Control in the Age of Social Networks：the European Commission unconditionally clears the Facebook/WhatsApp merger.

［3］Argentesi, E. and Buccirossi, P., 2021：Calvano E, et al. Merger policy in digital markets：an ex post assessment, *Journal of Competition Law & Economics*, Vol. 17, No. 1.

［4］Kimmel, L. and Kestenbaum, J., 2014：What's up with WhatsApp：a transatlantic view on privacy and merger enforcement in digital markets.

［5］Rath, S., Samal, G. P., 2019：A Study on Impact of Merger and Acquisition on the Performance of Facebook.

［6］Čirjevskis, A., 2017：Acquisition based dynamic capabilities and reinvention of business models：bridging two perspectives together, *Entrepreneurship and Sustainability Issues*, Vol. 4, No. 4.

第七章　LiveUniverse 诉 MySpace 案[*]

专业概念： 拒绝交易　必要设施原则

拒绝交易： 拒绝交易是指具有市场支配地位的经营者在没有正当理由的情况下，拒绝与其交易相对人进行交易，或限制交易数量与范围等的行为。反垄断法关注的拒绝交易，主要是指有市场支配地位的经营者实施的拒绝交易行为。

必要设施原则： 必要设施原则始于美国联邦最高法院审理的"终端铁路案"（*United States v. Terminal Railroad Association of ST. Louis*）一案的判决。根据该条款，如果上游市场的一个主导企业控制了下游生产不可缺少且不可复制的必需设施（包括基础设施、技术和自然条件等），则其有义务让下游厂商以适当的商业条款使用该设施，以避免反竞争的后果。

互联网技术的进步推动了在线社交网络行业的快速发展，作为该领域内的几家巨头公司之一，聚友网（MySpace）曾经长期占据美国互联网社交网络行业市场份额第一的位置。然而，随着 Facebook 和 YouTube 等开放平台的崛起，MySpace 由于其用户非实名、后台服务器不稳定等缺陷逐步被新兴的在线社交网络平台所取代。2006 年 11 月 2 日，LiveUniverse 指控 MySpace 阻止用户在 MySpace 网站上提及、引用、打开观看 LiveUniverse 旗下运营的社交网站 Vidilife 上的视频，这一行为涉嫌滥用其在社交网络市场中的支配地位，垄断与试图垄断基于互联网的社交网络市场与基于互联网社交网络的广告投放市场。LiveUniverse 认为 MySpace 的上述行为违反了《谢尔曼法》第 2 条和加利福尼亚商业职业守则的有关规定并对此提起诉讼。2008 年 12 月 22 日，美国第九巡回法院认为 MySpace 的商业行为不涉及拒绝交易以及滥用市场支配地位，驳回了 LiveUniverse 的上诉动议，维持

---

　　* 笔者根据 LiveUniverse 诉 MySpace 案（Liveuniverse, Inc. V. Myspace, Inc. , 2008）相关内容整理所得。

原判。

本案争议的核心是 MySpace 阻止用户观看 Vidilife 上的视频是否涉及拒绝交易行为。学术界对于现实中存在的拒绝交易行为对市场运行的效率起到的作用目前尚未达成一致的观点。一方面，在平台竞争过程中，拒绝交易行为可以保护平台的专有投资，有效预防和阻止竞争对手"搭便车"，驱逐低效率的竞争对手，促进创新和保护知识产权，有利于维护市场自由公正的竞争秩序和消费者福利。另一方面，拒绝交易行为并非都是保护竞争的，如果寡头平台拥有竞争对手平台所不具备的"必要设施"，则寡头平台在无正当理由情况下的拒绝交易行为就有可能通过滥用市场支配地位从而限制、排除竞争，提高进入壁垒，将现有及潜在竞争对手排挤出市场，这会引起用户效用的降低和限制创新激励等反竞争效应。

本章在介绍案件和相关市场的基础上，围绕案件涉及的拒绝交易、必要设施、产品兼容、平台互联互通这四个学术问题展开，结合本案例进行具体分析，最后对法院的观点进行阐述解读。

第一节 案件概述

2008 年 12 月 22 日，美国第九巡回法院就 LiveUniverse 指控 MySpace 一案作出终审裁决：MySpace 通过其制定的规则和技术手段，阻止用户在 MySpace 网站上提及、引用、打开观看 LiveUniverse 旗下运营的社交网站 Vidilife 上的视频这一行为并不违反《谢尔曼法》第 2 节和加利福尼亚商业职业守则。MySpace 的相关举措不属于拒绝交易以及滥用市场支配地位的行为，没有降低相关用户的效用或产生限制创新激励等反竞争效应，没有排除、限制市场的公平竞争，提高行业进入壁垒。因此，美国第九巡回法院驳回 LiveUniverse 的上诉，维持原判。

一、案件过程与裁决

本案诉讼时间线如图 7-1 所示。

2006 年 11 月 2 日，LiveUniverse 声称 MySpace 阻止用户在 MySpace 网站上提及、引用、打开观看 Vidilife 视频这一行为违反《谢尔曼法》第 2 节和加利福尼亚商业职业守则并提起诉讼。

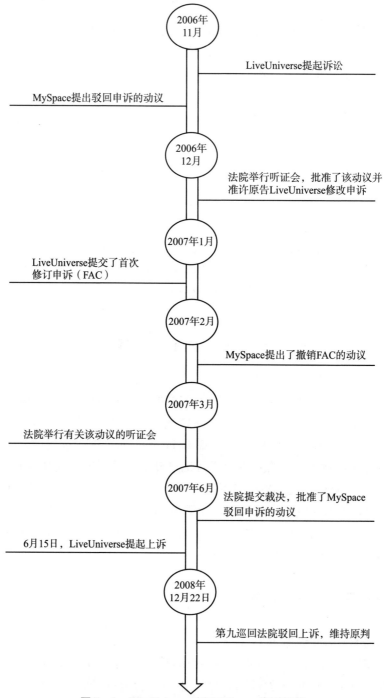

图 7－1 LiveUniverse 诉 MySpace 案时间线
资料来源：笔者根据相关资料整理所得。

2006 年 11 月 22 日，MySpace 提出了驳回 LiveUniverse 指控的动议。

2006 年 12 月 18 日，加州地方法院举行了听证会，批准了该动议并准许原告 LiveUniverse 修改申诉。

2007 年 1 月 16 日，LiveUniverse 提交了首次修订申诉（FAC），该申诉再次指控 MySpace 的行为违反了《谢尔曼法》和《加利福尼亚商业职业守则》。

2007 年 2 月 5 日，MySpace 提出了撤销 FAC 的动议。

2007 年 3 月 5 日，法院举行有关该动议的听证会。

2007 年 6 月 4 日，法院提交裁决，批准了 MySpace 驳回申诉的动议。

2007 年 6 月 15 日，LiveUniverse 提起上诉。

2008 年 12 月 22 日，第九巡回法院驳回上诉，维持原判。

二、本案相关市场与市场参与者

本案涉及社交网络服务市场和在线广告服务市场两个相关市场，下面分别对这两个市场及其内在关系进行讨论。

（一）相关市场

LiveUniverse 的主要业务涉及视频开发制作、在线商业广告促销、社交网络服务，而 MySpace 从事的是社交网络服务。美国绝大多数从事社交网络服务的企业其收入都来源于平台上基于用户访问量所产生的广告收入。因此，本节将对社交网络服务行业和在线广告服务行业进行介绍。

1. 社交网络服务市场

社交网络服务市场主要是为一群拥有相同兴趣与活动的人创建在线社区。这类服务往往是基于互联网，为用户提供各种联系、交流的交互通路，如电子邮件、即时通信服务等。社交网络服务的用户可以创建包含个人信息、照片等个人资料，也可以通过提供社交网络服务的平台与其他人进行聊天、语音、文件分享、参与热点事件评论等一系列线上社交活动。

社交网络服务行业的参与者包括社交网站平台运营商（如 Facebook、MySpace、YouTube 等）、应用技术提供商、广告主和用户，参与者关系如图 7 - 2 所示。

其中网站平台运营商主要是对该网站的社交技术和服务进行整合，确定网站的运营内容和商业模式，在为用户提供社交服务的同时通过积累用

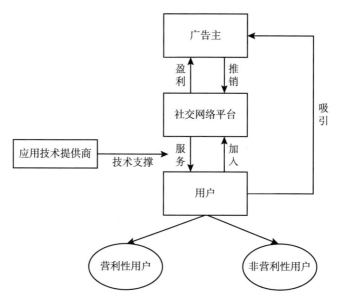

图7-2 社会网络服务市场主要参与者

资料来源：笔者根据相关资料整理所得。

户吸引广告主入驻平台从而获取收入。应用技术提供商针对用户的社交需求，为平台运营商提供社交网络应用技术和产品，实现合作共赢。用户作为网站上的内容提供者是社交网络服务中最重要的参与者，根据用户提供内容目的的不同又分为非营利性用户和营利性用户，前者多为个人用户，后者多为企业机构用户。

社交网络服务行业的主要商业模式大体上可以分为广告收入模式和用户收费模式广告收入模式是最常见且营利性最强的一种商业模式，社交网站可以与广告主达成协议，通过用户的登录习惯、发言内容、发言频率等数据挖掘出用户的个人特征，从而针对性地向用户投放广告，提高广告营销成功率。其中的佼佼者，以开心网、人人网、Facebook、Mixi 和 MySpace 为主。用户收费模式指用户在使用网站的某些或全部应用时需要支付费用，如会员收费、增值服务等。

第一个社交网络服务平台 Sixdegrees 创建于 1997 年，用于帮助人们向他人发送消息并与他人建立联系，顶峰时约有 100 万会员，但是其在 2001 年就关闭了。随后出现了很多与 Sixdegrees 功能类似的网站。2003 年以后，社交网络服务行业迅速发展起来，MySpace 推出后很快占领了市场，据 Hitwise 数据显示，2006 年 MySpace 的市场份额接近 80%。但好景不长，

MySpace 很快被 Facebook、YouTube、Twitter 赶超。图 7 - 3 反映了 1997 ~ 2007 年社交网络服务平台的发展历程。

主流社交媒体网站发布时间		1997年	Six Degrees.com
		1998年	
AsianAvenue		1999年	Live Journal BlackPlantet
LunaStorm		2000年	MiGente
Ryze		2001年	Cyworld
Fotolog Skyblog		2002年	Friendster
LinkedIn, Tribe.net, Open BC/xing		2003年	CouchSurfing, MySpace, Last.FM, Hi5
Orkut, Dogster, Multiply, aSnakkWorld, Catster		2004年	Flickr, Piczo, Mixi, Facebook, Dodgeball, Care2, Hyves
Yahoo! 360, Cyworld（中国版）, Ning		2005年	YouTube, Xanga, Bebo, BlackPlanet （重新发布）
QQ（重新发布）, Windows Live Spaces, Twitter		2006年	Facebook（企业版）, Cyworld（美版）, MyChurch

图 7 - 3　1997 ~ 2006 年网络社交服务平台发展历程

资料来源：Hitwise。

2. 在线广告服务市场

在线广告作为广告形式中的一种，也被称为在线营销、网络广告或数字广告。它与传统广告的不同之处在于信息传播渠道的不同，后者主要通过报纸杂志、广播电视等媒介进行广告信息的传递，而前者则主要借助于互联网为载体向消费者传递商品设计生产、经营促销等信息。在线广告的具体形式包括电子邮件营销，搜索引擎营销，社交媒体营销等。

在线广告服务行业的主体参与者与传统的广告行业相比并无太大的变化，主要包括广告主、广告公司、传播广告的媒体平台以及广告受众四类。广告主是广告的需求方，当需要对企业的产品或服务进行宣传或促销时就会产生对广告的需求。广告公司在广告市场的产业链中处于中介地位，是沟通广告主、媒体平台和广告受众的桥梁和纽带。一方面，它与广告主建立广告代理关系，帮助广告主进行市场调查和预测，确定广告目标，依据计划进行广告策划和创意，并完成广告作品的设计与制作；另一方面，广告公司通过媒介分析与选择，确定发布广告的媒介平台，将广告主想要传递的广告信息传递给广大消费者，最终实现广告目标。传播广告的媒体平台直接与广告受众进行接触，常见的在线广告媒体平台包括电子邮件、搜索引擎网页、社交媒体以及各大手机软件等，凡是能够连接网络的终端都能够成为在线广告展示的平台。广告受众就是指最终会为广告中宣传产品或服务买单的消费者。在线广告行业大致的产业链如图7-4所示。

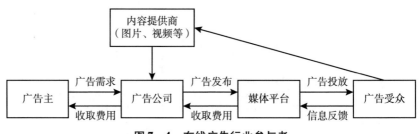

图7-4 在线广告行业参与者

资料来源：笔者根据相关资料整理所得。

因为本案例中涉及的企业 LiveUniverse 和 MySpace 都属于在线社交媒体平台，在在线广告行业产业链中属于传播广告的媒体平台。通过社交媒体平台进行广告宣传的方式又被称为社交媒体营销。许多公司通过发布更新的信息并通过社交媒体提供特价渠道来促销产品。通常，这些广告可以在Facebook、MySpace、Instagram、Twitter 和 Snapchat 上找到。由于社交媒体平台能够同时连接广告主和广告受众，是典型的双边平台，具备网络外部性的特点。如果社交媒体平台本身吸引的消费者数量多，那么该平台对广告主而言也更具有吸引力，使得媒体平台对广告主的议价能力提升。社交媒体平台的主要收入来源就是广告投放，因此虽然很多时候社交媒体对消费者免费开放，从表面上来看消费者数量并不影响平台收入，但实际上消费者数量通过网络外部性影响了社交媒体平台的收入，所以在在线广告服务行业的市场竞争中主要是对用户和流量的竞争。

（二）法院对相关市场的界定

法院认为本案涉及两个相关市场：第一个是在线社交网络市场，第二个是基于在线社交网络的广告投放市场。本节展示了法院对相关市场的界定，并探讨 MySpace 针对 LiveUniverse 的一系列行为对市场竞争有何种影响，以及是否妨碍了市场竞争。

相关市场界定有两个维度：（1）相关产品市场，确定相互竞争的产品或服务；（2）相关地理市场，确定发生竞争的地理区域。相关市场的外部边界由合理的使用互换性决定，合理的使用互换性是指消费者从一种产品或服务转换到另一种产品或服务的实际能力。

在本案中，界定第一个相关市场为在线社交网络市场，在界定相关市场的过程中需要考虑的问题有两个：一个是地域范围的界定；另一个是确定社交网站提供了一套独特的产品和服务。

首先，关于地域范围的界定，本案的原告与被告都是互联网平台企业，互联网能够打破地理位置的限制，众所周知一个在线社交网站在全世界或至少在大多数地理区域中提供相同的社交网络服务是很常见的。不同地域或国家的社交网络服务通常在服务的价格、功能、平台和操作系统等方面没有明显差异。从本案例的原告和被告自身的发展情况出发，LiveUniverse 所运营的 Vidilife 在美国在线社交网络市场中所占的市场份额很小，在其他国家的市场份额更是可以忽略不计。而 MySpace 则是美国社交网络服务行业中的龙头企业，2006 年其在美国社交网络领域的市场份额接近80%，同时 MySpace 开启了全球化战略，在多个国家和地区均有一定的规模和用户，但是与美国用户规模相比仍然有很大的差距，故而本案将相关市场的地域范围限制在美国地理区域内。

其次，根据社交网站所提供的产品和服务而言，在线社交网络市场能否构成一个合理的相关市场也需要进一步确定。LiveUniverse 声称社交网站提供了一套其他竞争媒体无法提供的产品和服务。在线社交网络的交互性、用户自创性为消费者提供了一种前所未有的体验控制权，让用户能够集体决定自己和他人创建的社交网络的内容和结构。其他被动的互联网媒体网站或通信产品，如电子邮件，都不具备这些互动的特质。而 MySpace 提出的替代性网站——在线约会网站虽然具备互动的特质，但其主要功能和目的是使用户能够满足潜在的约会需求，并不能构成社交网站的合理替代，后者比在线约会网站具有更多的功能和吸引力。

综上所述，法院判定本案例涉及的第一个相关市场为美国地域范围内的在线社交网络市场。

LiveUniverse 在案件中将第二个相关市场界定为基于在线社交网络的广告投放市场。本案中，法官在假定相关市场界定正确的前提下以 LiveUniverse 指控 MySpace 从事排他性行为和实质性反垄断损害不成立的原因判 LiveUniverse 败诉。但是 LiveUniverse 提出的基于在线社交网络的广告投放市场能否构成一个独立的相关市场仍然存疑，故而不加赘述。

（三）市场参与者

1. 被告 MySpace

MySpace 于 2003 年 8 月由汤姆·安德森、布拉德·格林斯潘和克里斯·德沃菲创立，是一个经营社交网络服务网站的企业，为全球用户提供了一个集交友、个人信息分享（个人文件页面、博客、组群、照片、音乐和视频）、即时通信等多种功能于一体的互动平台，除此之外还提供内部的搜索引擎和电子邮件系统。通过对 MySpace 发展历程的回顾，不难看出其在互联网社交网站服务行业的发展经历了大起大落。MySpace 发展历程如图 7-5 所示。

2004 年 1 月 MySpace 正式启动，一个月后 MySpace 的注册用户达到 100 万，2004 年 11 月用户人数突破 500 万。MySpace 是当时第一个每月拥有百万活跃用户的社交媒体网站，用户黏性极强。2005 年 7 月，新闻集团（News Corporation）以 5.8 亿美元的价格收购了 eUniverse（为其重新命名为 Intermix Media），其中约 3.27 亿美元是 MySpace 的估值。当时该网站有 2000 万注册用户。被收购后 MySpace 并没有独立公布营收和获利，而是合并于新闻集团的总营收中，随着新闻集团追求利润丰厚的广告交易，MySpace 的收入迅速增长，在互联网社交网络市场的市场份额也越来越大。

2006 年初 MySpace 启动全球化战略，相继开通了加拿大、澳大利亚、新西兰、法国、英国、德国、意大利、西班牙、日本、印度等多个国家或地区的分站点。在 2006 年 8 月 9 日，第 1 亿个账号在 MySpace 上创建，2006 年 9 月 6 日该网站的账号数量为 16000 万个，MySpace 官方表示网站每天增加约 23 万个新账号。

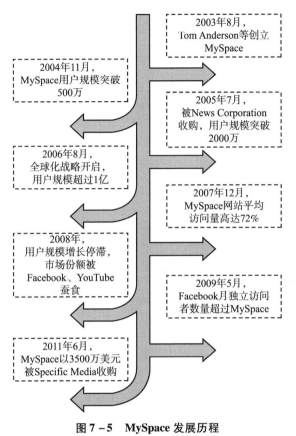

图 7-5　MySpace 发展历程

资料来源：笔者根据相关资料整理所得。

2007 年，美国的互联网社交网络行业规模不断扩大，呈现一片欣欣向荣的发展态势。Facebook 也慢慢占据市场第二的位置，但在用户规模上与 MySpace 仍然有较大差距。据 Hitwise 报告数据表明，从访问量来看，Facebook 的市场份额从 2006 年 12 月的 10.59% 增长到 2007 年 12 月的 16% 以上，而当时 MySpace 在美国互联网社交网站的平均访问量占比已达到了 72%。

随着 Facebook 和 YouTube 的快速崛起，MySpace 的不足也开始暴露出来，主要体现在 MySpace 被收购后成为了新闻集团的产品推广渠道，企业的目标从以用户体验为中心转变为以股东利益为中心，再加上 MySpace 作为社交网站具有用户非实名、后台服务器不稳定等缺陷，从 2008 年开始，MySpace 的用户规模增长逐渐停滞，页面浏览量和其他指标都呈现下降趋势。尽管 2007~2008 年，MySpace 对界面和功能做出过许多改进，甚至效仿 Facebook 推出了开放平台，但是并未能够挽回 MySpace 的颓势。Facebook 与 MySpace 月独立访问者数量对比如图 7-6 所示。

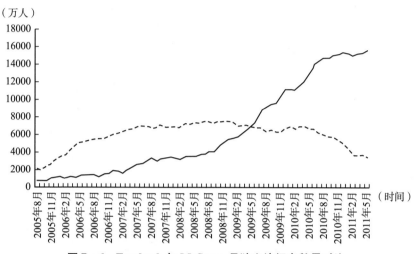

图 7-6　Facebook 与 MySpace 月独立访问者数量对比

资料来源：ComScore Media Metrix。

　　2011 年 6 月 30 日 MySpace 首席执行官迈克·琼斯（Mike Jones）以邮件方式向全体员工宣布，MySpace 以 3500 万美元被在线媒体和广告公司 Specific Media 收购。之后，在 2012 年 2 月 MySpace 宣布其网站在 1 月新增了 100 万用户，但 MySpace 已不再是能和 Facebook 比肩的互联网社交网络巨头了。

2. 原告 LiveUniverse

　　LiveUniverse 于 2005 年由 MySpace 的创始人之一布拉德·格林斯潘建立，是一家专注于社交网络的互联网公司，经营的社交网站为 www. vidilife. com，拥有许多社交网络和视频资源。LiveUniverse 的主要业务包括开发、制作和发行电影和电视资产，商业广告以及促销公司视频。从互联网社交网络服务行业的角度来看，LiveUniverse 在该行业中的市场份额几乎可以忽略不计。

　　2006 年 10 月 31 日，LiveUniverse 收购了 Flurl，该网站是一个视频搜索网站，本身拥有 1000 多个在线视频网站。根据 Comscore World 的数据，领先的独立视频搜索引擎 Flurl 在 2006 年 9 月吸引了 560 万独立用户。这是 LiveUniverse 进行的首批重大投资。

　　2008 年 2 月 14 日，LiveUniverse 以 500 万美元收购了视频共享网站 Revver，Revver 将广告附加到用户提交的视频剪辑上，最初是与视频创作者分享广告收入，这也是第一个通过广告将用户生成的内容货币化并与创作者分享广告收入的视频共享网站。此外，Revver 是一个视频发布平台，使第三方能够构建自己的"Revverized"网站。2006 年，Revver 被《电视周刊》授予"最有影响力的独立网站"，被《红鲱鱼》杂志评为 100 个最有前途的初创公司之一。但是被 LiveUniverse 收购后，后者放弃了 Revver 的核心视频追踪定位优势，导致用户数量急剧下降，且收购后几个月 LiveUniverse 就停止向视频创作者定期支付共享广告收入。自 2011 年以来，Revver 的网站已关闭。此后 LiveUniverse 又陆续收购了个人门户网站 Pageflakes、根据用户喜欢的演员或流派提供个性化的电视和电影指南的 Meevee、创新消费者语音和文本通信服务的 Jangl、允许用户将其 DVD 出售给其他用户的在线交易平台 Peerflix。但是这些收购并没有能够使 LiveUniverse 和被收购的公司强大起来，反而造成了用户流失，最终走向没落。

2009 年，LiveUniverse 及其收购的各大网站出现频繁停机。2010 年，加利福尼亚州将 LiveUniverse 的营运状态列为"已暂停"。LiveUniverse 发展历程如图 7 - 7 所示。

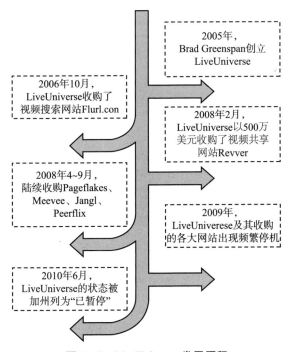

图 7 - 7　LiveUniverse 发展历程

资料来源：笔者根据相关资料整理所得。

第二节 平台拒绝交易行为

拒绝交易行为是指具有市场支配地位的经营者，在没有正当理由的情况下，拒绝或变相拒绝与其交易相对人进行交易的行为，称为"拒绝交易"或"瓶颈垄断"，属于对市场支配地位的滥用。通常情况下，拒绝交易行为是市场主体自主经营权利的一种体现，市场主体有自由选择交易对象和交易内容的自由，是市场活动中一类常见的中性行为。然而，对于具有市场支配地位的经营者而言，从事拒绝交易的行为通常会产生严重的反竞争效果，提高在位厂商及潜在进入者的进入壁垒，造成对市场上其他竞争者的排挤。由于拒绝交易行为可能会对在位或潜在的市场参与者产生排挤效应，从而损害市场竞争，各执法机构普遍对此予以密切关注。

在互联网行业中，平台经营者有拒绝其他经营者进入封闭式网络平台的特性。例如，Facebook 以"社交网络隐藏了大量内容"为理由拒绝搜索引擎用户通过关键词搜索进入其网站，即社交网络里面的内容不对搜索者开放。比如作为 iTunes/iPod 基本封闭平台持有者的苹果公司极力阻止其他设备制造商播放 iTunes 的音乐。由此可见，在互联网领域内拒绝交易是一种很常见的商业行为。

一、平台拒绝交易行为的反竞争效应

互联网领域产生了区别于传统企业的拒绝交易方式，比如通过算法、规则和技术手段设置联通障碍，或者拒绝数据互操作，限制其他竞争平台接入等行为。在平台竞争过程中，拒绝交易可以有效保护平台的专有投资，预防和阻止"搭便车"行为，淘汰低效率的竞争对手，促进创新和保护知识产权，有利于维护市场自由公正的竞争秩序和消费者福利；但如果是主导平台在无正当理由的情况下滥用市场支配地位进行的拒绝交易行为，则可能会导致限制、排除竞争，提高行业进入壁垒，降低用户效应和限制创新激励等反竞争效应。

平台拒绝交易行为往往有不同的动机：追求创造新的技术或者改造产品和商业模式，实现降本增效，或是为了排斥限制竞争对手。由于平台本身的规模和市场竞争环境，拒绝交易行为产生的后果也各有不同，因此并不是所有的拒绝交易都会受到反垄断干预，实际上只有少部分对市场竞争造成损害或者不利于消费者福利的行为才会受到反垄断法的限制和干预。反垄断监管机构在评估此类行为时有必要进行多方因素的权衡协调，坚持个案分析和合理判定原则。

综上所述，评估主导平台拒绝交易行为的竞争效应时，应从理由正当性、实施主体和后果等因素出发考虑以下几个问题：拒绝交易行为是否是客观必要的，理由是否是正当合理的；是否涉及"必要设施"；拒绝交易行为的发生是否有可能对所在市场或者下游市场、相关市场的有效竞争产生限制或潜在威胁；拒绝交易行为是否损害当前消费者的福利或者间接通过限制、阻碍技术创新和潜在的新产品出现而损害消费者的未来福利。

二、"必要设施"理论

在反垄断领域中，判定具有市场支配地位的经营者是否存在拒绝交易行为的关键在于经营者是否控制着竞争对手所必需的"必要设施"（Essential Facility）。反垄断意义上的"必要设施"理论起源于 1912 年美国联邦最高法院审理"终端铁路案"时确立的"瓶颈"理论。在该案中，几家铁路公司联合经营横跨密西西比河的两座铁道桥、横渡河面的火车运输摆渡系统和圣·路易斯市唯一的火车站点。起初，两座铁道桥和摆渡设施分别归不同的经营者所有；其中一座桥和摆渡系统也并不归铁路公司所有，且任何铁路公司都可以使用这座桥和摆渡服务。后来，拥有一座铁道桥的这几家铁路公司收购了另一座桥和摆渡业务。政府诉称，这种并购行为构成《谢尔曼法》第 1 条所禁止的限制竞争协议。美国联邦最高法院认为，使用统一的铁道桥和站点系统对于铁路公司进入圣·路易斯市和参与竞争而言是必须的。最高法院判定这套系统的拥有者必须将铁道桥和站点设施以合理的条件平等地提供给所有使用者使用，而不是命令将其解散为数个独立的公司。

1983 年，美国联邦巡回法院在审理 MCI 通信公司诉 AT&T 案（*MCI Communications Corp. V. AT&T. Co*）中正式使用了"必要设施"的概念。在该案中，法院认为如果 MCI 不能接入 AT&T 所控制的本地电话，那么 MCI 就无法在长途电话市场与 AT&T 开展有效竞争。同时，在该案的审理过程中，美国联邦法院也正式确立了"必要设施"规则适用的四个条件：第一，"必要设施"必须为某个具有市场支配地位的经营者所控制；第二，垄断者的竞争对手没有足够的能力和成本来复制这一设施或是复制的成本远超其所能获得的收益；第三，"必要设施"的实际控制者拒绝竞争对手使用该设施；第四，垄断经营者向其竞争对手提供"必要设施"具有现实可行性。

在平台经济中，具有支配地位的厂商对于"必要设施"的控制多数情况下是对垄断平台内所拥有的数据要素的掌控。数据要成为"必要设施"，必须要满足反垄断的基本价值诉求。近年来，欧盟与美国在处理相关的司法诉讼案件中也总结出了"必要设施"原则在数字市场反垄断领域的适用条件。第一，具有市场支配地位的数据控制者没有正当理由拒绝开放数据。从近年来欧盟、美国的反垄断司法实践来看，"必要设施"原则主要适用于纵向间接竞争，因为在纵向竞争中，如果具有垄断地位的数据控制者拒不开放数据或者设置较高的进入壁垒，将会阻碍竞争、减少消费者福利、降低社会资源总体配置的效率。然而，"必要设施"原则对直接横向竞争并不适用，任何数据控制者均没有义务向自己的竞争对手分享数据以帮助其成长。第二，竞争对手难以复制关键数据的信息内容，或是复制的成本超出预期的收益。实际上，数据尤其是原始数据并不具备特别多的价值，有价值的是经过加工处理后的数据集合。从数据的可获得性来看，只要市场经营者愿意投入足够的成本，任何数据信息内容均是可以获得的。但是，如果获取这些数据的潜在成本过高，那么对于经营者而言是没有意义的。因此，必须考虑获取相关数据的经济以及时间成本是否合理。第三，数据对于市场竞争而言是不可或缺的。数据的"不可或缺性"可以从两个角度来分析：首先，其他经营者的服务或产品供给必须以开放的数据为基础，或是供给质量的高低与数据的开放程度密切相关。其次，这一数据应当属于特殊类型的数据，是其他经营者在开展竞争时不可或缺的或在市场上无法获取其他可以替代的数据。第四，数据开放具有可操作性。数据开放应在技术层面具有可行性，不会被格式、标准、兼容性等问题约束。同时，数据开放应当保证企业和用户的安全性，防止竞争对手滥用经营者的数据从而损害其利益。

综上所述，从反垄断的本质和目的而言，促进市场的有效竞争、提升资源总体配置的效率和保护消费者的福利才是考虑开放数据的根本理由。

三、对本案例的分析

（一）Myspace 对 LiveUniverse 的拒绝交易行为

MySpace 和 LiveUniverse 同为社交平台，彼此之间属于竞争对手。就用户规模而言 MySpace 占据市场首位，远超 LiveUniverse。MySpace 通过制定规则和技术手段，阻止用户在 MySpace 平台上观看 LiveUniverse 旗下 Vidilife 平台上的视频和点击访问链接。LiveUniverse 认为这种拒绝交易行为使其无法获得 MySpace 上的用户流量，大大降低了 LiveUniverse 可获取的流量，对其广告业务造成冲击，令其在在线广告市场上处于被动的竞争地位。

但是，应当注意的是 LiveUniverse 在 MySpace 平台上放置链接的行为其意图是把 MySpace 上巨大的用户流量"引入"到自己的平台从而赚取对广告主收取的广告费用，这在本质上属于搭便车行为。MySpace 随后的拒绝交易行为可以解释为驱逐低效的搭便车者，并且 MySpace 的限制用户访问仅针对 LiveUniverse，并未对其他竞争对手造成排除和限制，也没有影响用户享受平台上的服务，因为用户依然可以经由其他渠道选择 LiveUniverse 的产品，消费者福利并未因拒绝交易行为受到减损。

那么，MySpace 的拒绝交易行为是出于正当理由吗？这种行为会产生反竞争的结果吗？

首先，在市场活动中企业本身有交易的自由也有拒绝交易的自由，拒绝交易行为本身不代表一定存在反竞争效应，拒绝交易行为即使是由占据市场支配地位的主导平台发起的，但这也并不代表一定存在市场势力滥用。其次，MySpace 的拒绝交易是在排斥 LiveUniverse 的搭便车行为，具有保护自身利益不受损的正当理由。LiveUniverse 在 MySpace 上设置了链接和视频，当 MySpace 的用户点击链接后，增加的是 LiveUniverse 的收益而非 MySpace 的收益，这对 MySpace 而言会产生负外部性，所以 MySpace 的拒绝交易行为是在保护自己的正当利益不受损害。最后，从拒绝交易行为产生的后果来看，MySpace 只是针对 LiveUniverse 的搭便车行为，没有排除和限制其他竞争平台，也没有妨碍用户通过其他渠道接受 LiveUniverse 的服务，对消费者效用没有产生明显的负面作用。所以，MySpace 的拒绝交易行为具有正当理由，并且从结果来看并没有对市场竞争和消费者福利带来损害，并未产生反竞争效应。

（二）Myspace 是否控制着"必要设施"

在本案中，MySpace 与 LiveUniverse 同属互联网社交平台，属于横向直接竞争关系，MySpace 没有义务开放自己的平台以帮助 LiveUniverse 成长。同时，MySpace 网站上不存在 LiveUniverse 难以复制的关键数据信息内容，MySpace 只是通过技术手段阻止用户在 MySpace 平台上观看 LiveUniverse 旗下 Vidilife 的视频和访问链接，但是用户仍然可以通过别的渠道在其他网站上浏览 Vidilife 的视频，MySpace 平台对于想要观看 Vidilife 视频的用户而言不是不可或缺的。因此，在本案中，MySpace 平台上并不控制着 LiveUniverse 所必需的"必要设施"。

第三节　平台兼容与互联互通

在评估关于平台和平台之间拒绝交易行为时，还应注意到由于平台具有特殊的网络结构和网络外部性，所以平台之间的互联互通和产品兼容也会成为平台拒绝交易时采取行动的切入点。不同平台所拥有的独立的网络系统及其操作页面本身属于平台所特有的产品，平台之间的兼容程度主要体现在平台之间不同产品的兼容程度。因此，本章对平台兼容的分析主要体现在对平台产品兼容的分析。在本章涉及的案件中，MySpace 和 LiveUniverse 之间的策略性行为体现了平台的兼容性选择，所以本节将对相关的经济学概念进行简要介绍。

一、产品兼容

产品兼容，是指不同产品能够无成本地结合并共同满足用户的某些需求，从产品层面体现了"系统"和"组件"的连接性：原本独立的"组件"相互连接共同组成一个"系统"向用户提供服务，这个过程中摩擦成本越小，说明"组件"之间的兼容性越高，用户对提供服务的"系统"接受速度和评价就越高，产生的网络效应就会越大。由此可见，产品兼容程度对用户效用和平台规模可以产生重要影响。

想要降低不同组件之间的摩擦成本，就需要不同平台的网络在技术、链路或标准规则上达成一致。产品兼容使原本生产自不同平台的产品建立了功能上的互补关系或者技术上的互操作关系。平台产品兼容的实现方式一般分为事前兼容和事后兼容两种：事前兼容指平台之间在设计生产产品之前就达成遵守某种共同标准的协议，以实现产品兼容或者互操作；事后兼容则是通过一些技术手段或附加适配器的方式，在已完成的产品之间实现兼容。当然，产品兼容程度也受参与企业控制和技术可行性等因素影响并呈现出动态变化。

二、产品兼容的竞争效应

产品兼容虽然会提高网络价值，但同时也会产生现实和潜在的兼容成本（比如设计和生产适配器的成本、兼容后带来的性能和效率的下降等），而且不同平台之间产品兼容问题还涉及市场竞争的策略选择。因此，平台在考虑是否与其他平台实现产品兼容时，会结合兼容产生的以下几个方面影响进行权衡取舍：

（1）兼容增加了网络效应。兼容实现了产品功能互补、技术上的互操作，促进了参与主体的价值共赢：由于产品兼容，原本属于另一个平台的用户可以在提供了兼容服务的平台上进行交易和消费，这实际上扩大了平台的用户规模，使得兼容参与方的网络效应都获得了增加。而且兼容产品组件越多，越能丰富用户的平台选择。理论上，当市场上所有平台的产品都实现完全兼容时，就意味着实现了网络规模最大化，此时所有用户都在一个网络中。

（2）产品兼容避免停滞（stranding）效应，降低用户在多平台之间的转移成本。用户使用的产品虽然是属于不同平台的，但由于兼容性的存在，用户可以很方便地将之前使用产品所产生的个人数据和信息转移到另一个平台继续使用。用户不再担心自己所使用的产品被市场"抛弃"，或转换平台后重新组建个人数据形成的转移成本，避免了用户受到产品被市场搁浅所带来的停滞损失和沉没成本。

（3）兼容可能影响产品多样性。产品兼容程度越高，意味着平台在提供产品时所遵循的标准越一致。虽然从减少转移成本的角度来说，用户倾向于选择兼容度更高的标准品，但对标准品的需求增加可能会牺牲平台产品的多样性从而加剧产品的价格竞争。不过，标准化还会带来另一种新的"产品多样化"，即消费者可以从不同平台选择不同产品来实现组合配对，形成新的复合产品以满足自身需求，这种来自用户方的不同组合方式催生了新的"产品多样化"。

（4）产生兼容成本，可能会增加平台成本负担。兼容成本受实现方式的影响，如果是平台之间事先达成标准化协议，这种事前兼容成本主要产生自标准化的竞争过程；而另一种增加适配器的事后兼容，兼容成本则产生于适配器本身以及由此带来的功能损失，比如出于技术可行性和产品初始设计等方面的原因，不同平台产品很难实现完全兼容，即使借助适配器组合在一起也可能出现产品功能难以正常运转的情况，带来效率损失。

三、平台互联互通

当采取统一的技术标准或适配器实现了不同平台产品之间的兼容时，实际上就是在平台与平台之间形成了互联互通的关系，可以看作它们获得了相同的网络价值。此时，平台之间的竞争就是一种"在市场竞争"：平台必须通过获取消费者的信任，从而扩大产品的用户群，争夺行业内的市场份额。而当产品不兼容时，平台之间将不会产生联通关系，并且在网络外部效应的影响下，平台之争会演变成"为市场竞争"：谁的产品成为接受度更高的"标准品"，谁就会成为赢得整个市场的垄断者，而竞争对手则会被排除出市场。

平台在互联互通问题上面临不同选择：根据市场结构状况、用户归属性以及网络外部性强度和平台之间的规模差异等情况，平台可以选择完全兼容也可以选择完全不兼容以及部分兼容。通常来说，平台是否接受互联互通主要考虑的是收益的前后变化和兼容成本，只有互联互通能带来更多净收益时，平台才愿意采取兼容策略。依照这一逻辑，平台追求超额利润时也会考虑将产品兼容作为一种竞争工具，比如在位的大型平台一般倾向于拒绝兼容其他平台的产品或通过联合统一技术标准来排斥其他竞争对手的接入，以排他性的竞争方式来维护和加强自己的用户基础。而规模较小的竞争性平台则更愿意凭借兼容加入在位平台的网络中，以获取后者更大的网络价值。在现实中，我们也发现很多符合上述规律的例子，比如本案中 MySpace 与 LiveUniverse 的争端，两者对平台互联互通截然相反的态度就说明了规模不对称的两个平台具有不同的兼容激励。

总的来说，平台之间产品兼容程度越高、兼容范围越广，平台的互联互通关系就越密切，平台一体化程度就越高，网络效应就越强。相对地，如果平台缺乏兼容激励，不愿与其他平台进行联通，而选择进行标准竞争，则会产生多重竞争效果：有可能最终获胜的新标准会推动生产率提高和消费者福利增加，也有可能因为标准竞争造成市场分割，或者赢得市场标准的企业并不是效率最高质量最好的那个（获胜仅仅是因为消费者先入为主的惰性占据了优势），此时标准竞争带来的实际上是整个社会福利的损失。

四、平台互联互通的竞争效应

在网络效应和正反馈机制下，平台互联互通有利于提高平台的网络价值：平台通过产品兼容实现互相联通，得以共同分享一个用户规模更大的网络，从而实现更大范围的网络正效应和平台收益。特别是新进入平台与在位平台联通，可以提高新平台的用户基础，丰富用户选择范围，整体上是有利于竞争和用户福利的。但由于兼容的私人激励和社会激励往往不一致，所以平台对互联互通的策略选择并非一定带来促进社会总福利提高的效果，有时可能产生限制竞争和减少社会总福利的影响。具体的影响可以从以下几个方面体现出来：

（1）在用户规模有明显差距的市场，或者市场集中度高的环境中，兼容的私人激励小于社会激励，在位大平台更倾向于较低程度的兼容甚至不兼容，拒绝互联互通而选择进行标准竞争。因为在标准竞争中，大平台更容易凭借巨大的用户规模优势获得胜利，挤压竞争对手的生存空间并最终将其排挤出市场，获得垄断地位，实现利润最大化。此时用户面对的是市场中唯一的平台，用户选择被限制在最小范围内，而且垄断平台提供的技术标准有可能不是质量最好或效率最高的，垄断平台甚至有减少供给提高价格的动机。

（2）在前面描述的场景中，弱势的竞争性平台或者新进入的平台更倾向于主动加入大平台的网络以实现互联互通，这对竞争的影响也存在不同效应。新平台通过兼容可以加入更大网络，这一方面意味着新平台可以获得更大的用户规模和更多的交易机会，有利于刺激市场竞争的活跃度；另一方面也避免了与在位大平台进行标准竞争的风险，除非小平台拥有更高价值的技术或新产品可以赢得标准之战，不然标准竞争的结果很可能是小平台被排挤出市场。虽然允许小平台接入在一定程度上刺激了竞争，但是小平台也可能通过这种兼容形式对大平台进行搭便车，此时市场存在负的外部效应，市场并不是高效率的。

（3）从创新角度来说，允许竞争性平台之间互联互通有利于新平台快速获得基于规模经济和范围经济的正反馈：联通程度越高，市场进入壁垒越小，新平台和潜在进入者竞争约束就越小，创新动机越强。当市场集中度高，或者存在寡头结构的环境下，在位大平台兼容激励不足，拒绝互联互通的情况很可能会削弱新平台和潜在进入者的创新机会。但这不意味着反垄断机构的干预就可以解决问题，因为寡头平台的市场优势地位可能恰恰是由于前期的创新或者经历激烈的标准竞争而得到，是对效率和创新的"奖励"，过度干预反而会压抑大平台的创新动机，并且不能保证在干预中接入的小平台一定可以实现效率提升和技术创新。

第四节　针对本案的分析

MySpace 在在线社交网络行业中占据主导地位，由于社交网络自身的互动性，再加上双边平台的网络效应，MySpace 确实具备垄断市场的能力。但企业具有垄断地位并不能认为就一定会产生垄断行为。在分析其具体行为是否构成反竞争威胁时，法院发现 MySpace 删除了 Vidilife 的链接、拒绝用户访问等行为是为了阻止竞争对手利用互联互通的机会接入到 MySpace 的网络，通过引流 MySpace 的用户与 MySpace 展开竞争。MySpace 的这些拒绝行为制止了对方搭便车给自己造成的损失，具有正当理由。而且从这些操作造成的结果来看，仅仅是损害了 LiveUniverse 的部分收益，并未阻止用户通过别的渠道使用 LiveUniverse 的网站，所以该行为不构成滥用市场势力的排他行为。从消费者角度来看，MySpace 的行为也并未对消费者造成实际上的损失。由此可见，LiveUniverse 指控 MySpace 垄断与试图垄断的动议都不成立。

一、对市场竞争的影响分析

（一）市场势力判定

LiveUniverse 以垄断和试图垄断的指控起诉 MySpace，首先必须针对 MySpace 是否在在线社交网络行业中具有垄断的市场势力进行判定。垄断势力主要体现在该企业是否具有控制价格或者排除竞争的能力。如前文所述，对于在线社交网络行业而言，社交网站作为一个双边平台，其主要的商业模式并不是向用户收费，而是通过扩大用户规模吸引广告商从而获取利润。就 MySpace 的商业模式而言，其采取的仅仅是广告形式的盈利模式，对于用户则是免费开放的。所以在测定 MySpace 市场势力的时候不能通过其是否具备价格控制力来判定，而是应该通过观测其在市场中的市场份额来测定其是否具备垄断的能力。根据互联网流量测量服务 Hitwise 的统计（见表 7-1），从访问量来看，2006 年 9 月 MySpace 占美国在线社交网站总访问量的近 82%，而排名第二的 Facebook 的市场份额仅有 7.24%。可见 2006 年 MySpace 确实在美国在线社交网络行业占据主导地位。

表 7-1　　　　　　　2006 年 9 月美国在线社交网站市场份额比例

排名	网站名称	网址	市场份额（%）	平均访问时间
1	MySpace	www. myspace. com	81.92	30∶22
2	Facebook	www. facebook. com	7.24	8∶17
3	Xanga	www. xanga. com	1.86	12∶00
4	Yahoo! 360	360. yahoo. com	1.21	11∶42
5	BlackPlanet. com	www. blackplanet. com	1.12	20∶19
6	Bebo	www. bebo. com	1.02	25∶39
7	Classmates. com	www. classmates. com	0.85	7∶14
8	LiveJournal	www. livejournal. com	0.76	12∶27
9	hi5	www. hi5. com	0.62	14∶31
10	Tagged	www. tagged. com	0.58	20∶33

资料来源：笔者根据相关资料整理所得。

从用户规模来看，2004～2006 年 MySpace 的用户规模排名第一（见图 7-8）。由此可以看出，在 LiveUniverse 起诉 MySpace 期间，MySpace 确实在美国在线社交网络市场中占据主导地位，具有垄断市场的能力。

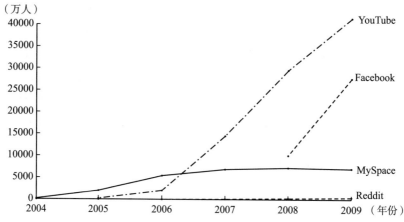

图 7 – 8 2004 ~ 2009 年美国在线社交网站用户规模变化情况

资料来源：Statista and TNW。

（二）网络效应与市场进入壁垒

通过对 MySpace 的市场份额进行分析，已确定 MySpace 在美国在线社交网络市场中占据主导地位，但是这并不足以证明其滥用了其市场支配地位，还需要对 MySpace 是否存在排除竞争的行为进行分析。排除竞争行为一方面体现在新竞争对手难以进入市场，市场进入壁垒提高；另一方面体现在现有竞争对手缺乏扩大产量、规模的能力。在美国在线社交网络行业中，MySpace 占据主导地位，确实提高了进入壁垒，但其主要原因在于双边平台的网络效应。在以网络效应为特征的市场中，因为用户从商品消费中获得的效用会随着其他消费该商品的代理人数量的增加而增加，最终市场会倾向于一种产品或标准占据主导地位。而其他厂商要进入该市场的固定成本投入较高，且由于在位平台的用户黏性强，新进入企业很难获取较高的市场份额。另外，根据 Hitwise 关于美国社交网络调查的报告显示，2006 年 9 月市场份额最高的 19 个社交网站中 24% 的访问量直接来自 MySpace。这意味着 MySpace 对其最大潜在竞争对手的访问量控制了近 1/4，MySpace 的现有竞争对手缺乏扩大规模的能力。综上所述，MySpace 凭借其主导地位通过网络效应的作用提高了在线社交网络行业的进入壁垒。

（三）排他性行为

LiveUniverse 声称 MySpace 实施了三项排他行为。第一，MySpace 通过重新设计平台，破坏了用户在 MySpace 系统上加载和显示 Vidilife 视频的能力，从而使 MySpace 用户在其在线配置文件中嵌入的 Vidilife 视频内容的所有链接不再起作用；第二，MySpace 删除了对 Vidilife 网站的所有引用；第三，MySpace 不仅阻止用户在 MySpace 系统上提及 Vidilife 网站，而且禁止在其个人资料中嵌入指向 Vidilife 网站的链接。同时，MySpace 还禁止用户使用另一家基于互联网的社交网站 Stickam 提供的社交网络服务，并删除了对另一家社交网站 Revver 的所有引用。LiveUniverse 将 MySpace 的行为认定为排他性反竞争行为，因为 MySpace 的设计变更没有合法的商业目的，其唯一目的是通过扼杀竞争、扩大现有的进入壁垒，维持和扩大 MySpace 在美国互联网社交网站和互联网社交网站广告方面的垄断地位。LiveUniverse 进一步声称，MySpace 的行为阻碍并有效地阻止了新的竞争对手进入社交网络服务市场，同时损害了消费者的利益。

但是从 MySpace 自身经营的角度来看，一方面它有权拒绝竞争对手在自家的网站上推广其产品和服务；另一方面它也有权阻止 LiveUniverse 等网站的"搭便车"和阻碍创新的行为。在线社交网站的主要收入来源为广告收入，而网站广告收入的多少与访问量直接相关，每当用户点击一个链接从 MySpace 访问 Vidilife 网站时，Vidilife 的广告收入就会增长。假设广告预算不是无限的，这可能会导致 MySpace 的收入减少。从另一个角度看，通过删除对 Vidilife 平台的任何引用以及删除该网站的链接，MySpace 只是在阻止 LiveUniverse 在 MySpace 网站上免费为其网站做广告，LiveUniverse 仍然可以通过其他的渠道进行自己的产品和服务宣传。从这一角度而言，MySpace 的举措不构成排他性行为。

（四）对消费者效用的影响

除分析 MySpace 的举措对竞争对手而言是否是反竞争行为外，还需要考虑其行为是否有损消费者效用。LiveUniverse 认为 MySpace 阻止用户从其网站上打开 Vidilife 网站链接这一行为对消费者效用产生了损害，原因在于消费者可能同时使用 Vidilife 等竞争对手的产品和服务。MySpace 现在强制用户在其网站上加载的个人资料不得使用竞争对手的产品，或者用户可以使用竞争对手的产品但 MySpace 上的绝大多数功能都将与这些用户隔绝，这一行为明显降低了消费者体验的质量，从而损害了消费者的福利和整体竞争。但是由于 MySpace 只是阻止用户从自己的网站上打开其他对手的网站链接，用户仍然可以通过其他渠道进入到自己感兴趣的社交网站，网站切换所耗费的转换成本几乎可以忽略不计。且用户在 MySpace 网站上仍然享受了其本身所提供的所有服务。所以从消费者效用的角度而言，MySpace 的行为并不构成对消费者效用的损害。

二、法院针对案件相关指控的观点

在 LiveUniverse 控诉 MySpace 的案件中，LiveUniverse 提出了三项指控：

指控一，垄断与试图垄断基于互联网的社交网络市场：网络效应与社交网络市场的其他特征导致了该市场的进入壁垒提高；MySpace 禁止用户在其网站上打开 Vidilife 视频，删除对 Vidilife 的所有引用与阻止用户在 MySpace 系统上提及 Vidilife 等排他性行为直接损害了 LiveUniverse 和消费者的利益。

指控二，垄断与试图垄断基于互联网社交网络的广告投放市场。

指控三，MySpace 从事了非法、不公平或欺诈的商业活动，违反了加利福尼亚商业职业守则。

但是 LiveUniverse 在两次诉讼 MySpace 的案件中均以败诉告终。败诉的原因是 LiveUniverse 向法院提出的指控未能充分证明 MySpace 的排他性行为对其产生的实质性的反垄断损害。根据《谢尔曼法》中关于垄断的认定，LiveUniverse 必须充分证明 MySpace 一是在相关市场中拥有垄断权；二是通过排他性行为故意获得或维持该权力；三是造成反垄断损害。而关于试图垄断，LiveUniverse 的指控必须符合该市场中的四个要素：一是拥有控制价格的能力或者破坏竞争的显著意图；二是旨在达到该目的的掠夺性定价行为或反竞争行为；三是获得垄断权力的可能性较大；四是对相关市场或市场参与者造成实质性的竞争损害。

从判决结果可以发现，法院出于保护创新的目的不会轻易认定 MySpace 违法。虽然在诉讼过程中，LiveUniverse 已充分证明 MySpace 在相关互联网社交网络市场中以及在基于互联网社交网络的广告投放市场中具有垄断势力，但是 LiveUniverse 未能充分指控 MySpace 存在排他性行为或对消费者和 LiveUniverse 造成反垄断损害。为了保障创新的动力，除非垄断势力伴随着反竞争行为的发生且给竞争对手和消费者带来了不利影响，否则不会轻易认定 MySpace 的行为非法。法院从以下方面进行考虑：

首先，LiveUniverse 指控 MySpace 的排他性行为主要基于 MySpace 拒绝与其交易的事实。但是《谢尔曼法》并不限制从事私人业务的经营者所拥有的自由选择权，企业完全可以自由地选择与之交易的对象或选择不与市场上的其他经营者进行交易。其次，LiveUniverse 未能指控 MySpace 的行为造成了竞争损害，因为竞争损害是指对竞争过程和消费者福利的损害，而不是对个别竞争者的损害。同时，LiveUniverse 没有解释 MySpace 在其网站上禁止访问 Vidilife 的行为会如何减少消费者的选择或降低他们在其他社交网站上的体验质量，因为 MySpace 所做的只是阻止消费者通过 MySpace 网站访问 Vidilife。消费者仍然可以通过其他的方式访问 Vidlife，这对于消费者而言并没有造成额外的损失。综上所述，LiveUniverse 未能充分指控 MySpace 的拒绝交易对其造成的实质性损害，因此法院判定 LiveUniverse 的主张不成立。

LiveUniverse 的最后一项指控是依据加利福尼亚商业职业守则提出的，认为 MySpace 从事了非法的、不公平的商业活动。然而当同一行为同时被指控为反垄断和州法律意义上的不正当竞争时，若认定该行为并未违反反垄断法，就排除了认定其从事不正当竞争。

三、学者针对该案的相关观点

该案在学术界也引起了广泛的讨论，学者对该案的分析和研究主要聚焦在以下两个方面：对相关地理市场的界定；对 MySpace 的拒绝交易行为是否产生反竞争效应的争议。

互联网市场打破了传统的时间和空间的界限，使得产品和服务的用户以及辐射范围大幅度增长，但对于互联网市场上产品或服务的相关地理市场界定，仍需要加以明确。克尔凯纳克（Gurkaynak，2013）认为互联网市场中相关地理市场的界定需要加以明确限定，地理市场的界定必须有其覆盖的边界，而不能是整个互联网市场；而以卡根（Kagan，2010）为代表的学者则认为地理市场的界定在涉及互联网企业的相关市场分析中并没有那么重要，界定互联网企业相关市场的第一步是界定相关产品市场。本案中法院认为该案所涉及的在线社交网络的地理市场为整个美国地区（Gurkaynak，2013）。

对于互联网企业的拒绝交易行为是否会产生反竞争效应，学术界主流的观点认为拒绝交易行为并不会产生严重的反竞争效应。朱塞佩和马里亚雷萨（Giuseppe and Mariateresa，2017）从社交平台流量的角度出发，认为任何竞争对手都没有权利免费使用其他社交平台的流量，任何社交网络都没有义务确保其与竞争对手产品的兼容性。特拉维斯（Travis，2019）和泽诺·曾科维奇（Zeno-Zencovich，2019）从本案判决的角度证明一家公司通常有权选择与谁进行交易，以及是否想要进行交易。另外，以石井（Ishii，2018）为代表的学者认为 MySpace 的拒绝交易行为违法了相关的法律规定，对相关市场以及消费者造成了实质性的损害。

第五节 本案的启示

本案的相关判决结果及其背后所反映出的经济学原理对平台经济反垄断执法具有重要的借鉴意义。

首先，对于平台经济领域拒绝交易行为的界定要明确其相关市场的范围，在此基础上判定经营者是否具有市场支配地位。对于具有市场支配地位的经营者，其是否存在拒绝交易行为要根据对竞争结果的损害程度以及平台背后的动机和合理性的角度出发进行个案分析。在双边市场及多边市场中，平台一方面是市场活动的组织者，另一方面也是市场活动的参与者，这种双重身份会导致平台在参与市场活动的过程中产生利益冲突的问题。平台作为市场活动的组织者应具备中立性，但作为市场参与者，平台又要实现其个体利益最大化的目标。因此，在监管过程中不能简单认定平台实施的拒绝交易行为合法或者非法，要结合案件的具体情况进行具体分析，实行差别化待遇。

其次，就国外的经验来看，对于平台经济领域"必要设施"原则的适用仍是非常谨慎的。在反垄断实践中，"必要设施"原则的适用情况多是上游垄断经营者对下游企业实施的数据垄断。在实际的反垄断规制中，不应事先对"必要设施"施加开放义务，而是应从适用标准、适用过程和合理抗辩这几个角度进行详细分析，采取事后救济的方法进行规制。

最后，在反垄断执法的过程中，要厘清互联互通义务的边界。互联互通主要是大型互联网平台的义务，是保障其与小企业之间的互操作性、兼容性的要求。这既不是大企业之间的开放互通，也不是针对小企业的义务要求。此外，互联互通主要涉及互补品之间的互操作，通常不应对替代品之间的互联互通施加要求，否则会对企业的自主经营权产生损害。互联互通真正意义上的实现，需要合理的技术与程序设计。其中，特别需要监管部门发挥主导作用，为不同的互联网平台制定个性化的互操作性标准，且要确保企业数据安全和用户隐私保护，防止竞争对手通过不当的信息收集与使用损害相关经营者的利益。

主要参考文献

［1］侯利阳、贺斯迈：《平台封禁行为的法律定性与解决路径》，载《财经法学》2022 年第 3 期。

［2］焦海涛：《平台互联互通义务及其实现》，载《探索与争鸣》2022 年第 3 期。

［3］刘自钦：《论平台经济领域"必要设施"经营者的反垄断规制——以即时通信平台屏蔽外部网址链接为例》，载《电子政务》2022 年第 4 期。

［4］曲创、王夕琛：《互联网平台垄断行为的特征、成因与监管策略》，载《改革》2021 年第 5 期。

［5］徐伟敏：《欧盟对拒绝交易滥用的竞争法规制》，载《山东社会科学》2009 年第 11 期。

［6］杨小飞：《数字经济背景下"必要设施规则"研究》，载《西南金融》2021 年第 11 期。

［7］于礼：《数字市场反垄断视角下的看门人制度》，载《财会月刊》2022 年第 9 期。

［8］Diker V. A., and Ünver M. B., 2017：The right to data portability in the GDPR and EU competition law：odd couple or dynamic duo, *European Journal of Law and Technology*, Vol. 8, No. 1.

［9］Gurkaynak G., Durlu D., and Hagan M., Antitrust on the Internet：A Comparative Assessment of Competition Law Enforcement in the Internet Realm, *Bus. L. Int'l*, Vol. 14, No. 51.

［10］Giuseppe C., and Mariateresa M., 2017：Big data as misleading facilities, *European Competition Journal*, Vol. 13, No. 249 – 281.

［11］Ishii K., 2018：*Discussions on the Right to Data Portability from Legal Perspectives*, Springer Press.

［12］Kagan J., 2010：*Bricks, Mortar, and Google：Defining the Relevant Antitrust Market for Internet-Based Companies*, NYL Press.

［13］Thépot F., 2013：Market power in online search and social networking：A matter of two-sided markets, *World Competition*, Vol. 36, No. 195.

［14］Travis H., 2019：*The 'Monster' That Ate Social Networking*, Cyberspace Law.

［15］ Waller S. W. , 2011：*Antitrust and social networking*, NCL Press.

［16］ Zeno-Zencovich V. , 2019：Do'Data Markets' Exist, *Media Law and Policy of the Media in a Comparative Perspective*, Vol. 2.

第八章　应对不正当竞争的拒绝交易：
Sambreel 诉 Facebook 案[*]

专业概念：联合抵制　搭售

联合抵制：两个以上具有竞争关系的经营者或其组成的行业协会，通过协议、决定或联合一致行为，拒绝与他们具有竞争关系的经营者进行交易或其他商业往来的行为。该行为对市场竞争有极大危害，联合抵制行为的成立需要两个必要条件：一是横向协议；二是发生在直接竞争者之间。

搭售：是指当买方购买一种产品时，卖方要求买方必须购买另一种，或者至少同意他不会从任何其他供应商处购买该产品。额外附加下列条件的搭售行为属于违法行为：一是搭售产品和被搭售产品是两个独立的产品；二是强迫或者附加条件的要求；三是在主产品市场具有显著的市场控制力；四是对被搭售产品市场造成了损害。

第一节　案例介绍

2012 年，互联网展示广告商 Sambreel 对 Facebook 提起反垄断诉讼，称 Facebook 对 Sambreel 旗下产品 PageRage（一款浏览器插件产品）进行封杀，这是消除互联网展示广告市场竞争的行为，违反了《谢尔曼法》，并有故意干扰合同的行为。Facebook 则称这些行为是防止 Sambreel 非法入侵自己业务的自卫合理措施，是为了保护自身用户免受 Sambreel "广告软件"的侵害，Facebook 有权规定其用户查看自己网站的方式，因此并不构成反竞争行为。法院最终认定 Sambreel 的指控缺乏足够的事实依据，不能成立。

---

[*] 笔者根据 Sambreel 诉 Facebook 案（Sambreel Holdings LLC v. Facebook, Inc., 2012）相关内容整理所得。

一、案例详情

事件相关背景如下：

2008 年 10 月，PageRage 面世，该插件产品包含浏览器加载项以及在 Facebook 平台上运行的应用程序，其功能是为用户提供 Facebook 主页资料、图案自定义装饰等服务，并通过在 Facebook 页面上插入互联网展示广告获利。PageRage 自面世以来发展十分迅速，短短几个月，就达到了月收入 100000 美元。PageRage 称，该软件是通过向用户计算机上的 Web 浏览器添加图层来进行操作，不会更改 Facebook 软件上的交互程序，PageRage 页面如图 8－1 所示。

图 8－1   PageRage 网页

资料来源：PageRage 网页。

2009 年 7 月，Facebook 提出不允许将 PageRage 功能作为 Facebook 平台的一部分，要求 PageRage 必须独立于 Facebook 平台运行，因此需要从 Facebook 的控制面板上删除。Sambreel 同意了 Facebook 的要求，并从 Facebook 平台上删除了该应用程序。但 PageRage 只是放弃了以 Facebook 作为分发渠道，自身主要功能并没有改变。

2010 年 10 月，Facebook 指出用户对 Sambreel 提供的广告来源感到困惑，而且 PageRage 的功能掩盖了 Facebook 内容。Sambreel 回应称他们会采取措施加强向用户披露有关广告信息的来源，如添加"关于此广告"的链接，加强下载提示中的披露内容，增加了"一旦安装 PageRage，您在浏览 Facebook 时将看到我们放置的其他广告"标示等。PageRage 在 2009 年 7 月至 2010 年 10 月之间有了长足的发展，日活用户超过 100 万。

2011 年 7 月，PageRage 日活用户取得进一步发展，达到 400 万，Facebook 又针对 Sambreel 采取了一系列限制性措施，主要包括两部分：

（1）Facebook 要求在自身网站上运行应用程序的第三方开发人员和广告合作商停止与 PageRage 开展业务合作，否则会将他们列入黑名单，并停止与他们合作。

（2）Facebook 通过扫描登录到 Facebook 用户的浏览器，识别用户是否已下载 PageRage 产品，要求已下载 PageRage 的用户从他们计算机上删除整个 Yontoo 平台（包括 Sambreel 的所有产品），其中 Yontoo 是一个浏览器扩展程序，否则将禁止下载了 PageRage 的用户使用 Facebook 软件。Facebook 要求只有 Sambreel 同意不再在 PageRage 上做广告时才停止该"门控"（gating）活动，即 Facebook 解除只有在用户同意不使用 Sambreel 的产品时，Facebook 才允许用户访问自己社交网站的这一限制。

2011 年 12 月，为了避免用户继续流失，Sambreel 从 PageRage 中删除所有广告业务，并停止通过 PageRage 产生任何收入。

2012 年 4 月 23 日，Sambreel 就 Facebook 的行为提出反垄断诉讼，认为自身的 PageRage 产品并不是从技术层面在 Facebook 网站上"运行"，而是在单个用户的浏览器上运行，然后"分层"在 Facebook 网站之上。Facebook 的行为属于非法联合抵制和非法门控活动，是垄断和意图垄断互联网展示广告市场的非法行为。Sambreel 要求 Facebook 解除对自己产品的"联合抵制"行为，并停止要求 Sambreel 用户在访问 www.facebook.com 之前取消安装任何 Sambreel 产品的行为。而 Facebook 则辩称该行为是防止 Sambreel 非法入侵自己业务的自卫措施，是为了保护自己的用户免受 Sambreel 的"广告软件"侵害，并且《谢尔曼法》不要求 Facebook 将自身业务或网站提供给 Sambreel，Facebook 有权规定自己的用户查看其网站的方式，因此并不构成反竞争行为。

2012 年 8 月 9 日，美国南加州地方法院做出判决，驳回 Sambreel 的两项动议，案件的详细流程如图 8-2 所示。

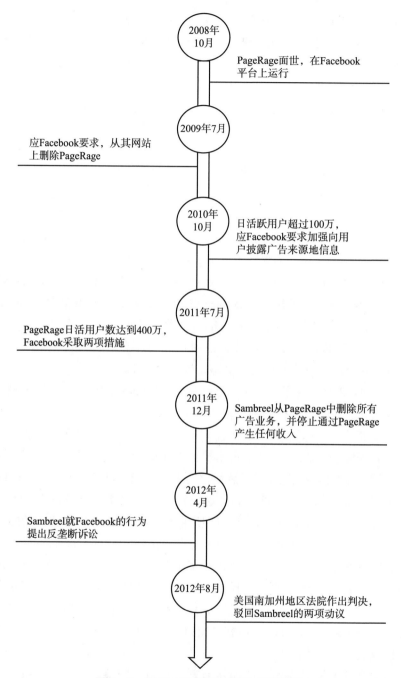

图 8 - 2 Sambreel 诉 Facebook 案时间线

资料来源：https://www.casemine.com/judgement/us/5914e2d9add7b049348f567c。

二、本案相关方介绍

在本案例中，主要参与者是 Facebook 与 Sambreel，下面分别进行介绍。

Facebook 由马克·扎克伯格等人创建于 2004 年 2 月 4 日，最初是一个主要向用户提供社交网络服务的平台，自 2007 年起全面开放后，开始在各相关领域发力布局，先后收购图像和视频传输服务商 Paraiey、照片共享网站 Instagram 和即时通信软件 WhatsApp 等，成为集社交网络、照片视频共享和位置分享等服务于一体的互联网平台。

Facebook 平台上提供多种应用程序分发服务，包括：允许用户向自己主页添加照片或设计的应用程序、允许用户自定义其页面外观的应用程序以及社交游戏程序等。Facebook 借助巨大用户流量和强大的网络外部性，开始发展第三方应用程序和互联网广告分发业务，逐渐成为位居全球前列的应用程序和展示广告分发推广平台。本案件发生的时间是 2012 年，此时 Facebook 被公认为"整个互联网上流量最大的网站"，2017 年 Facebook 市值跃升 5128 亿美元，全球市值排名第 5 位，Facebook 逐渐发展成为世界上最受欢迎的聊天软件之一。

Facebook 收入来源主要有：展示广告业务、用户付费推广、第三方应用程序推广等。Facebook 通过将广告直接插入到用户社交网络主要界面的动态消息之间，有效地吸引用户的注意。Facebook 还允许企业和其他广告商根据用户的特定偏好和行为在用户的动态信息里推送广告。同样，应用程序开发人员部分也是通过在自己的应用程序上出售展示广告来获得收益。图 8 - 3 为 Facebook 在 2010 ~ 2021 年三季度的具体广告收入情况。

Facebook 对于在平台上分发的第三方应用程序的行为有某些限制政策，应用程序开发人员同意确保放置在自身应用程序上的广告内容符合 Facebook 的广告指南要求，不发布带有色情或仇恨言论的广告，并且同意不会链接到在竞争性社交网站上运行的任何应用程序。此外，应用程序只能将广告出售给 Facebook 批准的广告合作伙伴。如果广告提供商打算与 Facebook 禁止在平台上运营的公司或现有（前）雇员建立联系，则广告提供商需事先向 Facebook 披露此意图，因为 Facebook 有禁止此类关联行为的权利。

Sambreel（Sambreel Holdings LLC，Yantoo LLC 和 Theme Your World LLC 的统称）是一家浏览器附加程序的平台运营商，拥有浏览器附加程序平台 Yontoo，该平台可以让开发人员向单个用户的 Internet 浏览器添加功能。Yontoo 平台本身未添加任何功能，仅充当构建应用程序的平台。Yontoo 平台

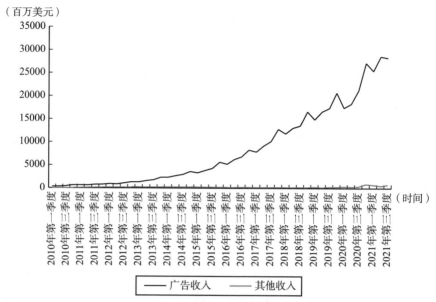

（百万美元）

图 8 – 3　2010～2021 年三季度 Facebook 广告收入折线图

资料来源：Statista 数据库，https：//www. statista. com/statistics/277963/facebooks – quarterly – global – revenue – by – segment/。

上提供的前两个产品是 SanitySwitch 和 PageRage。SanitySwitch 允许用户更改 MySpace 页面在自身浏览器中的显示方式。PageRage 是一款浏览器插件，该插件的主要功能是帮助用户利用各种图案装饰 Facebook 主页。该软件最初于 2008 年 10 月在 Facebook 平台面世，需要通过 Facebook 平台的控制面板进行操作，PageRage 不会以任何方式更改 Facebook 上的任何交互程序，通过向用户计算机中的 Web 浏览器添加图层来进行操作，该功能仅对安装了 Yontoo 平台并启用 PageRage 应用程序的个人可见。

第二节　相关市场界定与法院判决

在本案中涉及的相关产品市场包括互联网展示广告市场、社交网络服务市场，相关地理市场界定为国家范围内或具有相同语言边界的欧洲经济区内。

一、相关市场界定依据

互联网展示广告市场。该市场是通过网站、网页、应用程序等互联网媒体，以文字、图片、音频、视频等形式，直接或间接地向潜在客户推销商品或者服务的商业广告。互联网广告具有不同于传统广告渠道的优点：传播不受时间和空间的限制，具有极广的覆盖度，且传播成本低；营销精确，可以更有效地定制广告；互联网广告市场允许广告商直接将广告链接提供到他们的网站上，从而使需求轻松转换为购买。互联网广告的发行必须要借助一定的平台，具体的运行逻辑是：以免费的基本服务软件获取消费者，根据用户行为识别用户需求，不断改进和完善广告服务质量，增强用户黏性，借助网络效应扩大平台规模。当平台的用户数量扩大到一定程度时开始流量变现，主要方法就是出售广告展位、提供推广服务，借助平台的巨大流量将广告信息推送给更多的用户。在大数据技术及算法的助力下，平台将广告精准推送给最合适的受众，实现精准营销。

据市场研究公司 DotCUnitedGroup 的报告显示，截至 2018 年末谷歌仍然是互联网广告市场上的"领头羊"，互联网广告收入高达 880 亿美元，全球市场占比高达 32.2%；远超排位第二的 Facebook，互联网广告收入为 544 亿美元，市场份额占比为 19.90%；阿里巴巴则排位全球第三。全球互联网广告市场前十名企业的市场份额占比为 75.56%，可以看出全球互联网广告市场集中度较高，具体如图 8-4 所示。图 8-5 则展示了 2012~2021 年全球主要互联网公司的广告收入情况。

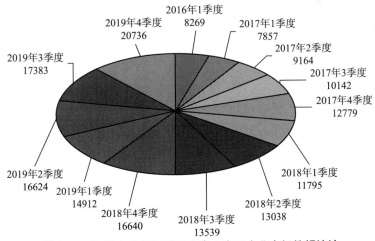

图 8-4　2018 年全球互联网广告业主要企业市场份额统计

资料来源：前瞻产业研究院，https://bg.qianzhan.com/trends/detail/506/191113-5f2ac694.html。

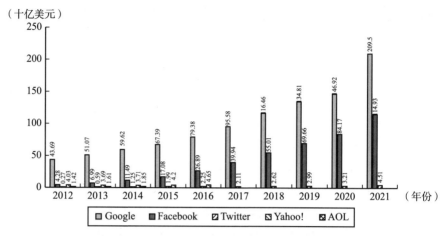

图 8 - 5　2012～2021 年主要互联网公司广告收入

资料来源：Statista 数据库，https：//www. statista. com/statistics/205352/digital - advertising - revenue - of - leading - online - companies/。

互联网广告市场按自身产品分类，又可以划分为两个不同的市场：互联网搜索广告市场和互联网展示广告市场。互联网搜索广告市场是指当用户通过互联网搜索引擎（例如 Google、Bing、百度）输入特定搜索字词出现搜索结果时，广告主为自己的广告所购买的关键词会匹配到用户搜索的那个关键词。互联网展示广告市场则是互联网平台在用户浏览的页面上以横幅、弹窗等方式，自动出现的广告市场，不需要特定的触发搜索词，视频平台、社交平台、电商平台都是此类广告市场的媒介平台。此外，也有部分研究讨论是否将展示广告市场进一步细分为多个子市场，如面向社交媒体和短视频的展示广告子市场。社交媒体广告的主要特点是此类站点上的大多数内容是用户生成的，因此广告客户无法提前知道哪种类型的内容将出现在他们的广告旁边。在本案发生的 2012 年前后，社交媒体广告投放规模还处于初步发展阶段，虽然近年来社交媒体广告市场发展迅速，发展速度逼近搜索广告市场，但自身所占市场份额较小，所以本案例暂不讨论细分该市场（见图 8 - 6）。

Facebook 广告投放主要集中在互联网展示广告。这主要得益于社交网络巨大的流量优势和用户基础。Facebook 在软件程序、用户信息浏览等页面插入广告，鉴于自身广阔的受众范围和强网络外部性，具有较好的广告效果。

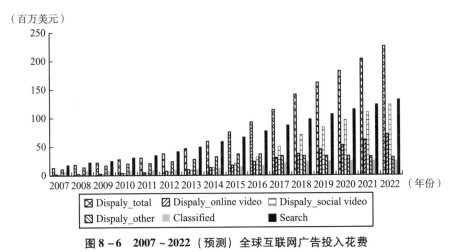

图 8 - 6　2007～2022（预测）全球互联网广告投入花费

资料来源：艾媒数据，https：//data. iimedia. cn/page - category. jsp？nodeid = 13045258。

该市场基本形成了 Google 和 Facebook 双寡头垄断的市场格局。同时，Sambreel 中为浏览器提供插件功能的 PageRage 产品，该产品在提高用户的网络页面浏览体验时，也增加了 Sambreel 在互联网展示广告市场的销售收入，2009 年 7 月至 2010 年 10 月，每月产生超过 100 万美元的收入。仅在 2011 年第四季度，Sambreel 就展示了近 1580 亿次互联网广告，广告展示规模仅次于 Facebook，Sambreel 声称自己已经成为互联网在线展示广告市场上的一个合法竞争对手。

社交网络服务市场。该市场是为一群拥有相同兴趣与活动的人创建的在线社区，用户借助互联网，通过创建个人资料、共享图片视频、传递即时消息等来建立联系。网络社交的起点是电子邮件，后向日志社区、个人博客发展，再发展至目前知名的社交网络，包括 YouTube、Google Plus、Twitter、LinkedIn、Facebook 等。随着移动网络的不断发展，人们在社交平台上花费的时间和精力越来越多。

由 SmartInsight 发布的报告显示，在本案发生的 2012 年前后 Facebook 月活用户量增长迅猛，发展势头强劲：2010 年超过了 YouTube，跃居首位，2016 年后虽增长速度有所放缓，但仍远高于竞争对手，截至 2020 年 1 月，Facebook 在全球社交服务市场仍稳居第一，具体如图 8 - 7 所示。

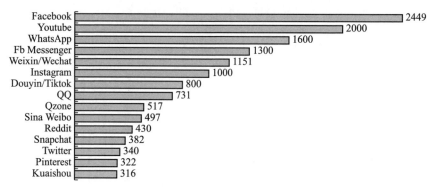

图 8 - 7　2020 年社交媒体市场份额
资料来源：《2020 年中国地区数字报告》。

　　社交网络平台作为互联网双边平台的一种，其显著特点之一是具有强大的网络外部性，能够形成正反馈效应。对平台来说用户数量至关重要，网络中用户越多，加入网络所能获得的边际收益也就越高，在吸引更多社交用户加入的同时，也能够吸引更多广告商和第三方应用程序开发商的加入，而广告费正是 Facebook 重要收入来源之一。用户流量的增加会转化为广告点击次数的增加，从而为自己带来更多收入。因此 Facebook 有动机，也有能力采取排他性行为以维持现有的市场支配地位。

　　另外，鉴于社交网络的广泛接受，已经出现了用于增强社交网站的产品和服务的市场，向用户提供定制社交网络体验的产品和服务。例如，允许用户更改社交网络页面外观的产品（如 PageRage 和允许用户创建"横幅"或"封面"的各种 Facebook 应用程序），允许用户添加登录页面的应用程序，以及其他允许用户使用图形或设计来表达他们情感的程序。虽然原告 Sambreel 提出将该市场界定为提高社交网络体验的产品应用和插件市场，不过本案例中由于 Facebook 仅为这类产品提供分发渠道，自身并未从事相关领域的竞争，因此该子市场不是本案例关注的重点。

　　相关地理市场界定。互联网的出现虽然打破信息传递的空间限制，地理界限得到了极大的扩展，但由于广告范围受到语言和消费者偏好、产品地理范围等因素的影响很大，广告商通常在国家或语言的基础上进行广告活动，并且 Facebook 和 Sambreel 主要服务范围在英语语言的国家。因此，本案地理市场边界定义为国家范围内或具有相同语言边界的欧洲经济区内。

二、法院判决结果和依据

　　在本案中，Facebook 不允许自己的广告客户或应用开发者与黑名单中的用户合作，法院支持了这一行为，认定 Facebook 有权控制自己平台上的产品和服务。如果 Facebook 不希望自己的广告客户或应用开发者的广告合作伙伴从竞争对手那里购买展示广告，Facebook 可以禁止竞争对手在 Facebook 平台上的运营，然后要求广告合作伙伴停止向竞争对手购买广告。但这样的能力仅代表 Facebook 能够控制其自身网站上的内容，并不左右平台上的开发人员和广告商在自己与竞争对手中的选择，一家公司凭借其对自己产品的自然垄断并不违反《谢尔曼法》，且 Sambreel 也并没有足够的事实来支持 Facebook 有排他性行为。

法院认为就 Facebook 在社交网络市场份额而言，它的确具有垄断势力，但这并不能判定 Facebook 实施了非法的垄断行为。根据《谢尔曼法》，判定为非法垄断需要三个条件：第一，在相关市场上拥有垄断势力；第二，通过排他性行为故意获取或维持该权力，区别于因优质产品、商业敏锐性或历史性事件导致的增长或发展；第三，导致竞争损害，即限制了市场竞争和损害消费者的福利。尽管 Facebook 对 Sambreel 的利益造成了一定损害，但《谢尔曼法》保护的是市场竞争而非单个竞争者。

另外，关于 Sambreel 提出的另一项"Facebook 试图垄断互联网展示广告市场"的指控，法院从合理推定原则出发，判定 Facebook 不存在滥用垄断势力损害 Sambreel 权益的行为，因为判定试图垄断需要满足掠夺性或反竞争行为、具体的垄断意图以及成功的危险可能性三个条件。但是 Facebook 的行为并未在互联网展示广告市场上造成实质性的反竞争影响，没有充分证据证明 Facebook 在试图垄断该市场。总之，法院以事实证据不足驳回了 Sambreel 针对 Facebook 的所有指控。

第三节　平台拒绝交易行为的经济学分析

在互联网科技巨头们的数字化革命中，拒绝交易行为作为一种含有排他性的竞争策略，在平台之间对用户和流量的争夺过程中频繁地出现，学术上关于平台拒绝交易行为的研究和讨论也越来越多。

一、平台拒绝交易行为的动机

本案就是典型的网络社交平台拒绝交易行为。社交类产品基础功能差异性不大，相互之间替代性较强，再加上用户建立和维护网络社交圈需要付出一定时间成本和精力，这导致了社交类平台的用户黏性较大。网络社交平台的商业盈利模式对网络外部性依赖很强，平台用户规模越大，越能吸引广告商，平台对广告商的价值就越高，利润提升空间也越大。出于对用户资源的争夺和占有的目的，网络社交平台往往采用排他性的竞争行为屏蔽或阻止竞争对手接入。

当然，平台拒绝对手交易可能还会出于其他动机：避免出现数据安全问题，保护平台和用户交易安全；防止对手通过大数据、算法等技术手段"搭便车"，侵占属于自己的交易机会和利润；避免因被效率低或质量差的平台接入，可能导致的品牌或声誉受损；维持技术标准上的一致性；保持和提高平台效率的需要或避免接入新网络带来的成本提升；为获得或加强垄断地位，排斥市场竞争等。

拒绝交易本身作为中性行为，其背后可能受到多种因素驱使，既有保护自身利益的正当动机，也可能出于获取和加强垄断势力的反竞争意图（徐伟敏，2009）。因此，在具体评估平台拒绝交易行为时需要判断动机的合理性，如平台行为是否带有垄断意愿或是否影响其他竞争对手使用必要设施。

在本案中，应注意到虽然 Facebook 具有市场主导地位，但并不意味拒绝交易行为是出于加强垄断地位。Sambreel 和 Facebook 在互联网广告展示领域已经成为竞争对手，但 Sambreel 的市场份额远不如 Facebook。Sambreel 的产品可以在 Facebook 网页上添加装饰图案，作为互补品提升了 Facebook 平台的间接网络外部性，用户获得使用平台服务的额外效用。但 Sambreel 产品还通过额外网页分层替换 Facebook 页面上的广告，为自己增加交易机会，这种不正当竞争行为可能会对 Facebook 产生负外部性。

Sambreel 的广告替换行为有可能对 Facebook 用户产生误导，让 Facebook 用户认为自己在平台上点击的链接来源于 Facebook，或与 Facebook 存在关联性。而出于对 Facebook 声誉的认可，用户可能会信任并点击该链接，进而成为了 Sambreel 的广告营销对象。由此，Sambreel 通过替换广告链接的技术，攫取了 Facebook 的商业机会和竞争优势，影响了公平竞争的市场秩序，也违反 Facebook 要求用户严格遵守广告协议的规定。

在这种背景下，Facebook 的拒绝交易动机显然不是追求主动加强市场垄断地位，而是出于保护自身的用户资源和交易机会。Facebook 通过屏蔽 Sambreel 的产品，禁止 Facebook 用户与之交易的方式，防止了平台利益和声誉受损，并且保护了平台内消费者的利益（比如可能有用户因误点击和购买 Sambreel 未知来源的广告产品或产品而遭受了不必要的经济损失）。

二、Facebook 拒绝交易行为的反竞争效应分析

在本案中，Facebook 作为社交平台领域的主导平台，有能力凭借市场支配地位让用户放弃竞争对手，也完全有能力采用屏蔽链接、强制删除等技术手段拒绝竞争对手的不正当竞争行为。Facebook 的拒绝交易权利是在有正当理由的情况下实施的，而这种合理的拒绝交易行为对竞争的正向影响主要体现在以下两个方面：一是保护平台自身的用户资源和交易机会，维护市场正常经营秩序和创新激励；二是防止竞争对手"搭便车"行为导致的负外部性，维护了市场竞争效率，也避免了社会福利受损。

当然，主导平台采取拒绝交易行为也可能产生滥用市场势力的反竞争效应。主要表现在：一是提高在位竞争平台的生产经营成本，对潜在进入平台来说，可能会失去市场进入机会，最终形成主导平台对市场的圈定效应，将一些效率更高的平台边缘化或排除在市场之外；二是提高用户转移成本，由于可替代平台减少，用户的选择范围被圈定在当前垄断平台，这降低了消费者效用和社会福利；三是主导平台通过控制必要设施采取的拒绝交易行为还会扼杀市场的创新机会，降低市场有效竞争和潜在竞争。

此外，考虑到拒绝交易可能有利于提高创新效率和专利保护，目前学术界和实务界的普遍观点是轻易不认定拒绝交易违法，而且对拒绝交易的干预也需要非常谨慎，体现了对市场主体经营自主权的充分保护。避免因禁止拒绝交易有可能会带来负面的影响，包括降低创新激励和投资动力，或者助长竞争对手"搭便车"的心理，这些对市场竞争的负面影响从长远角度看也不利于消费者福利。

综上所述，在对互联网领域拒绝交易行为进行评估和干预的过程中，应充分考量具体行为的动机、产生的竞争效果，并在此基础上进行个案分析。在本案中，Facebook 对 Sambreel 采取的拒绝交易行为，其动机是一种保护自身平台免受不正当竞争行为的合理措施，同时也没有造成其他实质性的市场竞争损害，是《谢尔曼法》所允许的正当行为。

第四节　本案争议点与启示

一、本案双方争议点

在本案中，Sambreel 针对 Facebook 提出如下指控：

（1）非法联合抵制。Facebook 强迫在自己网站上运行应用程序的第三方开发人员和广告合作商停止与 PageRage 开展业务合作，从而限制了 PageRage 在互联网展示广告市场上的竞争，迫使广告商以更高的价格从 Facebook 处购买广告，也造成应用程序开发人员流失了用户，损害了应用程序开发人员的利益，属于不正当竞争行为。

（2）违法搭售（unlawful negative tying）。Facebook 的门控活动代表了负面的约束协议。只有在用户同意不使用 Sambreel 的产品时，Facebook 才允许用户访问 Facebook 的社交网站，从而限制了 Sambreel 与 Facebook 平台上的应用程序间的竞争。

（3）垄断社交媒体互联网展示广告市场。Facebook 市场份额在 70% 以上，其利用联合抵制、门控活动等行为试图消除 PageRage 作为低价替代品的竞争对手，导致 Sambreel 用户大量流失，从而使 Facebook 能够保持自身在社交媒体展示广告中的垄断权。

（4）试图垄断互联网展示广告市场。Facebook 的联合抵制、门控活动破坏了 Sambreel 与 Neverblue 的业务合作，具有消除用户在 PageRage 上购买广告的可能性，并且意图消除 Pagerage 作为 Facebook 和应用程序开发人员替代品的可能性，并使 Sambreel 退出该业务市场。此举使 Sambreel 在两周内失去了超过 100 万用户，Sambreel 也不得不在 2011 年 12 月 22 日关闭了所有 PageRage 广告，并停止通过 PageRage 产生任何收入。

（5）非法门控活动。Facebook 在未获得用户许可的情况下，扫描用户 web 浏览器以确定是否安装 PageRage，并记录了有关哪些用户已安装 PageRage 的信息。要求用户卸载包含购物的相关应用程序（Drop Down Deals）和 Sambreel 的搜索引擎应用程序（Buzzdock）在内的整个 Yontoo 平台，否则不予提供服务。

（6）打击业务伙伴。Facebook 以加入黑名单为威胁，要求已与 Sambreel

签订广告合同的广告商终止与 PageRage 的合作关系，导致 Sambreel 丧失了已经签订合同的七个主要合作伙伴，使 Sambreel 遭受了巨大的用户流失和收入损失。

Sambreel 认为 Facebook 对自己进行了非法联合抵制、违法搭售和垄断、企图垄断行为违反了《谢尔曼法》的规定，限制了市场的竞争，他们的目的是将 Sambreel 逐出互联网展示广告的竞争市场（Case et al.，2012）。

但是 Facebook 则对这些指控提出了不同的观点，首先 Facebook 否认自己违反了《谢尔曼法》，Facebook 认为这些行为是为了保护自己产品质量的合理举措。Facebook 要求应用开发商遵守自己协议的目的也是确保应用程序内的广告内容遵守 Facebook 的广告协议，防止出现带有色情内容和仇恨言论的广告，同时也是对防止竞争对手"搭便车"而对自身平台产生负外部性的自我保护行为，并未对 Sambreel 实施了非法联合抵制、违法搭售和垄断、企图垄断行为，Facebook 认为这些举措都是应对非法入侵的自卫行为。

总之，双方关于 Facebook 对 Sambreel 在互联网展示广告市场采取的系列行为有着不同的解释和看法，对是否违反《谢尔曼法》存在很大争议。

二、法院观点

首次明确表明对联合抵制行为适用本身违法原则是在 1941 年美国最高法院的 FTC 诉 Fashion Originators' Guild of America 公司案（FOGA）。在该案中，服装设计和制造商共同组成的行业协会 FOGA 为了阻止成员的服装设计被其他制造商盗版，在成员间达成一致协议，拒绝将他们的产品销售给同时从盗版制造商那里进货的服装零售商。最高法院认为，被告之间联合的目的是故意损害与协会成员有竞争关系的生产销售商，属于非法联合抵制行为。1959 年 Klor's 诉 v. Broadway-Hale Stores 一案标志着最高法院在联合抵制案件中对于本身违法原则这一分析方法的成熟使用。家用电器零售商 Klor's 称 BH 利用自身垄断地位迫使部分知名品牌的电器生产商及分销商拒绝或以歧视性高价为 Klor's 提供产品。最高法院认为，被告行为限制了市场自由竞争，且剥夺了原告作为零售商经销被告产品的权利，属于垄断行为。

在本案中，法院首先认为原告 Sambreel 没有提供足够事实来支持本身违法的诉求。一方面，诉状中没有足够证据证明 Facebook 和应用程序开发商具有协同的行动；另一方面，Sambreel 也没有提供事实支持应用程序开发商和 Facebook 之间具有直接竞争关系。法院认为被告所谓的"对竞争有危害"的指控也是不合理的，因为法院认为 Facebook 有权规定与谁交易，以及以什么样的条款进行交易，而且《谢尔曼法》第 1 条也对交易的一方单方面地决定是否与另一方进行交易，以及以什么样的条款进行交易不会进行干涉和阻止。

其次是关于违法搭售对互联网平台竞争的影响及其对本案的适应性。在经典的美国 Kodak（1992）案中，柯达（Kodak）公司只向使用柯达维修服务或自己修理机器的柯达购买者出售复印机和显微摄影设备的替换零件，对于从其他第三方售后服务提供商处购买服务的用户拒绝销售零件，同时，与初始设备商达成协议只向 Kodak 出售相关零件。该案中零件和售后服务被判定为是两个独立的产品，相关市场界定为柯达公司提供的零部件和服务市场。由于购买打印机、相机等产品的投入成本较高，即使从柯达处购买零件和维修服务的价格高于独立维修服务，用户也只能选择接受。Kodak 的零件与其他厂商的产品不具有可替代性，因此在零部件这一细分市场中，Kodak 具有市场支配力量，并将这种市场支配力量传递到了维修服务市场中，导致维修服务市场因无法获得可靠零件而受到竞争损害。

国内较为典型的非法搭售案例有 2013 年高通反垄断案，该案例中美国高通公司滥用市场支配地位的行为之一就是非法搭售。高通强迫第三方购买自己的无线标准专利许可的同时必须购买他们的非无线标准必要专利许可，对于这一部分专利，第三方不会再去寻求其他替代品，导致其他同种专利商家在起步时就已经落后于高通，间接在被搭售市场中形成封锁效应，妨碍了市场竞争，因此构成了非法搭售行为。

相比于传统行业的搭售行为，由于互联网企业本身的特点，互联网行业搭售行为更具隐蔽性，市场势力的传递也更加容易。在微软案（捆绑搭售微软案）中微软公司在 Windows 操作系统中预装 IE 浏览器的行为是把 IE 浏览器和 Windows 的操作系统进行捆绑销售。微软公司的这种搭售行为是利用在操作系统市场上的垄断地位，试图实现对浏览器市场的控制。IE 浏览器和 Windows 操作系统本属于相互独立、性质不同的两类产品，捆绑在一起并不能改善用户对产品的体验，且损害了产品使用者的自主选择权。此外，微软公司的搭售行为导致网景公司的导航浏览器的市场份额从 1996 年的80% 下降到 1998 年的 55%，在此期间 IE 浏览器的市场份额从 5% 上升到了45%，因此，微软公司的搭售行为严重损害了浏览器市场的竞争。

在本案中，Sambreel 指控 Facebook 是利用在社交网络市场上的垄断地位限制 PageRage 在增强组件市场中的竞争，涉嫌违法搭售。关于独立产品的判断，一般从两种产品是否可以分开出售来考虑，如果分开的产品有充足的市场需求，那么就可以认为是两个独立的产品。仅就 Sambreel 提出指控的两个产品，可以认定 Facebook 提供的社交网络服务和 PageRage 提供的增强组件属于独立产品。Facebook 公司作为全球第一的社交软件也的确在社交网络市场有足够的市场势力，但 Sambreel 所提出的违法搭售行为并不能成立。首先，Facebook 有权规定自身用户浏览自己网站的方式，用户只能在同意遵守 Facebook 条款的前提下获得 Facebook 账户，这是《谢尔曼法》所允许的（Colangelo and Maggiolino，2017）。因此，Facebook 有权要求他的用户在使用自己网站之前禁用某些产品，用户在使用 Facebook 的服务之前已知晓该限制条件，即使该行为带有一定的强制性，也并未对用户的福利造成巨大损害，因为 Facebook 提供的服务本身并未向内容发布端的用户收费。其次，Facebook 的限制仅要求用户在自身和 PageRage 之间二选一，并未限制自身用户在其他网站上使用 Sambreel 的其他应用程序。最后，Facebook 只是限制 PageRage 的使用，并未指定或限制使用其他增强社交网络服务的应用程序和附加组件，Facebook 本身也没有涉足该附加组件的细分市场，更没有将自身在社交网络市场的力量延伸至该细分市场，对于该市场的竞争没有产生损害，因此不存在滥用市场支配地位的反竞争行为。尽管此举对 Sambreel 的利益造成了一定损害，但《谢尔曼法》保护的是市场竞争而非单个竞争者，Sambreel 的指控不能成立。

最后是关于 Sambreel 指控 Facebook 进行垄断和试图垄断行为。即原告 Sambreel 声称 Facebook 对自身采取了排他性的行为。法院认为原告没有主张违反反垄断法诉讼中的一个必要条件：反垄断法意义下的竞争损害，因此驳回了 Sambreel 的指控。

总之，法院以事实证据不足驳回了 Sambreel 针对 Facebook 的所有指控。认为就 Facebook 在社交网络市场的市场份额而言，他的确具有市场势力，但这并不能证明 Facebook 就实施了非法垄断行为。根据《谢尔曼法》，判定为非法垄断需要三个条件：第一，在相关市场上拥有垄断势力；第二，通过排他性行为故意获取或维持该权力，区别于因优质产品、商业敏锐性或历史性原因导致的增长或发展；第三，造成竞争损害，即限制市场的竞争环境和降低竞争效率，对消费者的福利产生不利影响。尽管 Facebook 对 Sambreel 的利益造成了一定损害，但《谢尔曼法》保护的是市场竞争而非单个竞争者，Facebook 也仅对 Sambreel 造成损害，并未对相关市场造成实质性的竞争损害。

三、学者观点

在 Sambreel 诉讼 Facebook 这一案例中，多数学者的态度与法院的最终判决结果基本相似，对 Facebook 保护自身产品的合法权利给予肯定。

埃文斯（Evans，2012）认为 Sambreel 对 Facebook 的诉讼，并不是因为 Facebook 违反了各种竞争法，而是因为 Facebook 的这一行动降低了其免费服务功能对 Sambreel 的利用价值，是一种过度投诉。桑杜利（Sandulli，2014）等认为 Facebook 强迫用户卸载 PageRage 这一策略，是为了防止多归属的出现。现有企业会因为与潜在进入者的技术不兼容而产生转换成本。例如，在面向社交的网络领域，进入该领域较晚但功能优越的竞争对手，如 Ping、Socializer 或 Facebook Event，他们面临的问题是先成长起来的 Evite 平台不允许用户将该平台内的历史事件，迁移到他们的网络中，从而造成了高昂的转换成本。Facebook 也采取了类似的策略，迫使用户卸载 PageRage，其中 PageRage 是一款允许在 Facebook 上定制广告的软件应用程序。所以，在桑杜利等看来，防止多归属情况的出现可能是 Facebook 拒绝与 Sambreel 交易的动机之一。戴夫（Dave，2013）等认为，如果广告提供者违反了广告网络政策，那么广告网络商（广告发行商）有权过滤掉他们的点击，并切断他们的收入，例如，Facebook 屏蔽 Sambreel 网站链接的行为，这也是 Facebook 对自己合法盈利商业模式的一种及时保护。总之，上述学者均支持 Facebook 针对 Sambreel 的网站屏蔽活动，以此维持自身的合法利益。

国内学者也表达出类似观点，如姚建军（2015）通过分析 Sambreel 诉 Facebook 案例和判决结果，同样认为企业有权控制自身产品，法律允许企业自由交易、与谁交易以及选择什么方式或条件进行交易。总之，随着互联网平台内封锁案例的增多，学术界对此类案件分析时，往往表现出对自然垄断平台控制自身产品的权利肯定，这一点和美国法院研判此类案件时的态度十分相近。

四、案例启示

本案由于原告 Sambreel 未能提供足够的事实来支持自己的诉求，法院最终于 2012 年 11 月 29 日驳回了原告关于被告 Facebook 涉嫌联合抵制、违法搭售、垄断和企图垄断等指控。该案的判决再次印证了"反垄断法保护的是竞争过程而非竞争者本身"的经济学要义（袁波，2020）。虽然 Sambreel 一再声称 Facebook 试图建立同盟对自己进行联合抵制，并且屏蔽了安装 PageRage 产品的用户，以及要求用户在登录 Facebook 网站前卸载 Yontoo 平台，这些行为都限制了竞争，对自己的经营业务造成了重大损害。但是法院认为 Facebook 有权控制自己的产品，有权要求使用自身产品的用户、应用程序开发者或者广告商遵守设计的协议；反垄断法也允许 Facebook 自由选择交易的对象，以及以何种方式进行交易，并且 Sambreel 也缺少足够的证据来指控 Facebook 的这一拒绝交易行为，造成了除自己之外的市场竞争损害或者消费者福利损失。

在 Live Universe 诉 My Space 案中，法院同样以原告 Live Universe 没有充分证明竞争损害而认为 My Space 不足构成排他性行为。因此 Facebook 仅排除某些个体经营者的特定交易行为并未构成反垄断法意义上的拒绝交易行为，即以实质性的排他或限制竞争为构成要件。通过判决结果也可发现美国法院在判定这类案件时，往往更加看重自然垄断平台自身的权利。

事实上拒绝交易行为本身是不违法的，我国最新修订的《反垄断法》第 22 条也明确说明，即使是具有市场支配地位的生产经营者，从事了拒绝交易的行为，只要其理由正当，并且未产生反竞争效果，理论上是不构成反垄断法所禁止的滥用市场支配地位下的拒绝交易情形。

综上所述，本案的判决结果再次强调了具有市场支配地位的平台具有自我管理和规定的权利，对判定主导平台从事反垄断法意义下的拒绝交易情形应该要更加严格审慎。

第五节　本案的启示

Sambreel 采用网页分层替换 Facebook 的广告行为，令 Facebook 用户对广告来源产生了混淆，侵占 Facebook 的平台资源，攫取了 Facebook 的广告利润和竞争优势，这种行为违反了公平竞争的市场秩序和商业诚信。这对 Facebook 来说是一种不利的交易行为。Facebook 随后的拒绝交易行为是针对 Sambreel 不正当竞争采取的自卫行动，防止平台利益进一步受损，也保护了消费者利益和公平竞争的市场秩序，阻止了负外部性造成的社会福利损失。从对市场的影响来看，Facebook 这一拒绝交易行为仅针对特定平台，并未给市场中其他竞争平台和用户造成影响；从反垄断法的角度来看，Facebook 针对 Sambreel 的屏蔽行为并未构成滥用市场支配地位下的拒绝交易情形。

本章从拒绝交易行为的动机、竞争效应影响以及法院、原被告双方和相关学者的观点等方面对该案例进行了经济学角度的阐述和分析。拒绝交易行为首先保护了平台拥有的用户资源，维护了平台声誉；其次，通过排斥竞争对手"搭便车"行为，巩固了平台交易量，提高了用户对平台的评价质量；最后，合理地拒绝交易行为，以及法院判决的支持能够有效对竞争对手形成震慑，维护市场公平自由的竞争秩序。

主要参考文献

［1］徐伟敏：《欧盟对拒绝交易滥用的竞争法规制》，载《山东社会科学》2009 年第 11 期。

［2］袁波：《走出互联网领域反垄断法分析的七个误区——以"微信封禁飞书"事件为中心》，载《竞争政策研究》2020 年第 1 期。

［3］姚建军：《本身违法原则与合理原则在垄断协议案中的适用》，载《人民司法（案例）》2015 年第 2 期。

［4］Case C. T., Fine N. A., and Plan R., 2012：*REGULETTER.*

［5］Colangelo G., and Maggiolino M., 2017：Big data as misleading facilities, *European Competition Journal*, Vol. 3. No. 2 – 3.

［6］Sandulli F. D., Rodríguez-Duarte A., and Sánchez-Fernández D. C., 2014：Value creation and value capture through internet business models, springer, Berlin, Heidelberg.

［7］Evans, D. S., 2012：Excessive Litigation by Business Users of Free Platform Services, *Social Science Electronic Publishing*, No. 603.

［8］Dave, V., S. Guha, and Z. Yin ., 2013 "ViceROI：catching click-spam in search ad networks." *Computer and Communications Security ACM.*

第九章　平台数据垄断和拒绝交易行为：HIQ 诉 LinkedIn 案[*]

第一节　基本事实

一、市场参与者

领英（LinkedIn）职业社交平台。LinkedIn 成立于 2002 年，是一家拥有超过 8 亿会员的全球最大的职业社交网站，网站的目的是让用户维护他们在商业交往中认识并信任的联系人，俗称"人脉"。会员上传简历，并与其他会员建立职业联系。LinkedIn 曾明确地表示对用户上传到其个人档案中的信息没有所有权：根据 LinkedIn 的用户协议，会员对其提交或者上传至 LinkedIn 的内容和信息拥有所有权，并且仅许可给 LinkedIn 非排他性地"使用、复制、修改、传播、发行及处理"该信息[①]。

LinkedIn 允许会员在多种隐私设置中进行选择。会员可以选择自己的哪些资料能够向公众开放（即 LinkedIn 会员和非 LinkedIn 会员均可见），本案仅涉及对公众可见的资料。LinkedIn 会员在编辑自身资料时能够看到"不广播"的选项，如果选择该选项，在其更新其资料信息时他的联系人将不会收到通知，其更新后的信息仍然会出现在其资料页中。超过 5000 万 LinkedIn 会员曾选择使用"不广播"功能，2016 年 7 月至 2017 年 7 月期间大约 20% 的更新资料的会员使用了"不广播"的功能。

---

[*]　笔者根据 HIQ 诉 LinkedIn 案（Hiq Labs, Inc., v. Linkedin Corporation, 2019）相关内容整理所得。

①　LinkedIn 网站，http://www.linkedin.cn。

　　LinkedIn 一直在探索通过开发新的产品来充分利用拥有的海量用户数据。2017 年 6 月，LinkedIn 的首席执行官杰夫·韦纳（Jeff Weiner）接受 CBS 采访时说，LinkedIn 希望"可以利用从 5 亿用户那里收集到的所有的数据"，杰夫·韦纳认为通过数据分析，可以帮助企业了解自己的员工需要掌握哪些技能，以及在哪里可以招聘到具备这些技能的员工。后来，LinkedIn 推出了一项新产品 TalentInsights，该产品通过分析 LinkedIn 上的用户数据为企业提供员工分析报告。LinkedIn 公司远景、使命、会员职业档案设置等，如图 9 – 1 所示。

关于领英

欢迎使用领英！领英是全球领先的职场社交平台，用户数已超过6.45亿，覆盖全球200多个国家和地区

公司愿景

为全球每一位劳动者创造经济机会，进而绘制世界第一幅经济图谱。

公司使命

连续全球职场人士，并协助他们事半功倍，发挥所长

职业档案
您可自行选择在职业档案中提供的信息，例如：教育经历、工作经历、技能专长、档案头像、所在城市或地区以及技能认可。有些会员会选择填写一份单独的领英达人平台档案。您不必在职业档案中提供额外信息，但是职业档案信息有助于您更好地使用我们的"服务"，例如：帮助您在招聘专员和商业机会面前脱颖而出。您可以选择是否在职业档案中填写敏感信息以及是否公开这类敏感信息。如果您不希望公开个人数据，请勿在职业档案中发布或添加此类信息。

图 9 – 1　LinkedIn 公司远景、使命、会员职业档案设置等

　　HIQ 是一家成立于 2012 年的数据分析公司。它利用爬虫软件抓取 LinkedIn 用户公开发布的个人资料信息，包括姓名、职位、工作经历和专业技能。然后利用这些信息通过其专有的算法生成分析报告，并把这些报告卖给客户（主要是商业公司）来获取利润。HIQ 主要为客户提供两种分析工具：Keeper 和 SkillMapper。其中，Keeper 旨在帮助企业识别最有可能被挖走的员工。HIQ 表示该产品能够帮助雇主合理地为其员工提供职业发展机会、忠诚奖金或其他津贴，以留住有价值的员工。SkillMapper 则可以帮助

公司分析员工的技能，旨在帮助雇主确定其员工之间的技能差距，以便雇主能够在这些领域开展职工内部培训，促进内部员工的合理调动从而减少从外界招聘的费用。

HIQ 的商业模式主要依赖于 LinkedIn 的数据，其成立以来一直通过爬虫软件获取 LinkedIn 网站上的用户公开数据，对此 LinkedIn 并未反对。HIQ 会定期举办"Elevate"会议，与会者讨论 HIQ 的商业模式并分享员工数据分析领域的实践案例。LinkedIn 的代表参加过 2015 年 10 月的 Elevate 会议，LinkedIn 的员工也曾在 Elevate 会议上发言。2016 年，LinkedIn 的员工获得了 Elevate 的"影响力奖"。LinkedIn 的员工因此有机会去了解 HIQ 的产品，包括前文中提到的 HIQ 的两大主要分析工具。

二、相关市场界定

本案包括两个市场：职业社交平台市场和员工数据分析市场。LinkedIn 首先属于职业社交平台市场，该行业具有典型的网络效应，加入一家平台的用户越多，用户使用该平台所能获得的效用越高。这种网络效应很容易导致一家独大的市场格局，根据 LinkedIn 数据，其在全球拥有 8.3 亿用户。

HIQ 属于员工数据分析市场，该行业的特征是以数据为生产资料，企业的经营依赖于来自职业社交平台市场的数据，两个市场类似于上下游的关系，上游市场的企业提供原料，下游市场的企业生产最终产品。以数据作为生产资料意味着同等条件下谁掌握的数据多，谁就能生产出更好的产品。当 LinkedIn 开始研发员工数据分析产品，其进入了 HIQ 所在的市场，这种跨界竞争的行为是后续一系列争议的起点。

三、案件过程

2017 年 5 月，LinkedIn 向 HIQ 发送了一封勒令停止通知函，声称 HIQ 违反了 LinkedIn 的用户协议，并要求 HIQ 停止访问和抓取 LinkedIn 服务器上的数据。LinkedIn 声称如果 HIQ 继续访问 LinkedIn 的数据，将违反包括《计算机欺诈和滥用法》（CFAA）、《数字千年版权法案》、《加州刑法典》等法律。LinkedIn 表示自己已经采取了相关的技术措施，通过检测、监控和阻止抓取行为来阻止 HIQ 访问 LinkedIn 的网站。

对此，HIQ 的回应是自己有访问 LinkedIn 公共页面的权利，并且声称如果 LinkedIn 采取拒绝行为，就要申请法院的禁令。2017 年 6 月，HIQ 向法院提出了诉讼，认为 LinkedIn 违反了加州宪法有关言论自由的规定以及加州的《反不正当竞争法》等，HIQ 根据加利福尼亚州法律申请禁令救济，并要求确认 LinkedIn 无权援引 CFAA、《数字千年版权法案》、《加州刑法典》等，HIQ 还申请了临时限制令，当事人随后同意将其转换为初步禁令。

地区法院批准了 HIQ 的诉求。2017 年 8 月，美国加州北区地方法院法官发出了初步禁令，要求 LinkedIn 必须在法院禁令颁布后 24 小时内撤销其发布的勒令停止通知函，消除 HIQ 访问公开资料的任何技术障碍，不得采取任何法律或技术措施阻止 HIQ 访问公开资料。对这一裁定结果，LinkedIn 随后提起上诉。HIQ 则认为该裁定结果对所有依赖公开数据开展商业活动的公司是一个胜利：数据不应该被互联网寡头所垄断，因为垄断数据会损害创新，而且线上公开的数据应该可以被其他人自由获取。

对于这一判罚结果，LinkedIn 表示将继续上诉，以保护用户控制自己信息的能力。2019 年 9 月 9 日，美国联邦第九巡回法院做出判决：维持加州北区联邦法院就 HIQ 诉 LinkedIn 案中所颁布的禁令。

2020 年 9 月 9 日，美国加利福尼亚北区联邦地区法院作出判决，以 HIQ 未准确界定相关市场且反垄断指控不充分为由，驳回该案中有关反垄断部分的诉讼请求。法院就 LinkedIn 拒绝开放必要设施的反垄断指控认为，HIQ 在相关市场界定方面的证据和理论基础不充分，没有提供充足证据证明其使用 LinkedIn 公开用户资料的数据分析产品，与基于企业内部数据或除 LinkedIn 公开用户资料以外的数据分析产品不同。而且 HIQ 无法证明从 LinkedIn 上获取的数据不能在其他途径获得，例如 Google、Facebook 等。

2021 年 6 月 14 日，美国最高法院发布一项裁决，裁决撤销之前对该案的判决，案件被发回美国第九巡回上诉法院重审。整个案件时间线如图 9 - 2 所示。

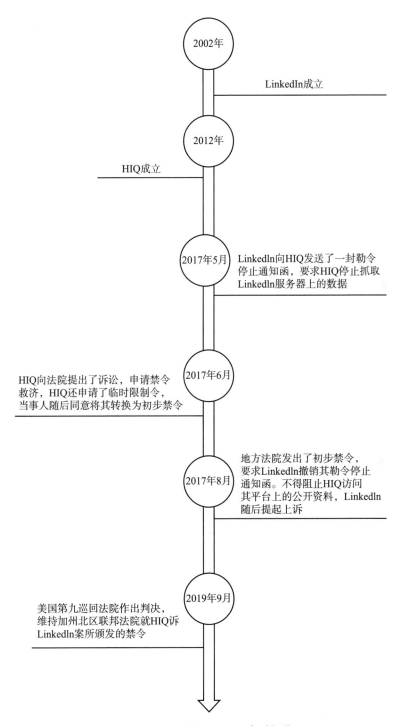

图 9－2　HIQ 诉 LinkedIn 案时间线

第二节　本案中的争议点

一、关于相关市场界定

法院对案件涉及的相关市场进行了界定，认为本案涉及两个市场：一个是 LinkedIn 所处的职业社交网络服务市场，另一个是 HIQ 所在的员工数据分析市场。

从需求的角度来看，职业社交网络服务市场的用户主要是各家公司的员工，他们使用 LinkedIn 是为了展示自己的职业档案，包括工作经历、教育背景、技能等方面，从而寻找同学、同事、合作伙伴，搜索职位、公司信息，建立并拓展人脉网络，掌握行业资讯等。而员工数据分析市场的用户主要是企业及其人力资源部门，HIQ 通过收集和分析在网上公开档案的员工的信息，为雇主提供其职工的分析报告。

HIQ 主要为客户提供两种分析工具：一种是 Keeper，旨在识别最有可能被挖走的员工；另一种是 SkillMapper，它可以帮助公司分析员工的技能。HIQ 所提供的两种产品都是为公司的管理层和决策层服务的。因此从需求的角度来看，这两家公司的产品是面向不同用户群体的不同需求的。

从供给的角度来看，LinkedIn 为员工提供了一个平台，人们可以在这个平台上发布自己的信息，LinkedIn 主要的工作是维护这个平台的运行，是在线网站的建设者和管理者。HIQ 则是为用户提供分析报告，它通过收集、分析其他平台上的信息，把来自线上的用户职业数据作为生产的投入要素，最终形成分析报告提供给需要的商业公司。因此，从供给角度来看，这两家企业并不属于同一市场。但后来 LinkedIn 决定进入员工数据分析市场以后，二者形成了同一市场内直接的竞争关系。

二、关于竞争损害

HIQ 声称其整个商业模式建立在获取 LinkedIn 公开会员资料的基础上，且目前没有实际可替代 LinkedIn 公开数据库的其他数据源，如果不能获取 LinkedIn 的公开会员资料，两大核心产品 Keeper 和 SkillMapper 将无法继续为客户提供服务。杰夫·韦纳（时任 HIQ 的 CEO）曾表示"如果无法获取 LinkedIn 公开会员档案，HIQ 将可能面临对 eBay、CapitalOne 等现有客户的违约及失去潜在客户订单的风险"。同时，LinkedIn 发布"勒令停止通知函"时，HIQ 正在进行新一轮的融资，HIQ 所提供的核心业务的不确定性导致了融资的停滞和部分雇员的离开，HIQ 的 CEO 同时表示，"如果 Linke-dIn 获得法院的支持，HIQ 将不得不解雇大部分雇员并且停止自己的业务服务"。

LinkedIn 则认为 HIQ 的商业模式并非建立在对 LinkedIn 数据获取的基础上，其坚持声称存在可替代 LinkedIn 数据的其他数据源，并举例说明用户在 Facebook 上公开的职业数据就可作为 HIQ 的替代性数据源。但是 HIQ 的商业模式建立在获取用户向全世界公开的数据上，而 Facebook 的数据却往往无法获取，因此可能无法构成可替代的数据源。

LinkedIn 同时主张即使没有可替代的数据来源，HIQ 可以通过自己的调研等收集方法并建立数据库。但 HIQ 是一家数据分析公司，而不是数据收集公司。这种主张不仅改变了 HIQ 核心业务的运行方式，还从根本上改变了 HIQ 业务的本质，这也恰恰承认了 HIQ 目前的商业模式必须建立在对 LinkedIn 公开会员数据的获取基础上。想要建立一套成熟的数据收集系统需要投入大量的时间和成本。法院认为在 HIQ 连自己的主要产品都无法正常生产的情况下，继续维持公司运行并且同时建立起一整套信息收集系统的可能性是比较小的。

HIQ 还认为 LinkedIn 之所以禁止自己抓取其数据，是为了推出自己开发的一款与 HIQ 有竞争关系的数据分析工具。在 LinkedIn 宣布计划利用其平台上的数据为雇主提供新的产品，且该产品的功能与 HIQ 的 SkillMapper 类似后的一个月内，LinkedIn 就发出了一封勒令停止通知函。如果像 LinkedIn 这样拥有大量公共数据的公司，被允许禁止潜在的竞争对手访问和使用这些公共数据，那么同行业的创业者将无法收集和分析这些公共数据。根据加州法律，这种行为很可能被纳入不正当竞争范畴。

综上法院得出结论，认为在没有初步禁令的情况下，HIQ 将会面临无法弥补的损失。

三、关于用户隐私

LinkedIn 声称，这种数据爬取行为将威胁到其用户的隐私，并将因此破坏 LinkedIn 与用户之间的信赖关系。"用户将自己的个人资料公之于众的事实并不意味着他希望任何第三方收集和使用这些数据用于其他目的。" LinkedIn 指出，超过 5000 万用户选择了"不广播"这一选项，即其他用户不会在自己更改资料时收到通知，"不广播"功能的普遍应用表明，许多用户并不希望他们的雇主知道他们可能正在寻找新的工作。如果雇主得知某个员工计划离职，则可能会限制该员工访问公司信息，甚至终止该员工的工作。

地区法院认为 LinkedIn 的主张具有一定价值，但也不能全部采信。第一，几乎没有证据表明，选择公开其个人资料的 LinkedIn 用户对他们发布的信息有隐私预期，LinkedIn 的隐私政策明确规定，"您在个人资料中提供的信息以及您在 LinkedIn 上发布的任何内容都可能被他人看到"，并告知用户不要"在个人资料中发布或添加您不想公开的个人信息"。第二，没有证据表明选择"不广播"选项的用户是为了防止他们的雇主知道自己在找新的工作。地区法院所指出，用户选择这个选项还有其他原因，许多用户可能只是希望不要在每次更改个人资料时都向别人发送烦人的通知。在任何情况下，雇主都可以直接查阅选择公开个人资料的用户的信息，有意向雇主隐瞒此类信息的员工可以拒绝公开其个人资料，并取消雇主作为其联系人。第三，LinkedIn 自己的行为削弱了它关于用户在公开资料中有隐私预期的论点。LinkedIn 自己的产品"Recruiter"可以让招聘人员"跟踪"潜在员工，在潜在员工更改他们的个人资料时得到提醒，并在这个时候开始着手联系这些潜在员工。

四、关于 HIQ 是否违反了《计算机欺诈及滥用法案》

LinkedIn 认为 HIQ 违反了《计算机欺诈及滥用法案》（*Computer Fraud and Abuse Act*，CFAA）。根据 CFAA 的规定，任何人未经授权或者超越授权故意访问计算机，并从受保护的计算机中获取信息，应受到罚金处罚或被判处监禁。而且任何在前述行为中受到损失的人在一定条件下可向侵权人提起民事诉讼，以获得补偿性赔偿和禁令性救济或其他救济。

CFAA 问题的关键在于一旦 HIQ 收到了来自 LinkedIn 的勒令停止通知函，HIQ 再爬取和使用 LinkedIn 的数据是否属于 CFAA 所定义的"未经授权"从而构成违法。如果认为是违法的，HIQ 就没有获取 LinkedIn 数据的合法权利，也就不能在任何依据州法律提起的主张中获胜。

　　法院认为，CFAA 最应该被理解为是一项反侵入法案，而不是用来反滥用的。因此要分析 HIQ 的行为是否适用于"侵入"。CFAA 最初颁布时，其适用对象仅限于小部分的计算机，即那些包含国家安全信息或金融数据的计算机，以及那些由政府或政府授权操作的计算机，在这些最初所适用的对象当中，不包括对公众开放的计算机。尽管后来 CFAA 扩大了受保护的计算机的适用范围，但禁止未经授权的访问应被理解为仅适用于私有信息，即需要某种授权要求而被划定为私有的信息，仅对受密码保护的网站或以其他方式阻止公众查看信息的网站才需要授权。法院认为 CFAA 适用的前提是要把"对向公众开放的信息"和"通常需要授权才能访问的信息"进行区别对待。

　　LinkedIn 上公开的个人资料属于对公众开放且不需要授权的信息，任何接入互联网的人都可以使用。所以，关于这类信息并不适用于"侵入"这种表达方式，不适用于"未经授权"的概念。HIQ 所访问并抓取的数据并不归 LinkedIn 所有。

五、关于公共利益

　　法院分析了同意或者拒绝临时禁令对公共利益的影响。当事人双方都声称自己的存在将最大程度地促进互联网信息的自由流动，有利于公共利益。HIQ 指出对在线数据的抓取是包括学术研究者等很多人都在使用的手段。HIQ 表示，如果让已经积累了大量用户数据的企业决定谁能从公共网站抓取数据，那么这些既得利益企业将会获得过多的控制权。LinkedIn 则认为，初步禁令可能诱导恶意的访问行为并使 LinkedIn 的服务器受到攻击，这并不利于公共利益。如果这种行为被许可，LinkedIn 和其他公开网站的运营者将会被迫作出选择，要么甘愿让自己的服务器遭受此类攻击，要么对他们的网站实行密码保护，不再向公众开放。

　　地区法院从公共利益的角度作出了有利于 HIQ 的判罚。他们认为，数据本身并不是由 LinkedIn 这类公司所拥有的，如果让 LinkedIn 这类公司可以自由地决定谁可以收集和使用数据，可能会造成信息的垄断，而这将危害到公众利益，巡回法院也非常认同这一观点。

第三节　反竞争效应分析

本案主要争议点在于：（1）数据在市场竞争中的作用，是否会构成进入壁垒，数据能否构成必需设施；（2）控制数据的平台是否可以实施拒绝交易行为，拒绝交易行为是否会产生反竞争效应。本部分结合 HIQ 诉 LinkedIn 案件的具体内容及法院判决结果进行讨论。

一、数据在互联网平台企业经营中的作用

进入数字经济时代，数据成为企业重要的生产资料，掌握用户数据能够帮助企业准确识别市场需求、提升产品质量，从而在竞争中占据优势。2020 年 4 月，中共中央、国务院发布的《关于构建更加完善的要素市场化配置体制机制的意见》中，强调了数据资源作为一种新型生产要素的作用。

用户在平台上进行信息搜寻与发布，平台在这一过程中获得了用户的数据，结合算法实现对用户偏好和市场供需的精准分析，有利于降低平台生产成本和交易费用，提高资源配置效率。数据成为平台实现用户价值转化、获取竞争优势、驱动利润增长的重要资源。随着算法的不断进步，数据可以直接作为生产资料，帮助企业生产信息产品，本案中的员工数据分析产品，就是以员工职业社交数据为基础生产的。

二、数据能否构成进入壁垒

判断数据能否构成进入壁垒，可以从排他性的角度分析。当数据不具有排他性，其他在位企业或者新进入企业都可以获得，就不会构成进入壁垒，反之当数据具有排他性，一旦少数几家企业控制了市场上的大部分数据，其他企业很难获得生产资料，进入壁垒就会大幅提升。结合本案来看，员工职业社交数据一开始是非排他的，HIQ 可以自行爬取，后来 LinkedIn 禁止其他企业的抓取行为，此时这些数据就具有了排他性。

本案涉及的两个市场一个是职业社交网络服务市场，另一个是员工数据分析市场，两类市场都与用户数据联系密切，但数据对竞争的影响不同。在职业社交网络服务市场中，用户对平台的需求主要在满足职业社交、建

立人脉方面，数据并不直接构成进入壁垒，因为新进入企业也可以通过提供差异化服务、创新商业模式等吸引用户，从而积累自己的数据资源。但 LinkedIn 已经拥有大量用户信息以及用户社交活动历史数据，利用这些数据可以增加用户黏性，增强和巩固自己的市场支配地位。在员工数据分析市场中，数据是产品的重要"原料"，一旦获取数据的成本提高，或者根本无法获取相应的数据，在位企业就无法继续生产，新进入企业也无法成功生存，市场竞争程度就会受损，行业创新水平也会下降。

LinkedIn 作为上游市场中的主导平台，其掌握的数据除了能影响职业社交网络服务市场外，还能够影响下游市场的竞争环境和企业成本。如果上游主导平台设置障碍提高了下游在位企业或潜在进入者获取数据的成本，就可能形成数据进入壁垒，但也要进一步分析下游市场的生产原料是否只能从 LinkedIn 这一个渠道获取，虽然 LinkedIn 在职业社交网络服务市场上占据支配地位，但如果员工数据分析市场上的企业可以从其他地方获取生产所需数据，也不会形成进入壁垒。

三、数据能否构成必需设施

HIQ 提出 LinkedIn 违反了必需设施原则。必要设施原则一开始出现在物理设施领域，其应用最早要追溯到 1912 年，当时 TerminalRailroad 控制了圣路易斯密西西比河的铁路桥及其他相关设施，并拒绝向竞争对手开放设施。铁路桥是本地区其他铁路公司运营所必要的设施，而在当地所有交通工具中，铁路是关键的交通工具，如果没有铁路运输，当地交通运输会受到严重的影响。法院认为，由于 TerminalRailroad 拒绝开放的设施是竞争所必要的，为了促进当地交通运输市场的有效竞争，TerminalRailroad 应该向竞争者开放该设施。在本案中，数据与物理意义上的必要设施存在差别，数据具有低成本的可复制性，并且互联网时代能够获取数据的渠道很多，前文也提到，职业社交网络服务市场中数据并不构成进入壁垒，那么 HIQ 是否可以通过进入该市场来直接获取所需数据呢？使用必需设施原则一定要经过严格的论证，确保该数据资源是市场竞争所必需的且只有一个来源，盲目使用必需设施原则可能会损害企业的创新与投资激励，企业一旦预期自己付出成本后的成果会被其他企业无成本地共享，就会丧失投资激励。

四、数据驱动的拒绝交易行为的效率抗辩

企业实施拒绝交易的理由之一是防止搭便车，认为可以提升企业效率。如果企业允许竞争对手自由爬取用户数据，可能会损害企业的投资激励，没有动力去开发和维护平台。但另一方面，这种拒绝交易可能也是实施企业的一种搭便车行为，企业不了解一个新领域的市场需求和盈利程度，所以一开始允许其他企业爬取数据，让其他企业承担创新的风险，一旦事实证明进入该行业能够获取利润，企业就会实施拒绝交易然后自己进入，这种逻辑在上下游企业间体现得更加明显。

五、拒绝交易的动机并非保护用户隐私

LinkedIn 拒绝 HIQ 爬取用户数据的行为并不是一开始就实施的，事实表明，有五年的时间 LinkedIn 是知道这种行为的存在并且一直默许，双方还在技术业务方面有过交流，但是当 LinkedIn 决定开发员工数据分析产品后，其开始谋求拒绝 HIQ 的数据抓取行为。这种前后态度的转变，表明拒绝交易行为的动机可能是为了排除新市场上的竞争，但这也不能作为 LinkedIn 违法的依据，因为存在竞争关系的企业间没有义务向对方开放数据，只能表明 LinkedIn 实施拒绝交易行为的动机可能并不是其宣称的保护用户隐私。

LinkedIn 对用户信息没有所有权，据 LinkedIn 的用户协议显示 LinkedIn 仅被授权非排他性地"使用、复制、修改、传播、发行及处理"用户信息。HIQ 抓取的是用户自己选择公开的职业信息数据，任何企业和个人都可以看到。LinkedIn 自己也在利用用户数据开发类似 HIQ 的产品，因此保护用户隐私的说法没有可信度。当然，如果使用 LinkedIn 的用户自己提出不允许企业分析自己公开的数据，那么 HIQ 的抓取行为可能需要被禁止，但此时 LinkedIn 也不能够开发类似产品，这种情况不在本书讨论范畴。

六、反竞争效应的关键判罚标准：数据资源的可获得性

互联网平台的规模经济和网络效应容易产生寡头垄断结构，占据市场支配地位的寡头平台往往具有更强的市场势力和对数据、用户等重要资源

的控制力，在追求垄断利润的过程中，有动机也有能力实施一些排他性行为，其中就包括采取技术手段阻碍对手接入，禁止数据互操作等拒绝交易行为。

由于用户和数据的可迁移性，互联网企业经常跨界竞争，跨界中的拒绝交易会将企业在原市场的势力传导至其他市场，可能会破坏其他市场上的竞争，实现对该市场的圈定。当上游寡头平台拒绝提供必要设施或设置障碍提高下游生产成本和交易成本时，下游市场中的竞争者将难以生存，潜在进入者也将被排除在市场壁垒之外，由此下游市场的竞争程度下降，从竞争市场逐渐变为垄断市场。

判断拒绝交易行为是否会产生竞争损害，要先考虑上游企业掌握的数据是否是下游企业唯一的生产要素来源。在本案中，如果 HIQ 等员工数据分析企业能够在 LinkedIn 以外的渠道获取类似的数据，那么 LinkedIn 实施的拒绝交易并不会影响该市场上的竞争，相反 LinkedIn 的进入还会提升市场上的厂商数量，增加竞争程度，有利于降低产品价格。

第四节　关于本案的学术讨论

有学者认为该案的争议点之一在于 LinkedIn 上的数据是否属于隐私数据。吴（Wu，2019）认为用户的公开数据，例如用户的姓名、职称、工作经历和技能虽然是个人数据，但此类信息既不敏感，也不受版权法保护。HIQ 收集这些数据来进行分析，生产对人力资源管理有价值的产品。问题是数据分析企业是否可以在没有数据控制企业授权的情况下访问这些数据，数据控制企业是否有权禁止其他企业访问这些数据。扎莫拉（Zamora，2019）也指出本案中的信息是公开的，不属于隐私数据。HIQ 与 Google 类似，他们都是利用爬虫工具收集数据，并对这些数据进行处理，用于新的用途、供新的用户使用。有利于 HIQ 的判决表明法院认识到数据分析在数字经济社会中的价值，法院在为从公开来源收集信息的抓取行为提供保护。这种法律保护表明法院尊重互联网作为一个建立在共享基础上的开放场所的功能和目的。正是通过共享信息，才能够产生很多有价值的见解，世界各地的人们才得以联系起来。

另外，HIQ 申请禁令是否符合公共利益，法院选择支持 HIQ，是为了防止可能出现的信息垄断风险。吴（Wu，2019）认为该判罚并不能作为此类案件的唯一标准。例如，如果 LinkedIn 用户自己禁止 HIQ 处理他们的数据，法院可以考虑保护用户在处理个人数据方面的权利。法院的判罚可能会激励那些数据分析公司充分利用公共数据，与此同时，它可能会促使控制着大量用户数据的大型互联网企业修改用户协议和隐私政策，以获得用户数据的专有权。

拒绝交易一般属于垄断行为范畴，但麻烦在于要先证明企业具有支配地位，HIQ 也提出 LinkedIn 的行为违反了必要设施原则，但缺乏足够的证明。托姆巴尔（Tombal，2020）提出了一个概念，即滥用经济依赖，将其作为拒绝交易的一个替代概念。他认为在本案中一家企业为议价能力较弱的另一家企业提供获取数据的渠道。数据分析企业需要证明自己的经济依赖状态（无法自己收集或者在其他渠道获取数据），并需要显示对方滥用了这种经济依赖状态，即终止现有业务关系或拒绝供应，并且证明这种滥用的反竞争效应（损害竞争自由和市场的可竞争性）。

第五节　本案的启示

本案焦点在于对平台上用户数据的抓取行为和由拒绝交易产生的反竞争效应。法院从反不正当竞争的角度进行了裁决。本案有几个重要特征：一是数据成为市场竞争的关键要素。随着信息网络技术的发展，数据成为重要的生产资源，也是企业生存和发展的主要依托。二是 HIQ 抓取的数据是平台用户完全公开的个人数据，除了 HIQ 其他任何人也可以浏览这些信息，平台对这类公开用户数据禁用有可能会形成市场进入壁垒。三是 HIQ 和 LinkedIn 之前并没有对数据的使用签订协议，HIQ 一直在 LinkedIn 默许的前提下进行数据的收集工作。直到 LinkedIn 准备推出一款和 HIQ 相似的竞争性产品时，才对 HIQ 的这种抓取行为提出异议。

本案是数字经济时代的新型案例，当事人企业都是以数据作为生产要素，关注的焦点在于数据抓取这种新行为，相应的法学与经济学理论都尚未成熟，因此关于判罚结果有很多争议。要科学准确地分析此类案件，需要明确用户与数据的归属性、排他性，数据能否构成进入壁垒、能否构成必要设施，还要考虑数据抓取会不会影响用户隐私。本案目前仍未有最终的判罚，但关于本案的经济学讨论会不断增多，最终会促进关于数据行业拒绝交易行为的经济学理论的发展。

主要参考文献

［1］鲁彦、曲创：《互联网平台跨界竞争与监管对策研究》，载《山东社会科学》2019 年第 6 期。

［2］李勇坚、夏杰长：《数字经济背景下超级平台双轮垄断的潜在风险与防范策略》，载《改革》2020 年第 8 期。

［3］曾彩霞、朱雪忠：《必要设施原则在大数据垄断规制中的适用》，载《中国软科学》2019 年第 11 期。

［4］Tombal，T.，2020：Economic Dependence and Data Access，*IIC-International Review of Intellectual Property and Competition Law*，Vol. 51，No. 1.

［5］Wu，Q.，2019：Data Processors May Access Publicly Available Personal Data Without Data Controllers' Authorization at Least for Now，Says the US Court of Appeals for the Ninth Circuit，*Says the US Court of Appeals for the Ninth Circuit*，No. 1.

［6］Zamora，A.，2019：Making Room For Big Data：Web Scraping and an Affirmative Right to Access Publicly Available Information Online，*The Journal of Business*，*Entrepreneurship & the Law*，Vol. 12.

第十章　数据壁垒及平台合并审查的挑战：Bazaarvoice 收购 PowerReviews 案[*]

第一节　基本事实

一、市场参与者

产品评级和评论（Product Ratings and Reviews，PRR）平台是消费者对零售产品体验的在线反馈，PRR 平台帮助制造商和零售商收集和展示消费者的评论和评级，允许其他消费者在作出购买决策前浏览历史买家的反馈。

PRR 平台能够帮助企业增加销售额，降低产品成本，提高网站搜索引擎的排名，并提供有关消费者购买意愿的信息。同时，它也为消费者提供了其他人对该产品体验的真实信息。来自其他消费者的反馈可以帮助潜在买家作出更明智的购买决定。PRR 平台还具有帮助制造商和零售商分析信息的功能，制造商和零售商可以实时跟踪和分析消费者购买意愿，还可以使用消费者的偏好和行为信息来识别产品设计缺陷，制定产品设计决策或识别潜在消费者，以进行有针对性的营销工作。

PRR 平台的用户包括产品零售商、制造商和消费者两部分，而大型零售商、制造商是 PRR 平台主要用户。2009 年，互联网零售商前 500 名（IR500）中有 300 多家公司没有使用 PRR 平台。而到 2013 年，IR500 中只有 100 多家公司没有使用 PRR 平台。大型零售商的经营趋势表明，PRR 平台已经成为在线零售网站经营的必要组成部分。

---

　　[*] 笔者根据 Bazaarvoice 收购 PowerReviews 案（U. S. v. Bazaarvoice，Inc.，2014）相关内容整理所得。

本案所属的行业为 PRR 平台行业，两家当事人企业都是 PRR 平台。

Bazaarvoice 创立于 2005 年，总部位于得克萨斯州奥斯汀市，公司提供市场领先的 PRR 平台，为百思买、联合利华、好事多、宝洁等众多知名品牌网站的用户点评和社交电子商务功能提供支持服务，并占据该业务 40% 的市场份额。2017 年 11 月 27 日，Bazaarvoice. Inc. 与 Marlin Equity Partners 达成最终协议，同意被后者收购。Bazaarvoice 股票自 2018 年 3 月 30 日盘后退市。Bazaarvoice 的商标及评分如图 10–1 所示。

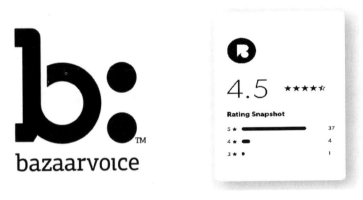

图 10–1 Bazaarvoice 的商标与评分

PowerReviews 创立于 2005 年，总部位于加利福尼亚州旧金山。Power-Reviews 的 PRR 平台同样具备齐全的功能，是 Bazaarvoice 最有实力的竞争对手。2012 年，PowerReviews 被竞争对手 Bazaarvoice 以 1.68 亿美元收购，但此次收购遭到美国司法部的反对。2014 年，经美国加利福尼亚州北区地方法院裁决，消费者评论公司 Viewpoints 从 Bazaarvoice 购买了 PowerReviews，两家公司以 PowerReviews 名称合并。PowerReviews 的商标与评分如图 10–2 所示。

图 10–2 PowerReviews 商标与评分

Bazaarvoice 为百思买、联合利华、好事多、宝洁等众多知名品牌网站的用户点评平台和社交电子商务功能提供支持服务，同时与亚马逊、Google 等有着长期的战略合作关系。作为 Bazaarvoice 的有力竞争对手，PowerReviews 也为包括 Staples、REI、ESPN、Callaway 和 Jociey 等多个知名品牌提供品牌收集、整理和分析用户评价的服务。

二、PRR 平台的商业模式

（一）PRR 平台的运行机制

PRR 平台连接着厂商与消费者，产品评级与评论信息帮助企业把握产品的质量情况，了解用户对产品的喜好及购买欲望，对于零售商和制造商的经营管理具有巨大的价值。同时，可以为潜在消费者提供已购用户的使用评价，帮助消费者进一步了解产品，促进销售。

（二）PRR 平台行业的定价方式

PRR 平台在定价方面具有价格歧视的特征。在 PRR 平台市场中，厂商通常根据每位客户的需求协商定价，在获得尽可能全面的有关潜在客户的信息后，PRR 平台提供商会根据潜在客户对产品的支付意愿给出价格，同时考虑到竞争替代性方案。因此，即使购买类似的产品和服务，不同顾客通常也会收到不同的价格——"客户认为价值更高，Bazaarvoice 的给出的价格就会更高"。该行业的定价不仅取决于成本，更多地取决于客户需求和市场竞争程度。这种"基于价值"的定价方式，正是应用数据进行"歧视性定价"的表现。Bazaarvoice 收购 PowerReviews 后，掌握了市场上绝大多数的数据，利于其进行歧视性定价。

PRR 平台会根据竞争对手的报价来调整自己的定价。在合并之前，PowerReviews 将自己定位为 Bazaarvoice 的低价替代品。PowerReviews 会通过提供更低价格或其他优惠来吸引客户。两家企业之间的价格竞争有利于提升消费者福利。

（三）PRR 平台行业的网络外部性

PRR 平台作为一种典型的双边市场，平台两边用户间存在交叉网络外部性。平台拥有的消费者越多，能够收集到的产品信息也就越多，这对零售商和制造商具有很强的吸引力。同样，与平台合作的制造商和零售商越多，对于消费者而言也更具有价值，从而会吸引更多的消费者使用平台。

（四）PRR 平台行业的声誉机制

PRR 平台生产的是信息产品，数据对于平台声誉的影响更加突出。拥有数据越多的平台，其数据的全面性、数据分析技术的成熟度以及推测结果的准确性等越高，其提供的产品质量相对更好。而良好的平台声誉有利于其吸引双边用户。

三、案件过程

（一）合并动机

Bazaarvoice 是市场中领先的 PRR 平台，其在 PRR 平台市场中占据 40% 的份额。PowerReviews 是 Bazaarvoice 最有实力的竞争对手，该公司设计的 PRR 平台的运营方式与 Bazaarvoice 相同。Bazaarvoice 认为 PowerReviews 的快速崛起威胁到了自己的市场地位。Bazaarvoice 的零售销售副总裁保罗·博德（Paul Bodd）提供了一份分析报告，将 Bazaarvoice 制定的价格与在市场上观察到 PowerReview 的价格进行了比较，发现无论是对大型企业客户还是中型客户，PowerReview 的市场定价均低于 Bazaarvoice，而与 PowerReviews 进行价格竞争可能导致 Bazaarvoice 损失数百万美元。Bazaarvoice 建立的用户网络允许制造商和零售商之间进行信息共享，这是 Bazaarvoice 的一大竞争优势，也是其他企业进入 PRR 平台市场的障碍之一。而 PowerReviews 拥有大量的零售商客户，2011 年 7 月，PowerReviews 还宣布开放社交商务网络，为网络中的用户提供一年的免费试用期，试图削弱 Bazaarvoice 已经拥有的用户优势。基于这些原因，Bazaarvoice 高层开始尝试收购 PowerReviews。

（二）合并历程

自 2011 年初，Bazaarvoice 一直将 PowerReviews 作为收购目标，双方在合并前分别于 2011 年 4 月至 5 月，2011 年 11 月至 12 月以及 2012 年 4 月至 5 月期间进行了三轮独立谈判。

2011 年 4 月 21 日，Bazaarvoice 联合创始人兼执行官布兰特·巴顿（Brant Barton）向其他 Bazaarvoice 高管发送了一封电子邮件，说明了公司考虑收购 PowerReviews 的原因，认为"解决掉一个最大的竞争对手可能会改变游戏规则""当我们拥有市场主导地位后，会对市场有极大的影响力"。他进一步预计："由于市场上替代品稀缺或质量较低，我们将能够拥有极高比例的 PRP 平台客户"。

2011 年 11 月，Bazaarvoice 的高管赫特（Hurt）建议与 PowerReviews 进行第二轮谈判，并列举出合并后的一系列好处。12 月 9 日，Bazaarvoice 与 PowerReviews 举行了 6 个小时的会议。之后，Bazaarvoice 的高管柯林斯（Collins）撰写了一份备忘录，总结了该交易的诸多好处，并指出，此次收购将创造很高的市场进入壁垒。

Bazaarvoice 于 2012 年 4 月开始了收购 PowerReviews 的最后一轮谈判。2012 年 6 月 12 日，Bazaarvoice 收购了 PowerReviews。这笔交易的购买价格，包括现金和非现金价值，共计约 1.682 亿美元。

（三）针对合并的诉讼与判罚结果

2013 年 1 月 10 日，美国司法部提起反垄断诉讼，要求解除 Bazaarvoice 对 PowerReviews 的收购。

司法部认为，Bazaarvoice 和 PowerReviews 是原 PRR 市场的主要竞争对手。在市场竞争中，PowerReviews 公司的存在会对 Bazaarvoice 公司的定价起到关键的抑制作用，使得价格下降 15% 左右。此外，为争夺客户资源，Bazaarvoice 和 PowerReviews 一直都致力于技术的创新与开发。在 Bazaarvoice 收购 PowerReviews 后，原属于 PowerReviews 的客户大量流向 Bazaarvoice 平台，使原来在 PRR 平台市场形成的双寡头竞争格局变为垄断格局，破坏市场原有的竞争关系，同时提高了 PRR 平台市场的进入壁垒，使得潜在企业进入市场变得更加困难。据此，美国司法部要求撤销收购。

2013 年 9 月 23 日至 2013 年 10 月 10 日，美国加利福尼亚州北区地方法院审理此案。2014 年 1 月 8 日，法院发布了一份备忘录意见，认为 Bazaarvoice 在收购 PowerReviews 时违反了《克莱顿法》第 7 条，因为 PowerReviews 是在收购其"实力最接近且唯一关键的竞争对手"。2014 年 2 月 12 日，美国政府提交了一份最终判决书，列出了 Bazaarvoice 非法收购 PowerReviews 所造成的市场竞争问题的补救措施。2014 年 3 月 4 日，Bazaarvoice 对原告提出的作出终审判决的请求提出反对，对此美国政府方面提交了答复备忘录，以支持法院最终判决结果，同时提交了经修订的最终判决提案。

2014 年 4 月 24 日，美国政府提交了第二次修订提议的最终判决以及对和解协议程序的解释。根据提议的最终判决，Bazaarvoice 必须：

（1）剥离其收购 PowerReviews 而获得的所有有形和无形资产，出售给另一收购方，并承担相应义务，补偿因交易行为而导致的 PowerReviews 竞争地位恶化；

（2）授权同意免费给 PowerReviews 的收购方客户提供四年 Bazaarvoice 联合服务，从而使收购方能够建立起一定的客户基础并开发自己的用户网络；

（3）取消对收购方聘用的现任和前 Bazaarvoice 员工的商业秘密限制，允许收购买方雇佣 Bazaarvoice 的员工继续 PRR 平台的研究和开发工作；

（4）向收购方许可其拥有的与 PRR 平台相关的专利；

（5）免除对其客户违反合同的条款，允许用户自由地从 Bazaarvoice 的 PRR 平台切换到收购机构提供的平台而不受到惩罚。

2014 年 7 月 2 日，根据 2014 年 4 月 24 日提议的最终判决，经美国法院批准，Bazaarvoice 将 PowerReviews 的资产出售给 Viewpoints. In。

案件时间线如图 10 - 3 所示。

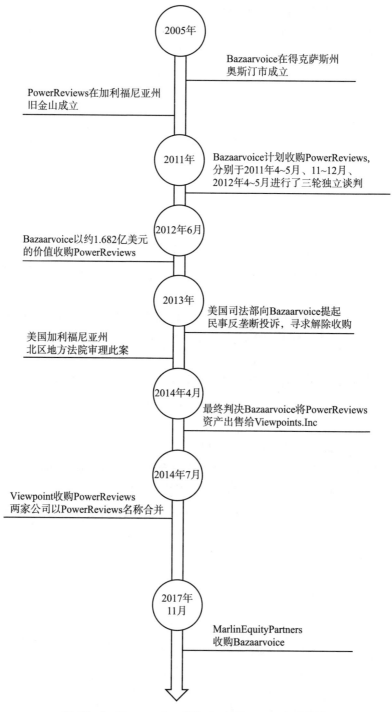

PowerReviews在加利福尼亚州
旧金山成立

Bazaarvoice在得克萨斯州
奥斯汀市成立

Bazaarvoice计划收购PowerReviews,
分别于2011年4~5月、11~12月、
2012年4~5月进行了三轮独立谈判

Bazaarvoice以约1.682亿美元
的价值收购PowerReviews

美国司法部向Bazaarvoice提起
民事反垄断投诉，寻求解除收购

美国加利福尼亚州
北区地方法院审理此案

最终判决Bazaarvoice将PowerReviews
资产出售给Viewpoints.Inc

Viewpoint收购PowerReviews
两家公司以PowerReviews名称合并

MarlinEquityPartners
收购Bazaarvoice

图 10 - 3　Bazaarvoice 收购 PowerReviews 案时间线

第二节　相关市场界定与企业市场势力

一、相关市场界定

为了对本案的并购产生的竞争影响进行评估，夏皮罗（Shapiro）教授通过"假定垄断者测试（HMT）"来确定相关产品市场。这是 1982 年美国司法部颁布的《合并指南》提出的一套定量分析的方法，具体操作上应用假定垄断者测试（HMT）基于价格维度的方法 SSNIP，即观察价格存在小而显著的非暂时性上涨时，是否仍有利可图。该方法是定义相关产品市场的标准方法之一，是法院最常采用的测试方法。

夏皮罗教授应用 SSNIP 法发现，既控制 Bazaarvoice 和 PowerReviews，也控制所有内部和边缘供应商的假定垄断者可以提高价格并且有利可图。合并前，Bazaarvoice 和 PowerReviews 比 SSNIP 假定的垄断 PRR 平台价格低 10%。假设的垄断者不会有降低价格的动力，如果假定的垄断 PRR 平台的价格上涨 5%，没有用户会放弃使用该平台，SSNIP 测试通过。这说明 PRR 平台市场是一个相关产品市场。

由于 Bazaarvoice 在不同地区也面临着不同的竞争格局（例如，Bazaarvoice 在欧洲市场与 PowerReview 不存在激烈的竞争）。因此，在界定该案的 Bazaarvoice 和 PowerReviews 同属 PRR 平台市场这一相关市场后，需对该案的地理相关市场进行测试。在这里，地理市场是基于用户的位置，而不是平台企业的位置。由 SSNIP 的测试结果可知，该产品的相关地理市场是美国境内。

二、市场势力分析

在 PRR 平台市场中，PowerReview 是 Bazaarvoice 的主要竞争对手，Bazaarvoice 和 PowerReviews 都为大型制造商和零售商提供服务，其产品都包含信息审核、分析等功能。在双方的内部文件中，Bazaarvoice 和 PowerReviews 也都认识到 PRR 平台是一个特定的独立市场，而 Bazaarvoice 收购 PowerReviews 所获得的好处之一是消除了能够迫使其降价的竞争对手。Power-

Reviews 和 Reevoo 是 Bazaarvoice 在美国证监会备案中指名的仅有的两个直接竞争对手。在合并之前，Bazaarvoice 的高层领导已经认识到用户可使用的 PRR 平台的替代品的数量有限。PowerReviews 在评估收购的预期收益时也曾提出，Bazaarvoice 和 PowerReviews 的合并将消除市场竞争、实现对该行业的垄断。

三、Bazaarvoice 和 PowerReviews 的市场份额

夏皮罗教授使用北美 IR500 数据，分别采用"客户数量"和"客户收入"两个指标来计算市场份额，结果如图 10 - 4 所示，左边是基于客户拥有量计算，右边是基于收入计算。

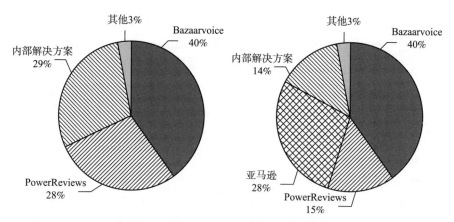

图 10 - 4　2012 年 PRR 市场的市场份额分布

结果显示两家企业在合并前拥有排名前三的市场份额，有一定数量的客户选择内部解决方案，并且存在一些小的边缘竞争者。

四、Bazaarvoice 潜在竞争对手的替代性分析

供给替代一方面是分析考察现有的 PRR 平台的边缘供应商是否能取代以前 PowerReviews 对于 Bazaarvoice 的竞争；另一方面是讨论是否存在原本不开展 PRR 平台业务的公司，但能够"非常容易且快速地进入这个市场"。对 Bazaarvoice 的潜在竞争对手分析如下。

（1）PRR 平台的边缘供应商。Bazaarvoice 和 PowerReviews 被视为 PRR

平台市场最主要的两家供应商，对于 IR500 的调查发现，PowerReviews 有 83% 的机会被确定为 Bazaarvoice 的替代解决方案。下一个最有可能的替代方案是企业内部构建平台，被确认为替代方案的可能性只有 15%。没有其他竞争方案可以选择的概率超过 3%。可见，虽然 PRR 市场中还有许多的边缘供应商，然而这些边缘供应商都没有取得较有影响力的市场地位。没有证据表明，合并后这些边缘供应商能够通过改变他们的行为或经营计划来取代以前由 PowerReviews 形成的竞争局面。也没有证据表明，后来进入市场的供应商，如 Reevoo，能够获得足够的市场份额或对市场竞争产生较大的影响。因此，PRR 平台的边缘供应商不太可能通过扩展市场势力来减轻并购交易的反竞争效应。

（2）内部解决方案和电子商务 PRR 模块。首先，对于许多零售商和制造商而言，在企业内部构建 PRR 平台并不足以替代 Bazaarvoice 或 PowerReviews。一位 PowerReviews 的客户曾经评估过构建自己的平台的方案，这首先需要花费 120000 美元，而且每年都要支付 12000 美元的维护费用，这在经济上并不可行。

其次，电子商务平台由于缺乏必要的功能，也无法替代 Bazaarvoice 或 PowerReviews 提供的 PRR 平台。根据 Bazaarvoice 的说法，"大多数电子商务平台只有 PRR 平台的小部分功能"，并不具备 Bazaarvoice 或 PowerReviews 的 PRR 平台上提供的完备功能，例如"强大的数据分析、内容审核、收集和使用内容的成功经验、与其他系统集成等"。

（3）其他社会商业公司和大型软件公司。

①Turn To。Turn To 为在线零售商提供社交问答软件系统。虽然 Turn To 正在考虑是否开发 PRR 解决方案，但 Turn To 的首席执行官认为，开发与 Bazaarvoice 和 PowerReviews 平台相当的 PRR 功能需要很多年的时间。

②Amazon。Amazon 不会与 Bazaarvoice 竞争，因为他们的平台不允许第三方访问评论数据。虽然 Amazon 已经拥有一个超过 18 年的网站内部 PRR 平台，但 Amazon 目前只向其子公司的网站提供 PRR 平台，并且没有计划将其 PRR 平台许可给其他电子商务供应商。

③Facebook。从 Bazaarvoice 为 IPO 路演所准备的问答稿可以看出，Bazaarvoice 将 Facebook 视为接触消费者的另一个渠道；它们与 Facebook 的商业模式不存在竞争，实际上作用不同且功能互补。

④Google。Google 并不会阻碍 Bazaarvoice 的市场势力扩张，Bazaarvoice 认为 Google "更像是合作伙伴而不是潜在的竞争对手"。

⑤IBM, Oracle 和 Salesforce。IBM 是 Bazaarvoice 的合伙人，而 Bazaar-voice 认为 IBM 没有意愿进入该市场。同样，Oracle 和 Salesforce 也是 Bazaar-voice 的合作伙伴，而不是竞争对手。

由上述分析可知，PowerReviews 是 Bazaarvoice 在 PRR 平台市场内的唯一能匹敌的对手，并没有其他厂商可以与之竞争。收购 PowerReviews 后，Bazaarvoice 在该市场内没有了竞争对手。

第三节　平台横向合并的反竞争效应分析

Bazaarvoice 与 PowerReviews 为 PRR 平台市场最大的两家企业，且没有其他实质竞争威胁的可替代性平台，这一横向合并行为可能产生明显的单边效应，合并后企业无须与竞争对手合谋协调就可以滥用市场支配地位，实施提价、降低产量、降低质量等行为，最终以消费者福利会受到损害。

一、提高了 PRR 平台市场的数据壁垒

在收购 PowerReviews 之前，该市场就存在进入壁垒。作为 2012 年 2 月准备的"首次公开募股的关键信息"的一部分，Bazaarvoice 表示市场存在"明显的进入壁垒，新公司很难有机会进入我们的市场"。用户在 PRR 平台间的转换成本比较高，零售商通常不愿意投入时间和金钱更换现有的 PRR 平台，潜在竞争者想要争取 Bazaarvoice 或 PowerReviews 的客户非常困难。

PRR 平台的产品是基于用户数据生产的，这意味着谁掌握的数据多谁在竞争中更有优势，两家企业合并后，掌握了大部分的数据，也就是控制了该行业的生产资料。相同条件下，企业拥有的数据越多，其生产的信息产品质量越高，由于这些数据是排他性的，其他企业无法获得，生产的产品自然也无法与其匹敌，此时行业中形成数据壁垒，竞争程度受损。

两家市场上最大平台的合并必然导致数据的高度集中，一方面，这将形成规模经济从而导致成本的降低，新进入企业短时间无法获得相同体量的历史数据作为生产资源，因此需要付出更高的成本；另一方面，PRR 平台市场属于双边市场，具有明显的网络外部性，在 Bazaarvoice 与 PowerReviews 合并之后，数据共享以及联合网络所带来的网络效应能够大幅提升用户的效用，从而提高对消费者和零售商、制造商的黏性，新进入企业因为缺乏数据资源

而无法为用户带来相同水平的效用，使得其进入或扩张变得更加困难。

数据的集中还将帮助在位巨头企业更好地识别市场需求和潜在竞争威胁。市场上的用户以及用户数据在合并企业处形成了集聚，海量数据有助于平台识别市场需求并制定相关策略，从而帮助企业进一步扩展市场，扩大自身规模，市场的集中度会继续增加。另外，合并后的企业掌握了大部分的数据，能够识别潜在的竞争威胁，提高了对新进入企业的快速反制能力，这将进一步巩固其数据壁垒。

二、降低竞争程度并使产品价格提高

Bazaarvoice 和 PowerReviews 合并之前，PowerReviews 一直将自己定位为 Bazaarvoice 的低价替代品，其向客户提供更优惠的价格或其他激励措施。对此，Bazaarvoice 不得不制定与 PowerReviews 相同甚至更低的价格来与之竞争。而在双方合并之后，企业没有动机继续降价。Bazaarvoice 的文件指出，这笔交易将使合并后的公司能够避免因价格战造成的利润率下降。

Bazaarvoice 还表示市场上的其他 PRR 平台不足以代替 Bazaarvoice 平台，无法限制合并后的价格上涨。2011 年 4 月，Bazaarvoice 联合创始人布兰特·巴顿（Brant Barton）就客户竞争性替代方案的问题组织讨论，认为 Bazaarvoice 将拥有极高比例的 PowerReviews 客户，因为市场上的替代产品数量很少且质量较低。合并将导致许多 Bazaarvoice 和 PowerReviews 客户面临的价格大幅上涨，其中对于现有客户来说最为明显，因为这些客户的当前合约需要续约，他们已经表明了自己对商业 PRR 平台的偏好。但由于 Bazaarvoice 和 PowerReviews 的合并，他们已经失去了在两者的相互竞争中获得更低交易价格的可能。

Bazaarvoice 在合并后对许多客户提高了服务价格。一位 PowerReviews 的客户曾抱怨道："在交易之后，我们支付了更多的费用却得到更少的服务。"由此可见，Bazaarvoice 和 PowerReviews 的合并将导致严重的反竞争效应。

三、合并将减少创新和产品种类

在合并之前，Bazaarvoice 和 PowerReviews 作为竞争对手，为了争夺用户，有动机通过创新来提升其服务质量，并且会通过改进平台功能来实现产品差异化。合并后，外部的竞争约束消失，企业没有动力继续实施创新和开发新产品。

四、对效率抗辩的分析

在进行抗辩时，Bazaarvoice 基于 PRR 平台行业的数据特征，列举出合并可能为市场带来的诸多好处，如提高效率，降低成本等。但没有任何证据证明这些利好必须通过合并才能实现。

首先，Bazaarvoice 并没有提供有效证据，证明由合并带来的效率提升，能够传递给消费者，且其效用足以抵消合并带来的反竞争效应的损失。Bazaarvoice 与 PowerReviews 在合并后很可能提高向用户收取的价格。

其次，也没有足够的证据支持 Bazaarvoice 所说的合并能够促进其实现技术改进的观点。事实上在合并发生后，Bazaarvoice 除了必要的维护外，已经停止了对 PowerReviews 平台的继续开发。此外，Bazaarvoice 所提供服务的任何改进实际上都可以在没有合并的情况下独立完成。在 Bazaarvoice 所提供的证据中，未能量化合并能够减少多少技术开发的成本费用或时间，也并未说明这些改进能够为消费者带来多大的使用价值。

最后，Bazaarvoice 曾声称合并后掌握大量的用户数据有助于实现公司数据分析工具的改进，并且用户可以享受到更大的联合网络的信息。但在之后的审查中，Bazaarvoice 承认，即使没有发生合并，也可以实现与 PowerReviews 的数据共享。

五、对平台合并审查的分析

依照美国法律规定，大型企业的合并必须在合并之前向联邦贸易委员会或司法部反垄断局申报批准，司法部也可以在交易结束后，对收购的竞争法合法性展开调查。但 Bazaarvoice 并未在并购开始前向相关部门提供信息。

（一）合并的事前申报标准

并购的事前申报标准分为当事人规模标准（Size-of-Person Test）和交易规模标准（Size-of-Transaction Test），当事人规模标准又分为相对规模标准（市场份额）和绝对规模标准（营业额、总资产额），交易规模标准指并购的交易金额。各国反垄断法对并购的事前申报都有相关的具体规定，采取的申报标准也不尽相同。

其中，美国采用了当事人规模标准（营业额标准＋总资产标准）和交易规模标准双重标准的综合考虑①；德国是当事人规模标准（营业额标准）和交易规模标准的双重标准的综合考虑②；而我国则对于经营者集中的批准采用单一的营业额标准③。

（二）针对本案的分析

Bazaarvoice 收购 PowerReviews 案是美国近期发生的一起典型的数据驱动的互联网行业经营者集中的案件。依照美国的法律规定，大型企业的合并必须在合并之前向联邦贸易委员会或司法部反垄断局申报批准，司法部也可以在交易结束后，对收购的竞争法合法性展开调查。但 Bazaarvoice 并未在并购开始前向相关部门提供信息，进行并购申报，这是明显的不合法行为。

在判决中，Bazaarvoice 还就该行为进行抗辩，认为自己是已经发生的并购，在并购的审查适用标准中，应适用不同的标准。Bazaarvoice 以自己本就不合法的并购行为作为抗辩的条件，自然没有被法院所接受。Bazaarvoice 收购 PowerReviews 行为可能产生明显的单边效应，合并后企业无须与其他竞争对手合谋就可以滥用市场支配力量，实施提价、降低产量、降低质量等行为，最终会损害消费者福利。

第四节　与本案有关的学术讨论

一些学者从合并后市场价格是否上升的角度来分析本案的反竞争效应。

---

① 并购交易标的额超过 2 亿美元，或者并购交易标的额在 5000 万～2 亿美元，同时具备以下三种条件之一的：（1）收购者总资产额或年度营业额达到 1 亿美元以上，被收购者从事制造业且总资产额或者年度营业额在 1000 万美元以上；（2）收购者总资产额或年度营业额在 1 亿美元以上，被收购者不从事制造业且总资产额在 1000 万美元以上；（3）收购者总资产额或者年度营业额在 1000 万美元以上，被收购者总资产额或年度营业额在 1 亿美元以上。——美国《哈特—斯科特—罗迪诺反托拉斯改进法》（2000 年修正案）。

② 参与合并的企业上一年度在全球范围内的营业额超过 5 亿欧元，其中至少一个企业在德国境内的营业额超过 2500 万欧元，另一个企业在德国境内的营业额超过 50 万欧元；被收购企业的价格（交易金额）超过 4 亿欧元，以及被收购企业在德国有相当大的经营范围。——德国《反限制竞争法》。

③ 参与集中的所有经营者上一会计年度在全球范围内的营业额合计超过 100 亿元，并且其中至少两个经营者上一会计年度在中国境内的营业额均超过 4 亿元；参与集中的所有经营者上一会计年度在中国境内的营业额合计超过 20 亿元，并且其中至少两个经营者上一会计年度在中国境内的营业额均超过 4 亿元。——中国《国务院关于经营者集中申报标准的规定》。

米勒（Miller，2014）表示合并将消费者的选择空间从 2 家减为 1 家，从而降低了消费者的谈判能力，他使用法院调查的市场份额、来自财报的平均价格和成本来估算合并的反竞争效应，发现合并以后市场价格将上涨 42%。梅达等（Mehta et al.，2014）也指出 Bazaarvoice 充分了解消费者的偏好信息，由于合并减少了消费者的选择空间，企业能够在此基础上提高对消费者的收费。但也有学者认为本案的判罚有一些值得商榷之处，因为没有明显的证据显示合并后价格会上涨，且很少有消费者对合并的行为提出过抱怨（Levitas and Schoolmeester，2014）。

一些研究以数据为出发点，认为合并会产生反竞争效应。格伦斯和施图克（Grunes and Stucke，2015）表示数据能够成为该行业的进入壁垒。在转移成本和用户锁定的作用下，行业内很容易形成赢者通吃。他们指出在数据驱动的行业，效率可能成为抗辩的理由，合并可能促使企业更好地利用数据。但问题是消费者能在多大程度上享受到这种效率提升，企业可能只是简单地收集数据并将其储存起来，以获取竞争优势，排除潜在竞争。西文斯基等（Sivinski et al.，2017）指出合并后企业将拥有海量的消费者行为数据，这种动态数据通常没有替代品，合并后的企业通过控制此类数据能够排除竞争对手。对用户数据的收集和分析将拉大巨头企业和小企业、新进入企业之间的差距，从而损害竞争，控制数据可以提升市场势力（Wahyuningtyas，2017）。但也有学者发现在本案中数据因素并不会对竞争造成损害。弗里德里希（Friedrich，2014）的研究结果显示垄断可能比竞争时的效率更高，企业会寻求能够给自己评分最高的信息评论平台，当市场上存在多家平台相互竞争时，为了吸引客户会为其尽可能地打高分，这就会导致评分结果极不准确。梅尔（Maier，2019）也提出从数据的角度出发合并不会产生竞争损害，因为其他的市场参与者能够找到很多的可替代数据资源。

第五节　本案的启示

企业合并虽然是一个古老的话题，但在数字经济时代需要考虑一些新的因素。在分析平台合并的反竞争效应时，要将数据的作用纳入考量中，数据因素可能会进一步地增加反竞争效应；在讨论平台合并的效率抗辩时，需要考虑以数据为生产资料的信息产品的质量是否会因数据的汇聚而提升。

主要参考文献

［1］陈兵：《"数据垄断"：从表象到本相》，载《社会科学辑刊》2021年第2期。

［2］方小敏：《经营者集中申报标准研究》，载《法商研究》2008年第3期。

［3］千春晖：《企业兼并的产业组织理论评述》，载《经济学动态》1999年第8期。

［4］Friedrich, J., 2014：Count Your Lucky Stars：Why Consumers May be Thankful for Monopolistic Behavior in the Rating and Review Industry, *Fordham Intell. Prop. Media & Ent*, Vol. 25.

［5］Grunes, A. P., and Stucke, M. E., 2015：No mistake about it：The important role of antitrust in the era of big data, *Antitrust Source*, Online, University of Tennessee Legal Studies Research Paper, No. 269.

［6］Levitas, P., and Schoolmeester, K., 2014：What Can We Learn from Bazaarvoice? *Competition Policy International*, Vol. 10.

［7］Maier, N., 2019：Closeness of Substitution for "Big Data" in Merger Control, *Journal of European Competition Law & Practice*, Vol. 10, No. 4.

［8］Mehta, A., Nevo, A., Richard, O., and Wilder, J., 2014：The Year in Review：Economics at the Antitrust Division 2013 – 2014, *Review of Industrial Organization*, Vol. 45, No. 4.

［9］Miller, N. H., 2014：Modeling the effects of mergers in procurement, *International Journal of Industrial Organization*, Vol. 37.

［10］Sivinski, G., Okuliar, A., and Kjolbye, L., 2017：Is big data a big deal? A competition law approach to big data, *European Competition Journal*, Vol. 13, No. 2 – 3.